グローバル化時代の EU研究

環境保護・多文化共生の動向

天理大学EU研究会 編

ミネルヴァ書房

はじめに

　EUが東方拡大を実現し、27カ国体制となった。その東南の境界はトルコや新ユーゴスラヴィアを含む旧オスマン帝国の領域に接する地点まで拡大し、東部では旧ソ連の境界であるウクライナ、モルドヴァ、ベラルーシまで達している。ソ連が崩壊し、その軍事力や社会主義イデオロギーが諸国を統合する力を失うと、バルト地域、中東欧、南東欧に力の空白が生まれ、これを軍事的にはNATOが、政治経済・文化的にはEUが大きく取り込むことによって不安定要素を解消したということもできる。これによってEUはかつてのハプスブルグ帝国の領域ばかりではなく、一部のロシア帝国、オスマン帝国の領域にまで食い込む拡大をとげた。こうしていわば歴史的ヨーロッパの伝統への復帰という事態を迎えたのであった。この大きな変動は、その影響や意味するところをめぐって私たちに取り組むべき多くの課題を与えている。本書ではこのことも考慮に入れ、EUの東方拡大の歴史・文化的意味を問いつつ、旧東欧地域の現状分析にも意を用いている。

　わが国ではこれまでに多くの研究者や研究機関によって各種のEU研究が積み重ねられ、すでにかなりの蓄積がある。それらは本書各章末の参考文献一覧に詳しいが、これら諸研究の成果を踏まえながら、本書では学生を含め多くの方々の問題関心に応えるべく、できる限りわかりやすく、また日常生活に関連の深い分野に焦点を絞って叙述しようとするものである。拡大EUの発するメッセージはいずれも斬新で示唆に富むものであるが、本書では21世紀のわが国の課題も見据えながら、おもに以下の諸点を中心に論じることにする。

　まず第Ⅰ部においてはギリシア・ローマの文明とキリスト教の融合により成立を見たヨーロッパ理念から説き起こし、EUの創設と拡大の歴史的経緯、それによるヨーロッパ・アイデンティティの変化、新たなEUの境界線が持つ文

化的、歴史的意味、EU市民の意識変化、EUの組織的構成、法的構造等を取り扱うこととする。これらは多面的なEUの諸側面を論じるにあたって、避けては通ることのできない共通の論点をなし、EU統合による政治、経済、文化、歴史、心性等に関する変動とその意味を問おうとするものである。また複雑なEUの組織・構造についても基礎的情報と全体の見取り図を提供するとともに、その特徴を描き出すことによって、EUの民主主義の特質を探ろうとするものである。超国家的組織と法の下で、いかに各国家、各地域において民主主義の実質を確保することが出来るかが検討されよう。これらを通じておのずからヨーロッパにおける近代国民国家の到達点と、その限界という問題に直面することになるであろう。

　第Ⅱ部では、拡大EUの取り組みのうち、21世紀の世界的な課題でもある環境問題へのアプローチを取り上げる。その経済的・法的側面、特に憲法における環境保護の問題生物環境学的側面、政策立案上の諸問題、環境をめぐる企業責任等がそれぞれの専門家の立場から論じられる。EUの意欲的で先進的な取り組みはわれわれにとっても大きな刺激となるばかりか、閉塞感のある経済の現状に対しても新たな成長分野を生み出し、雇用の機会を拡大する方向性を指し示すものとして注目される。また気候変動や大気・水質汚染の問題に対処するためには、国際的協力体制の構築も不可欠である。EUの国際的統合はそのためのまたとない経験をわれわれに与えてくれよう。環境問題への取り組みは政策上の課題であるばかりでなく、日常生活、教育、医療保健、経済活動、投資行動等にも総合的にかかわるものであるだけに、幅広い立場からの研究が要請される。本書でのEUの環境問題に対する取り組みの多面的な分析視角が、わが国におけるこの問題に関する関心の深まりの一助となれば幸いである。

　第Ⅲ部では、EUの多文化状況とその共生への課題を取り上げる。この課題は特に近年の移住問題、外国人の居住問題としても論じることができるし、各国・各地域の多文化共存への取り組みの問題としても捉えることができる。本書で取り上げる北欧スウェーデンを事例とする、地域の伝統的スポーツ文化の保存と、普遍的近代スポーツの導入をめぐる問題もこれと関連している。

はじめに

　もともとEU諸国には多言語、多民族、多文化の状態が日常的に保たれ、その中にあってますます大きな移動の自由が確保されるに従って、言語、教育、国籍取得、雇用確保の問題が大きくクローズアップされている。これらの問題の解決なくして多文化共生はおぼつかなくなるであろう。本書ではEUの中でも指導的立場にあるフランスとドイツを取り上げ、対照的な両国の移民に対する対処の仕方を考察するとともに、その課題をも明らかにする。

　異なる独自の文化に対してそれを対等な価値を持つものとして扱い、多文化の共存状況へといたる方向を模索するのか、それともさまざまな文化の融合と統合を目指すのかという問題は、一層の議論の深まりを要請している。

　さらに第Ⅲ部では、EUにおける表現文化、芸術、建築の新しい動向、新しい潮流についても現状分析を行い、第一線における創作活動がいかに時代の根本的課題や環境問題と切り結んでいるかについて検討し、表現者たちの新しい試みの意味を解読していく。

　EUは法治主義、経済の安定的発展路線、民主主義的政治の確立をもって統合のための統一基準としている。これは内に向かっては、近代の西欧が生み出した普遍的価値をもってヨーロッパ人としてのアイデンティティの機軸とするという意思の表れであり、外に向かっては新規加入を目指す国家に対して統合基準を明確化するという役割を果している。そしてこれらの基本的課題がいかに加盟各国、各地域間で遂行され、いかに機能的に働くかによって、この壮大な歴史的試みの成否も問われることになろう。われわれは引き続きこの動向に注目していきたいと思う。

　本書は2007年に創設された天理大学EU研究会のメンバーを中心に、外部の専門家の方々の協力を得て編まれたものである。研究会についての詳細は、あとがきの浅川千尋氏の文章に譲る。神戸大学の久保広正教授をはじめとする外部専門家の方々の参加は、本書の構成上まことに適材を得たもので、その協力に深く感謝したいと思う。

　最後になったが、ミネルヴァ書房社長の杉田啓三氏には、本書出版の上でご配慮いただいたことにあらためて謝意を表したい。

なお本書は2009年度天理大学学術図書出版助成による援助を得て出版されたことを付記し、感謝の意に代えたい。

2009年8月

天理大学EU研究会代表
阪本　秀昭

グローバル化時代のEU研究
――環境保護・多文化共生の動向――

目　次

はじめに i

略語一覧 x

ヨーロッパ地図 xii

第Ⅰ部　EUの歴史と制度

第1章　「ヨーロッパ」の形成と変容 ……………… 3
1 「ヨーロッパ」の原像——古典古代の遺産　3
2 ケルト人の世界——もう1つのヨーロッパの源流　7
3 「キリスト教世界」としてのヨーロッパ　13
4 外部の世界との「接触と交流」　20

第2章　ヨーロッパ統合とアメリカ ……………… 26
1 統合への胎動　26
2 経済的関係　29
3 軍事関係　35
4 政治的関係　38
5 国際関係の中の統合　41

第3章　EUの体制——政治統合とEU憲法条約を中心に …… 47
1 立憲主義化とグローバル化　47
2 EUの政治統合　48
3 「EU憲法条約」の頓挫からリスボン条約へ　52
4 「EU憲法」言説をめぐる論争　56
5 EUの機構　60

第4章　EUの東方拡大とヨーロッパ東西文化 ……… 69
1 EUの東方拡大　69
2 土地保有制度における境界　72
3 家族類型の境界　77
4 文化類型の境界線上の地域　84

第5章　東部ドイツから見たEU
　　　——旧東ドイツの再建とEUの東方拡大……………………91
1　共通点としての1989年　91
2　東部ドイツ再建の現状　94
3　東部ドイツとEUの東方拡大　103

第Ⅱ部　EUにおける環境保護

第6章　欧州企業のCSRと環境保護………………………115
1　企業を取り巻く環境変化とCSR　115
2　EUにおけるCSR　118
3　CSRとISO26000　124
4　CSRとSRI　127

第7章　「ベルリンの壁」崩壊の頃の中東欧諸国の環境問題………………………………………130
1　環境問題の概観　130
2　「大気汚染」問題　131
3　「水質・土壌汚染」問題　139
4　「自然保護」問題　143
5　まとめ　150

第8章　ドイツにおける環境保護
　　　——憲法におけるエコロジーおよび未来志向……………154
1　ドイツおよびEUの環境保護　154
2　ドイツ憲法の環境保護をめぐる議論　156
3　エコロジー・未来志向をめぐる議論　163
4　まとめにかえて　168

第Ⅲ部　EUにおける多文化共生

第9章　文化の多様性と統合の模索
　　　　　──スウェーデンの伝統スポーツを中心に……………… 175
　1　伝統スポーツから考える多様性と統合　175
　2　ゴトランド島の伝統スポーツにみる文化の多様性　177
　3　アイデンティティの諸相と「多様性の中の統合」　185
　4　伝統スポーツの現代的役割と「多様性の中の統合」の
　　　実現に向けて　189

第10章　フランスの移民問題から見る多文化共生
　　　　……………………………………………………………… 192
　1　フランスにおける移民　192
　2　マグレブ移民の諸相　198
　3　ライシテの成立過程とその背景　203
　4　グローバル時代における多文化共生　206

第11章　ドイツにおける移住者と移民の状況に
　　　　　寄せて ……………………………………………… 213
　1　移住とは何か、移住者とは何なのか　214
　2　新しい生活圏における移住者の人権状況　214
　3　移住者と移民の同等視の現実性　216
　4　ドイツ、人権と差別　220
　5　おわりに　221

第12章　EUにおける芸術の新たな傾向……………… 222
　1　芸術と環境問題──芸術とエコロジー　222
　2　芸術と社会科学　226
　3　芸術とテクノロジー──芸術と歴史　227

目　次

あとがき　231
索　引　235

略語一覧

CEP	(Council on Economic Priorities)	「経済優先度評議会」
COP	(Conference of Parties)	「締約国会議」
CFSP	(Common Foreign and Security Policy)	「共通外交・安全保障政策」
CSR	(Corporate Social Responsibility)	「企業の社会的責任」
CSCE	(Conference on Security and Cooperation in Europe)	「ヨーロッパ安全保障条約会議」
EC	(European Community)	「欧州共同体」
ECSC	(European Coal and Steel Community)	「欧州石炭・鉄鋼共同体」
EDC	(European Defense Community)	「欧州防衛共同体」
EEC	(European Economic Community)	「欧州経済共同体」
EFTA	(European Free Trade Association)	「欧州自由貿易連合協定」
ESDP	(European Security and Defense Policy)	「欧州安全保障防衛政策」
ETUC	(European Trade Union Confederation)	「欧州労働組合連合」
EU	(European Union)	「欧州連合」
EURATOM	(European Atomic Energy Community)	「欧州原子力共同体」
IMF	(International Monetary Fund)	「国際通貨基金」
ISO	(International Organization for Standardization)	「国際標準化機構」
JHA	(Justice and Home Affaires)	「司法内務協力」
NATO	(North Atlantic Treaty Organization)	「北大西洋条約機構」
OECD	(Organisation for Economic Co-operation and Development)	「経済協力開発機構」
OEEC	(Organization for European Economic Cooperation)	「欧州経済協力機構」
SALT	(Strategic Arms Limitation Talks)	「戦略兵器削減交渉」

SRI	(Socially Responsible Investment)	「社会的責任投資」
TEU	(Treaty on European Union)	「欧州連合条約」
UNCED	(United Nations Conference on Environment and Development) 「国連開発環境会議」	
UNEP	(United Nations Environment Programme)	「国連環境計画」
UNEPFI	(UNEP Finance Initiative)	「国連環境計画金融イニシアティヴ」
UNICE	(Union of Industrial and Employers' Confederations of Europe) 「欧州産業連盟」	
WEU	(Western European Union)	「西欧同盟」

ヨーロッパ地図

http://www.sekaichizu.jp/ より作成。

第I部

EUの歴史と制度

第1章
「ヨーロッパ」の形成と変容

山本　伸二

1　「ヨーロッパ」の原像——古典古代の遺産

（1）　古代ギリシア——「ヨーロッパ」意識の誕生

　「ヨーロッパ」という語の由来は、古代アッシリア語にさかのぼる。すなわち「アジア」の語源である"asu"が日の出、日が昇る地、さらに東方を意味したのにたいし、「ヨーロッパ」の語源の"ereb"は、日没、日の沈む地、そして西方という意味であった。ヨーロッパという語は、アジア、つまりヨーロッパの外で誕生してヨーロッパの人々にあたえられたといえよう。そしてヨーロッパを意味するこの語は、フェニキア人を経て、ギリシア人に伝えられたのである。

　ギリシア語の「エウロペ」がギリシアの文献にはじめて登場するのは、紀元前8世紀の詩人ヘシオドスの『神統記』であるが、エウロペという名前は、ギリシア神話では、フェニキアの王女として知られている。エウロペは、浜辺で遊んでいたところをゼウスによって見初められ、白い牡牛に変身した彼によってクレタ島に連れ去られ、そこで3人の子供を生んだと伝えられている。ゼウスがフェニキアからクレタ島へエウロペを連れてきたとき、古くから栄えた東方のアジア文明の果実がエーゲ海にもたらされたのであり、エウロペが牡牛の背に乗ったことで、古代エジプトと古代ギリシアが神話のなかで結ばれたといえよう。

　フェニキアの王女エウロペに由来するヨーロッパという語が、いつから地名

として使われるようになったかは明らかではない。前5世紀の歴史家ヘロドトスは「人々は、リビア（アフリカ）、アジア、ヨーロッパを区分した」と述べているが、その場合、ヨーロッパは、ギリシア本土、およびその周辺の地方や島々を意味していたといえよう。そして、こうした地理的なヨーロッパ概念は、さまざまなヴァリエーションをともないながら、ローマ、さらには中世のヨーロッパへと継承された。

ヨーロッパは、アジア、アフリカと区別される地理的概念にとどまらない。それは、地理的概念であると同時に、文化的概念でもあった。ヨーロッパとは、「共通の文化、価値観を基盤にもつ、地理上の一定地域」なのである。

それでは、その「ヨーロッパ的なもの」、つまりアジア的、アフリカ的なものとは異なるヨーロッパ独特の文化、価値観とはどういうものなのだろうか。そうした「ヨーロッパ」意識が誕生するきっかけとなったのが、ギリシア世界を存亡の危機に直面させた紀元前5世紀初めのペルシア戦争であった。ペルシア戦争をテーマとした『歴史』の著者ヘロドトスは、慎重な言い回しではあるが、ペルシア人は野蛮で欲が深く、支配者には奴隷のように服従する一方、ギリシア人は勇敢で、名誉を愛し、自由であると述べている。医学者ヒポクラテスは、「太陽の昇る方向にある町と沈む方向にある町は決して同じ性質ではない」と主張し、アジア人は柔弱で、専制君主の統治下にあるのにたいし、ヨーロッパ人は勇敢で独立心が強く、自分自身のために危険をおかすとしている。アジア人はヨーロッパ人に比べてその性格が生来奴隷的であると記しているのは、哲学者アリストテレスである。彼らの言説では、「野蛮」で「奴隷的」、そして「専制下」にあることが、「アジア的」として否定される一方、「自由」で「独立心が強い」こと、そして「民主的」であることをヨーロッパ的な特徴とみなして、それを称揚しているのである。そして、「自由で民主的な」古代ギリシアの政治は、哲学や自然科学、文学や美術に代表される「合理性とヒューマニズム」を基調とするギリシア文化とともに、近代ヨーロッパが形成されていく過程で、「ヨーロッパ」の原点という地位を確立したのである。

（2） 偉大なローマ帝国

　ギリシア人に続く「ヨーロッパ」の継承者は古代ローマ帝国であった。伝説によれば、古代ローマは、トロイア戦争の英雄アエネアスの血を引くロムルスとレムスの物語に始まっている。絶大な支配者ロムルスにちなんで、新都はローマと名づけられたのである。

　ティベル河畔の小さな都市国家から出発したローマは、着々とその領土を広げていき、イタリア半島を中心に、地中海を「われらの海」とする広大な領土をその支配下におさめた。2世紀の初めごろに、その支配領域は、北はブリテン島の北部、南はエジプト南部、東は今日のイラク、西はモロッコにまで及んでいる。帝国を結びつけていたのは、すべての属州に駐屯していた軍隊のネットワークであり、「すべての道はローマに通じる」といわれた石造りの道であった。そして、規律ある軍隊組織、整然とした統治機構、高度な実務能力が発揮された土木事業、経済活動を刺激し、支配の安定に貢献した貨幣と度量衡——広大な帝国を形成し、維持していくために必要なこれらの要素は、程度の差こそあれ、「ヨーロッパ」全土に受け継がれていったといえよう。まさしくローマ人は、ヨーロッパの「建築家」であった。ローマ法が後世に遺した影響も見逃せない。ローマ人の考えでは、法というものは健全な統治、商業上の信用、秩序ある社会を約束するものであった。

　このローマ人の国家は、イタリアを故地としつつも、他部族、他民族の政治参加を拒まず、またローマ市民権も自発的に付与した。ローマ帝国を担うのは、イタリア人ではなく「ローマ人」であり、また国家を支えるイデオロギーは、ただ「ローマ理念」であった。そうした、民族の境界を超えた「偉大なローマ帝国」という記憶は、カール大帝から神聖ローマ帝国、ナポレオンにいたるまで、「世界の中心としてのヨーロッパ」というヨーロッパの自己認識の形成に大きな影響を与えているのはまちがいない。

　こうしたローマ帝国の支配下に入り、ローマ文化の風下に立ってその影響を受け、ローマ文化になじみそれを取り入れていくこと、すなわち「ローマ化」は、「文明化」と同義であった。その「文明化」の道具となったのは、ラテン

語である。ローマ帝国の公用語であったラテン語は、その後ヨーロッパの多くの民族のことばに少なからぬ影響をあたえたが、ラテン語のもった重要性はそのことにとどまらない。ラテン語が、中世を経て近世にいたるまで、それぞれの民族のことばとは別に、「ヨーロッパ」の共通語として機能したことは、ヨーロッパの一体化に大きな寄与をしたといえるだろう。ラテン語の世界が、ヨーロッパがたんに地理的名称ではなく、固有の伝統、独自の性質をもつ一個の「文化的統一体」であることを可能にしたのであり、「人はローマ市民となってはじめてヨーロッパ人となる」という言葉も、この文脈において理解される。

(3) キリスト教の登場

　「ヨーロッパとはなにか」ということを古典古代の遺産という視点から考えるとき、重要なのはローマ帝国がキリスト教と結びついたことである。313年コンスタンティヌス大帝はミラノ勅令を発布してキリスト教を公認し、以後キリスト教は皇帝の保護を受けてローマ帝国で急速に広まっていった——キリスト教がローマ帝国を手中にしたというべきかもしれない。キリスト教の存在は、その後のヨーロッパを規定する要因、少なくともその最大の要因の1つであり、ヨーロッパを現在まで貫く通奏低音となったのである。

　キリスト教は、ユダヤ教から誕生した。唯一神という観念をはじめ、多くのものをユダヤ教から受け継いでいる。イエスは、当時のユダヤ教のあり方を批判した、いわば宗教改革者で、女性や社会の最下層の人々など弱者に神の愛と救いを説いた。イエスの死後、キリスト教の布教に最も重大な役割を果たしたのはパウロであった。当初はキリスト教迫害に加わっていた彼は回心して洗礼を受け、地中海東部の伝道に生涯をささげ、民族、身分を超えたキリスト教の普遍化、国際化に大きな貢献をしたのである。また、イエスの一番弟子ペテロは、船でローマへ渡り、そこで殉教した。彼は初代ローマ司教とされ、以後、彼の後継者はローマ教皇とよばれるようになった。

第1章 「ヨーロッパ」の形成と変容

2　ケルト人の世界——もう1つのヨーロッパの源流

(1)　二つのケルト展

　古代ギリシア、古代ローマは、ヨーロッパの原像であり、「古典古代」と称される。しかし、375年にゲルマン人が大移動を開始し、476年、西ローマ帝国が滅亡したことによって、ヨーロッパは新たな歩みを始めることになった。そのおもな舞台となったのはアルプス以北の地域である。しかしそこでは、すでに、地中海を中心とする古典古代世界とは異なる独自の歴史が展開されていた。その世界は古典古代と比べると特異なものであったが、現在のヨーロッパが、古典古代だけでなく、それも母体として形成され、発展してきたことは疑いない。古典古代とは異なる、そのもう1つのヨーロッパの担い手は、ケルト人であった。

　1991年、イタリアのヴェネツィアで「最初のヨーロッパ、ケルト人」という大規模な展覧会が開催された。ヨーロッパのほとんどすべての国（24カ国）が協力し、半年に及んだ開催期間の入場者数は100万人を超えたといわれる。その2年前の1989年、ヨーロッパ東西分断の象徴であったベルリンの壁が崩壊し、翌年には東西ドイツが統一された。EUの誕生を目前にして、一体化へと向かう新しい大きな時代の流れのなかで、この展覧会は、ヨーロッパの人々のアイデンティティを強く刺激したのである。まさしく、「ケルト文化がヨーロッパに残した遺産をだれも否定することはできない。この展覧会は、こうした文化を引き継ぐ新生ヨーロッパへの賛辞である」（展覧会図録、序文）であった。

　こうしたケルト文化への熱い視線は、アイリッシュ・ポップス、アイリッシュ・ダンスの流行ともあいまってより一般の人々にも広がり、日本にも及んだ。すでに1989年、イギリスBBCのテレビシリーズ「幻の民・ケルト人」がNHKで放映され、アイルランドのエンヤによるテーマ曲とともに話題を集めていたが、1998年、「古代ヨーロッパの至宝・ケルト美術展」が東京で開かれた（**図1-1**）。この展覧会は、ヴェネツィアでの展覧会の規模には及ばぬものの、

図1-1 「古代ヨーロッパの至宝　ケルト美術展」の紹介記事

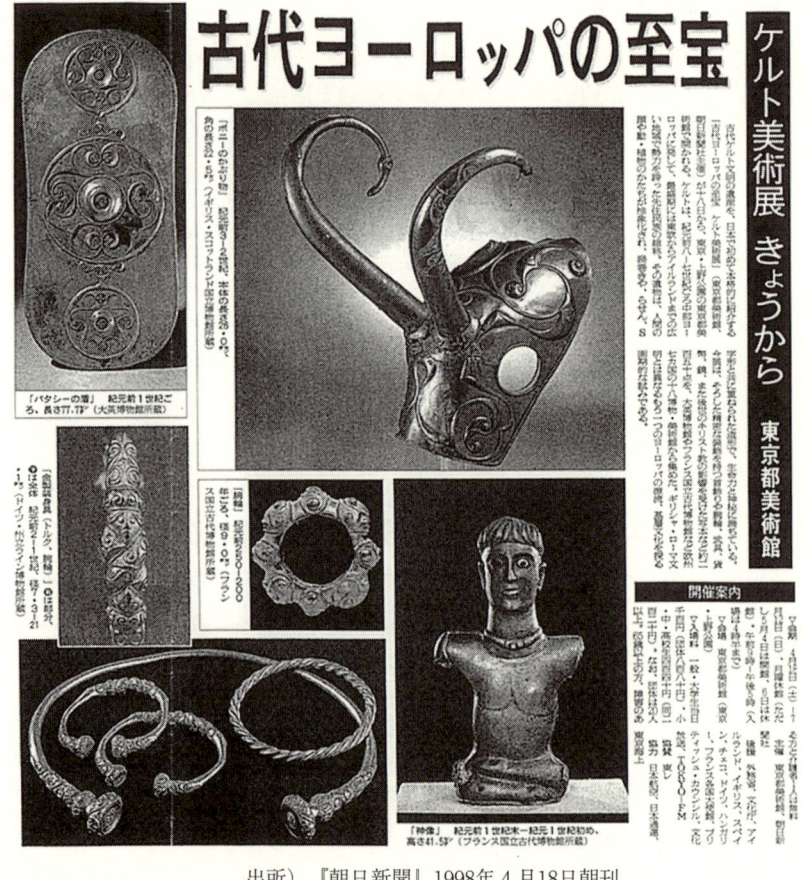

出所）『朝日新聞』1998年4月18日朝刊。

第 1 章 「ヨーロッパ」の形成と変容

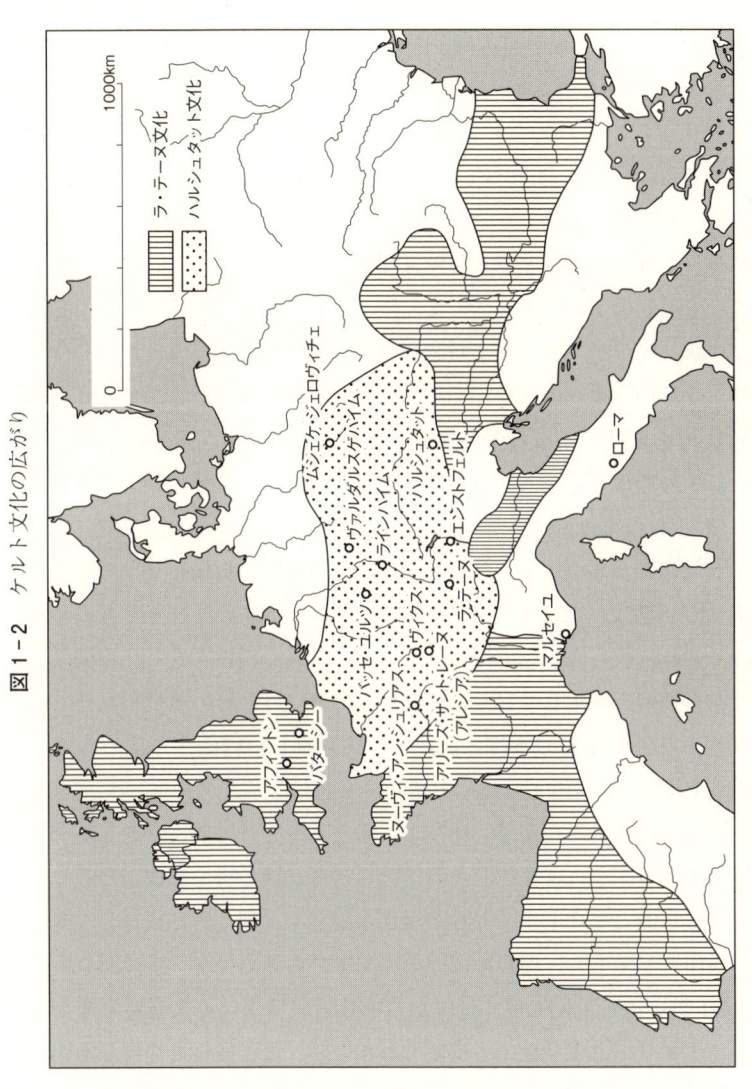

図 1-2 ケルト文化の広がり

(出所) 樺山紘一 (1985)『ヨーロッパの出現』(ビジュアル版世界の歴史・7) 講談社, 36～37頁。

大英博物館をはじめとするヨーロッパ7カ国の18博物館・美術館から約250点を集め、そのなかにはヴェネツィアでの展覧会以後に発掘された彩色土器などもふくまれていた。「ケルトの遺産」を日本で初めて本格的に紹介したこの展覧会によって、「ギリシア・ローマ文明とは異なるもう一つのヨーロッパの源流、基層文化」としてのケルト文化は、日本においても市民権を得ることになったのである。

（2） ハルシュタット文化とラ・テーヌ文化

　おそくとも紀元前7、8世紀ごろまでに、ケルト人はヨーロッパの中心部に定着していた。インド・ヨーロッパ語族の彼らは、先住の部族に対抗しつつ、現在のハンガリー、オーストリアからドイツ、スイス、フランスという帯状の地域に居住地を広げていったのである。そして、1843年から1863年にかけてオーストリアの考古学者ラムザウアーによって発掘されたザルツブルク近郊のハルシュタットの墓地から、多くの武器、装身具、什器が出土した。「ハルシュタット文化」と名づけられたこの文化の主人公は、古代ギリシアの歴史家ヘロドトスが『歴史』に記した「ケルトイ」、すなわちケルト人であると同定されたのである。彼らは岩塩を採掘するという特異な技術をもち、青銅器を主体としながら鉄器も使用しており、武器や装身具には独特の感覚を見せていた。

　ケルト人と鉄器の結びつきは、彼らの文化を新しい段階へと進めることになった。前450年ごろに始まったその新しい文化は、スイスのヌーシャテル湖畔のラ・テーヌ遺跡にちなんで、1872年にスウェーデンの考古学者ヒルデブラントによって「ラ・テーヌ文化」と名づけられた。鉄と馬を駆使したそのケルト人は、祭儀をおこなうドルイドとよばれる神官や、剣と盾で武装した戦士をエリート集団としてもち、周辺の部族を支配下におさめつつ、生活圏を広げていった（**図1-2**）。そして紀元前4世紀から前3世紀にかけて全盛期を迎えたケルト人は、イタリア、ギリシアへ遠征をおこない、また彼らと交易を始めている。ケルト文化の鉄器や金製品には、人間の顔や動植物の形が抽象化され、また渦巻き、らせん、S字型など特色ある文様がうかがえ、ケルト人は、生命力

第1章 「ヨーロッパ」の形成と変容

と神秘にみちた高度の造形力を発揮している。

　しかしながら前2世紀には、勢力を拡大しつつあったローマがケルト人地域にも進出するようになった。そして前58年、カエサルによる「ガリアの戦い」が開始される。ケルト人は多数の小部族に分立していて統合体をなしておらず、その抵抗は散発的でローマ軍に押されぎみであった。若きウェルキンゲトリクスがケルト人の集結をはかり、ガリア中部のアレシア（現在のアリーズ・サント・レーヌ）に巨大な砦を築いて最後の決戦を挑んだが、前52年、総勢25万のケルト連合軍は奮戦むなしくローマの軍門に下った。カエサルは、このガリア戦争で100万人の奴隷を獲得したと伝えられている。

　しかし、ケルト文化は、ローマの支配によって消滅したわけではない。ケルト人のなかには、大陸からブリテン島に渡った人々もいる。ブリトン人とよばれた彼らは、ローマのブリタニア征服においては、ウェールズ、スコットランド、アイルランドに追いやられ、さらに5世紀末にはアングロ・サクソン人の圧迫を受けてその一部は大陸のブルターニュ半島へ移住した。アングロ・サクソン人と戦った伝説の王アーサーと円卓の騎士の伝承からなる「アーサー王伝説」は、ケルト文化がヨーロッパに贈った最大の遺産の1つである。

（3）ケルトの水脈と再生

　ヨーロッパでは、中世以来、ギリシア・ローマではなくケルトに、自分たちの起源を求める考えが根強く存在していた。ギリシア・ローマへの対抗意識からうまれたケルトへの関心は、さまざまな変奏をともないつつ、文学、民俗学、芸術と結びついていった。

　その1つの顕著な例が、1760年にスコットランドのマクファーソンが発表した『古詩断章』である。それはスコットランドの伝承に基づいた、3世紀のケルト一族の王フィンガルとその息子オシアンの物語であった。「キリスト教ないしその信仰にたいする言及がまったくみられない」と序文に記されたこの作品は、テュルゴーやディドロなど百科全書派がフランス語訳を手がけるなど大きな反響をよび、マクファーソンは1773年に集大成版として『オシアン詩歌

集』を出版した。ロマン主義の色彩の強いこの詩歌集は、ヨーロッパ各国で翻訳があいついだ。ゲーテは、『若きウェルテルの悩み』で主人公に『オシアン詩歌集』を涙ながらに朗読させているし、弱冠20歳で『古詩断章』を独訳したヘルダーは、「彼らの歌は、(キリスト教化していない)民族の記録庫である」と主張している。また音楽の分野から例をあげれば、ドイツの作曲家メンデルスゾーンは、1829年、スコットランドのケルト伝説ゆかりの地を訪れて「言葉では言いあらわせない」という霊感を受け、彼の代表作の１つとなる管弦楽序曲を作曲した。その名も「フィンガルの洞窟」である。

　ナポレオンが『オシアン詩歌集』の愛読者であったことは有名であるが、フランスでは1830年代、ミシュレの『フランス史』以来、「われらが祖先ガリア人」という表現が一般化していく。そしてカエサルに膝を屈したウェルキンゲトリクスも、その名前がガリアのケルト人の抵抗の象徴として、19世紀のフランス民族主義の高揚の立役者のひとりとなったのである。

　地域、時代、表現分野によってさまざまなかたちをとるにせよ、また力点の違いこそあれ、ヨーロッパにおけるケルトへの関心は決して絶えることはなかった。ケルトの水脈は、ヨーロッパの基層を、ときには地表面に噴出してケルトを再生しながら、伏流水のようにうるおしていたのである。

(4) 森のヨーロッパ

　ケルト人が住み、生活を営んだのは、おもに森であった。ケルト人はカシ、シイ、モミなどが生い茂る森とのかかわりのなかで活動し、「森の民」ともよばれた。しかし、ケルト人ならずとも、ヨーロッパの人々にとって、森は大きな役割を果たしてきた。

　まず森は、生活上の糧を供給する場であった。森が育てる野生の果実、中小の動物は、貴族や農民を問わず、人々のごく日常的な食料であった。グリム童話の「ヘンゼルとグレーテル」、「白雪姫」、「眠りの森の美女」などは、生活の場としての森という背景がなければ成り立たない。その一方で、森は、現実の日常生活を超えた、恐ろしいもの、得体の知れないもの、神秘的なものでも

あった。イングランドのシャーウッドの森は、アウトローであるロビン・フッドとその仲間たちの活躍する空間であり、悪魔が魔女とともに深夜にひらくとされた集会（サバト）は「森の奥深く」が舞台であった。「現実的な日常生活の場としての森」だけでなく、「人智の及ばぬものの象徴としての森」もまた、ヨーロッパの人々の精神の基層を形づくっているといえよう。空に向かって並び立つゴシック様式の大聖堂の尖塔や石柱は、いわば新しい森であった。

　ケルト人は文字による自分たちの記録を残さなかった。彼らは、文字によって書かれ、その結果として固定されてしまう歴史にかえて、想像力を喚起してそのイメージによる歴史を残したといえるのかもしれない。ケルト学の権威、V・クルータは、ケルトの美術について次のように語っている。「見る人がさまざまに何かを発見する可能性を秘めていることが魅力です。想像力、空想力を展開する場を与えてくれます。ケルト美術はわれわれの心の奥底に呼びかけ、みんなが持っているある種の欲求にこたえるものなのです。その欲求とは、自由への欲求です。」

3　「キリスト教世界」としてのヨーロッパ

（1）　フランク王国とキリスト教

　中世ヨーロッパ社会の主役はゲルマン人である。ゲルマン人はバルト海沿岸に住んでいたインド・ヨーロッパ語族の1つで、ヨーロッパの中央部に広く分布していたケルト人を圧迫しつつ南下したが、4世紀の後半、遊牧騎馬民族フンの西進をきっかけにローマ帝国内に移動を始めた。ゲルマン人の大移動の開始である。彼らはそれぞれ国家を建設するが、その混乱のなかでローマ帝国は東西に分裂し、西ローマ帝国は滅亡した。ゲルマン人の国家のなかで、その後のヨーロッパの形成を主導したのは、フランク王国であった。

　フランク王国の統治の特色は、キリスト教との結びつきである。500年前後にメロヴィング家の国王クローヴィスがローマ・カトリックに改宗していたが、社会全体のキリスト教化に大きな成果をあげたのは、ヴィリブロードとボニ

ファティウスというイングランド出身の二人の修道士であった。ことにボニファティウスは、みずからを「教皇座の僕」とよび、ローマ教皇との緊密な連携の下に布教活動をおこない、その教会刷新運動はフランク王国の注目するところとなった。そしてボニファティウスを仲介者として、フランク王国とローマ教皇の提携が決定的になるのは、751年、カロリング家のピピンがメロヴィング家の王を廃して国王の座に就いたときである。教皇は塗油の儀式をおこなうことによってピピンを聖別し、王位に承認をあたえる一方、ピピンは教皇をおびやかしていたランゴバルド人を討ち、その領土を教皇に「寄進」したのである。ヨーロッパ史の新しいページが開かれたといえよう。

　こうしてフランク王国における教会の比重はより増し、教会は王国を支える基本組織となった。「フランク王国とは、教会である」ということもできよう。こうした基本理念は、ピピンから息子カール（大帝）へと受け継がれた。

（2）　カール大帝のキリスト教帝国

　フランク王国はカール大帝（シャルルマーニュ）のとき、最盛期をむかえる。771年、フランク王国全土の王となったカールは、領土の拡大に力を注いだ。北のザクセン人には苦戦しながらもこれを屈服させ、東から進出してきたアヴァール人を迎え撃ち、南のイタリアのランゴバルド人に鉄槌を下し、西では進攻してきたイスラム勢力をピレネーの南に押しもどした。彼の時代のフランク王国の版図は、後に西ヨーロッパと呼ばれる地域を想起させ、さらにつけ加えれば、ECSC、EECの原加盟6カ国の版図とほぼ一致する（**図1-3**）。西ヨーロッパこそが「ヨーロッパ」の原型であるとするならば、カールはその後のヨーロッパ統合の可能性の根拠となった人物であった。第2次世界大戦後、ヨーロッパ統合に貢献した人物に贈られることになった賞は、シャルルマーニュ（カール大帝）賞と名づけられたのである。

　カールはたしかにすぐれた軍事上の指揮官であった。しかし彼の帝国の特徴は、「キリスト教的」ということであった。彼は教皇に「私の務めは、あらゆる面でキリストの教会を外からの異教の侵入と不信者の破壊から守り、内に

図1-3　カール大帝時代のフランク王国の教会とECSC・EEC原加盟6ヶ国の版図

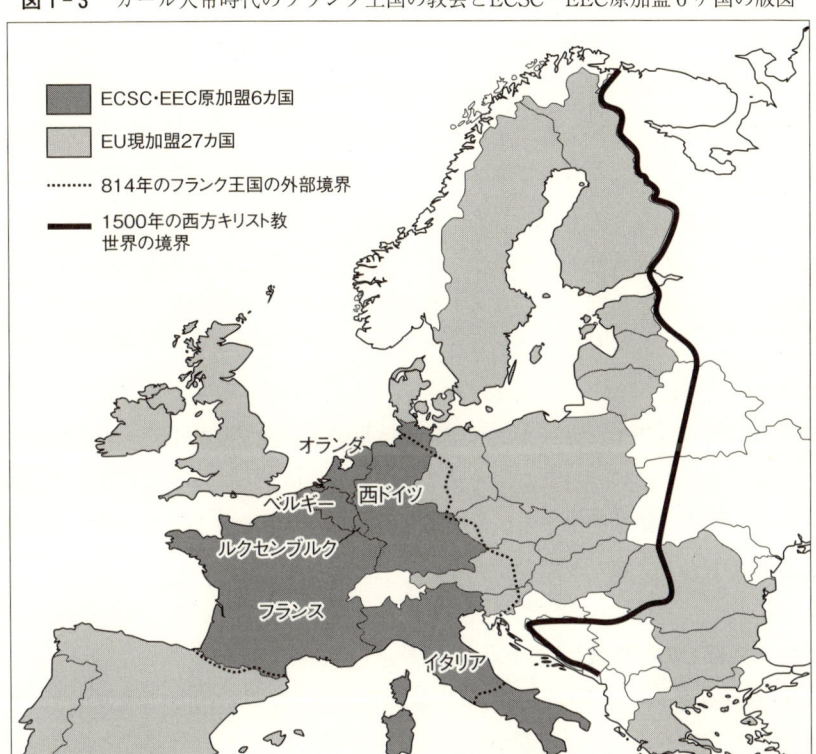

出所）遠藤乾編（2008）『ヨーロッパ統合史』名古屋大学出版会，24頁。

あっては、カトリックの信仰を唱道することによってその力を拡大することである」と書き送っている。30年以上におよんだザクセン人との戦いは、後の十字軍と同様、異教徒にたいする「聖戦」であった。ザクセン人の信仰の中心であった「イルミン聖柱」を破壊したカールは、彼らに改宗を迫った。戦場で勝

ち、服従を誓わせ、貢納を義務づけるだけではなく、キリスト教への改宗という目的があったからこそ、30年以上の長い戦いに彼は耐えたのである。

　カールの帝国の性格を象徴するのが、800年のクリスマスの日、ローマのサン・ピエトロ大聖堂で、カールが教皇レオ3世の手により「ローマ人の皇帝」として冠を授けられたことである。事件の背景には今なお不明の部分があるにせよ、明らかになったのは、「キリスト教帝国」とでもいうべきフランク王国とローマ教皇の同盟関係が明確なかたちで宣言されたことである。ローマ教皇はビザンツ帝国と決別し、キリスト教世界はローマ・カトリック世界とギリシア正教世界に二分されたのであり、両者はそれぞれ別の道を歩み始めることになった。

　ちなみに、1165年、カールは神聖ローマ皇帝フリードリヒ1世・バルバロッサによって聖人に列せられた。キリスト教を異教徒から守ることを皇帝の崇高な任務と考え、第3回十字軍にも参加したバルバロッサにとって、カールは最も模範とすべき人物だったのである。

（3）　外部との「聖戦」

　第1節で述べたように、古代ギリシアではペルシア帝国との戦争が「ヨーロッパ的なるもの」という意識が誕生する契機となった。「外部」との戦いがもたらすそのメカニズムは、中世でも同様である。

　732年、イベリア半島から進攻してきたイスラム勢力をフランク王国の宮宰カール・マルテルが打ち破ったトゥール・ポアティエ間の戦い、8世紀末、モンゴル系遊牧民のアヴァール人の西方進出にカール大帝が大きな打撃をあたえたとき、また10世紀半ばの955年、オットー大帝がアジアの遊牧民マジャール人から決定的勝利をあげたレヒフェルトの戦い——外部からの圧力と脅威に立ち向かうとき、ヨーロッパは内部で団結し、ヨーロッパ意識は高まったのである。

　そして8世紀の年代記作者イシドール・パケンシスは、トゥール・ポアティエ間の戦いにおいて、カール・マルテルの指揮下にあったゲルマン人、ガリア

人(ケルト人)、ローマ人の混成部隊を「ヨーロッパ軍」と記している。カール大帝を「ヨーロッパの父たる王」と称したラテン詩もある。しかし、自分たちの文化的まとまりを示すという意味での「ヨーロッパ」という語は広がりを見せなかった。「ヨーロッパ」という語は、中世においては後述するTO図に見られるように、ヘロドトス的なアジア、アフリカと対置される地理上の概念であった。

「ヨーロッパ」のかわりに、ヨーロッパ意識を表現したのは「キリスト教世界 Christianitas」という語である。この「キリスト教世界」は地理上の「ヨーロッパ」と同一ではなかった。11世紀末、聖地エルサレムをイスラム勢力から奪回する十字軍を呼びかけた教皇ウルバヌス2世は、ヨーロッパの内には非キリスト教徒が住み、ヨーロッパの外にもキリスト教徒は存在していると述べている。

十字軍は、キリスト教徒が史上初めて統一行動をとった戦いで、「聖戦」、つまり神のための戦いであった。イスラムの「ジハード」が異教徒にたいして求めたのは、政治的な服従と租税の支払いで改宗ではなかったのにたいし、十字軍は「キリスト教世界を純化し拡大する」という宗教的課題を掲げたキリスト教的な「聖戦」であった。その意味では、ドイツのザクセン諸侯、ドイツ騎士修道会がバルト海沿岸地域のスラヴ人にたいして推進した「北の十字軍」、イベリア半島のレコンキスタも同様である。それらは、異教のフロンティアの征服による「キリスト教世界の純化と拡大」であった。

(4) 地図の上のヨーロッパ

中世のヨーロッパ人が自分たちの世界、ヨーロッパをいかにとらえていたかを示しているのは、世界地図であった。

古代地理学の到達点であったプトレマイオスの地図は中世をとおして忘れられており、中世に用いられたのは、TO図とよばれるものである。これは(図1-4)にあるように、東を上、地上を円盤とみなして水面をTとOで表現し、ヘロドトス以来既知となっていたアジア、アフリカ、ヨーロッパの3大陸を分割

図1-4　TO図

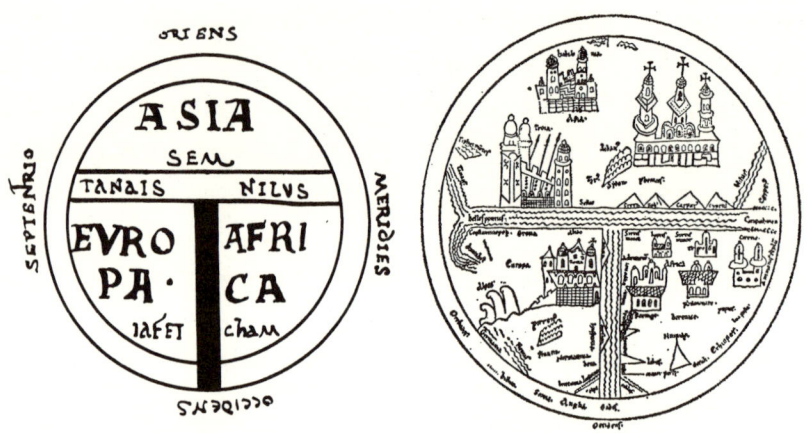

出所）　右：織田武雄（1981）『古地図の世界』講談社、69頁。
　　　　左：井上幸治編（1985）『ヨーロッパ文明の原型』（民族の世界史・8）山川出版社、341頁。

して示した地図である。Tの横画はアジアとヨーロッパ、アジアとアフリカの境界をなすタナイス川（現在のドン川）とナイル川を、Tの縦画はヨーロッパとアフリカを分かつ地中海を表し、地図の中心には聖地エルサレムが位置していた。

　TO図の図式には、聖書、とりわけ「創世記」の叙述を地図の上に明示しようとする意志がはたらいている。大洪水を方舟でもってのがれたノアの3人の息子セム、ハム、ヤペテの名前が、アジア、アフリカ、ヨーロッパの3大陸に書き込まれるようになる。またTO図が東を上にするのは、神が人類の祖であるアダムにあたえた楽園、つまり「エデンの園」が「東方」の彼方にあるからである。「東方」は聖なる方位であり、中世の教会も東に祭壇を置き、楽園に向かって祈るように建てられているのも、この原則に則っているからといえよう。11世紀末に開始される十字軍遠征は、TO図においては、地図の下から上へ向けて上っていくという行動となる。十字軍はたんなる領土獲得の軍事行動

第 1 章 「ヨーロッパ」の形成と変容

図1-5 ヘレフォード図

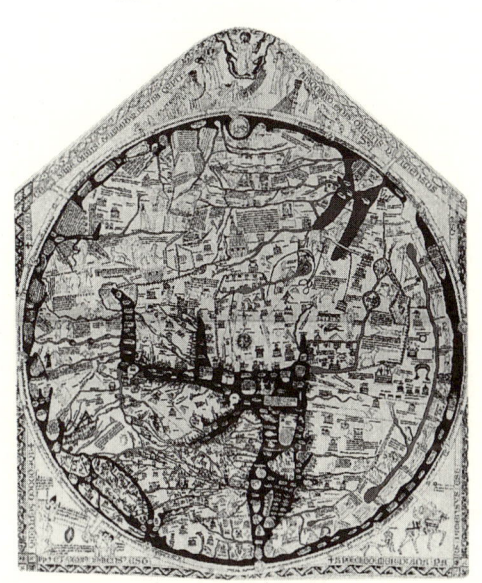

出所）井上幸治編（1985）『ヨーロッパ文明の原型』（民族の世界史・8）山川出版社、354頁。

ではなく、中心（聖地エルサレム）に向けての上昇志向の行為と理解されたのである。TO図は、中世の人々にそのことを具体的に教えたといえよう。

　TO図は、その単純な図式のなかに、さまざまな知見が書き込まれていくようなり、「世界図（マッパ・ムンディ　mappa mundi）」とよばれるようになる。その典型として13世紀末にイングランドで成立した「ヘレフォード図」（図1-5）をあげておきたい。

　ヘレフォード図は、基本的にはTO図の形式に従っているが、TO図よりゆたかで複雑な内容となっている。Tの横画は単純な横軸ではなく、円盤陸地を左右に貫通せずに陸域内の内海となり、上方、すなわちアジアに向かって3つの湾入がある。これは、十字軍遠征で獲得した東方世界への知見を地図の上に披露したものであろう。また、ヨーロッパには、ローマやパリなど多数の都市

が教会とともに描かれ、アルプスやピレネー山脈、ライン、ドナウなどの川も記載されている。地図の上半分を占める東方（アジア）についていえば、パレスチナからメソポタミアにかけては具体的なデータが満載されているが、それより上方の東アジアについては地理的な知識は乏しく不正確で、古代からの伝承にある一脚人のような怪異な姿の人間や動物が描かれている。

「世界図」としてのTO図は、ヘレフォード図の後も基本的枠組みとしては15世紀まで受け継がれた。中世のヨーロッパ人にとって、「世界図」は、たんなる地理的知見の収容庫以上のものであり、世界のありかたを、理論と現実のせめぎあいにおいて表現したものであった。

4　外部の世界との「接触と交流」

（1）　イスラム世界

イスラム世界の拡大は、イスラム教の創始者ムハンマドがこの世を去った632年の直後に始まった。アラビア半島を制圧した後、東西に向かって支配領域を広げ、西では、地中海南岸をイスラム化した。そしてジブラルタル海峡を渡ってイベリア半島に進攻、ピレネー山脈を越えたところで、732年フランク王国に敗れ、ヨーロッパへのそれ以上の進出は終止符がうたれたが、西は大西洋岸から東は中国との国境に至るまで、イスラムは広大な地域を支配下においた。

このイスラム世界とのさまざまな「接触と交流」──経済的な交易、相互の文化的接触、戦争という暴力的衝突にいたるまで──が、ヨーロッパにあたえた影響はいうまでもない。その代表的事例として十字軍があげられる。1096年に始まり、全7回、約200年におよんだこの軍事遠征は、イスラム側にとっては「強いられた戦い」で、ビザンツ帝国にもその変容を迫るものであったが、ヨーロッパ社会への影響も多方面に及んだ。

そして十字軍が注目をあびていた12世紀、ヨーロッパの知的状況も大きな転換期をむかえていた。「12世紀ルネサンス」である。この新しい知的潮流の大

きな特色は、ギリシアの古典の復活であった。すべての学問の基礎として古典を重視する姿勢は、シャルトルのベルナルドゥスの「われわれは古代人という巨人の肩に乗っている小人のようなもので、それ故に、われわれはより遠くまで見ることができる」という言葉に端的に示されている。そして特筆すべきは、この新しい動きが、ギリシアの知的遺産を保持し発展させていたイスラム文化に学ぶことによって誕生したことである。プトレマイオス、エウクレイデス、アルキメデス、ヒポクラテスなどのギリシア語文献とそのアラビア語写本が、さらにフワーリズミーの代数学、イブン・シーナー（アヴィケンナ）の医学などのアラビア語文献がラテン語に翻訳され、ヨーロッパの知的視野は一挙に拡大した。とくにアリストテレスの著作がイブン・ルシュド（アヴェロエス）の詳細な注釈とともに導入された影響は大きかった。この成果を踏まえて、13世紀、トマス・アクィナスは「キリスト教とアリストテレス哲学の総合」たるスコラ学をうちたてた。この影響は、「近代」の出発点の一つである17世紀の科学革命にまで及んでいる。

　イスラム文化のヨーロッパへの窓口は、イベリア半島とシチリアであった。1492年のグラナダ陥落まで800年近く南部を中心としてイスラム勢力が定着していたイベリア半島では、キリスト教徒とイスラム教徒、さらにユダヤ教徒が共存しており、トレドを中心に翻訳活動がさかんであった。一方、12世紀にシチリアと南イタリアを拠点として成立したノルマン・シチリア王国は、ラテン・キリスト教文化、アラブ・イスラム文化だけでなくギリシア・ビザンツ文化も交えた独特の文化を生みだしていた。イベリア半島とシチリアは、異文化交流の中心であり、多文化共生の拠点であったのである。

　1492年、スペイン王国はグラナダを攻略し、イスラム勢力はイベリア半島から姿を消した。同じ年、コロンブスは、大西洋を横断し、「アメリカ」に到達した。ヨーロッパは、新しい時代にはいったのである。

（2）　ビザンツ帝国

　330年、ローマ皇帝コンスタンティヌス大帝は、ヨーロッパとアジアが出会

うところ、ビザンティオンに都を定めてコンスタンティノポリス（コンスタンティノープル）と改称した。ローマ帝国は、395年に東ローマ帝国と西ローマ帝国に分裂し、西ローマ帝国は476年に滅亡したが、東ローマ帝国（ビザンツ帝国）は、1453年オスマン帝国によって滅ぶまで、イスラム勢力、ノルマン・シチリア王国、ヴェネツィア、ジェノヴァをはじめとするイタリア海港都市などと激しく競い合いながら、1千年以上の命脈を保ったのである。東方正教世界の盟主として、スラヴ人を支配下において東ヨーロッパの母体となり、1つの文化圏を形成したビザンツ帝国は、「もう一つのヨーロッパ」であった。

ビザンツ帝国は、「キリスト教化されたギリシア人のローマ帝国」と定義される。しかしビザンツ人のギリシア文化にたいする理解は、近代ヨーロッパ人の認識とは異質なものであった。たとえば、ヘロドトスの『歴史』はビザンツ人にもよく知られていたが、それはペルシア帝国の歴史を著したものとみなされていた。ビザンツ人は、バビロニア帝国、ペルシア帝国、アレクサンドロスの帝国、帝政ローマに自分たちの歴史を重ね合わせていたのであり、近代ヨーロッパがみずからの価値観の源泉としたギリシアのポリスや共和政ローマは、彼らの関心の対象ではなかったのである。ビザンツ人の理解には、自由や民主政といった視点は欠落していたといえよう。

一方、中世のヨーロッパ人はビザンツのことをギリシアと呼んでいた。しかし近代になると、新しく「ビザンツ」という呼称が広まっていく。16世紀のドイツの人文学者が始めたというこの「ビザンツ」という表現には、非難、軽蔑がこめられるようになった。18世紀の啓蒙思想家モンテスキューやヴォルテールが、古代ギリシアを自由と民主主義の淵源として高く評価する一方、ビザンツ帝国を隷従と専制政治の国と非難したことはよく知られている。

ビザンツ帝国においては、多くの民族が平和的に共存し、ユダヤ人が安全な生活を営み、イスラムの人々にも交通と通商の自由が保障されていた。それが、西方の「キリスト教世界」の眼には、「裏切り者」、「異教徒と裏で手を結ぶ異端者」と映っていたのである。前章で述べたTO図では、ビザンツ帝国はほぼすべてヨーロッパに属している。ギリシア正教圏は、「キリスト教世界」の一

部であるにもかかわらず、「教義的な誤り」によって離脱したのであり、再統合されるべきであるということであろう。

　帝国末期には、ビザンツはこれまでの古代ギリシア観を変化させ、みずからのアイデンティティをギリシア人に求めるようになった。こうした活動は、15世紀には、ビザンツ文化の粋を集めたギリシア語の文献と文献学の担い手をイタリアに提供することになり、ルネサンスの導きの星となったのである。

　ビザンツ帝国を滅ぼしたオスマン帝国はバルカン半島に進出し、1529年にはハプスブルク帝国の首都ウィーンを包囲し、ヨーロッパに深刻な脅威をあたえた。旧ビザンツ領をはじめ、新たにオスマン帝国の支配下にはいったギリシア正教圏の地域では、イスラム化が進行した。その子孫のイスラム教徒は、現在もなおその地でキリスト教徒と共存している。一方、ビザンツ帝国滅亡後、首都モスクワを「第3のローマ」として、ビザンツにかわって正教世界の中心となったのはロシアであった。ギリシア正教徒が主流であり、イスラム世界と境を接しまた重なり合ってきた東ヨーロッパ世界は、西ヨーロッパとの「接触と交流」においても屈折に富んでおり、ヨーロッパの多様性をあらためて認識させる存在といえるだろう。

（3）　ルネサンスから大航海時代へ

　「ルネサンス」は、14、15世紀のイタリアに始まる古典古代文化（ギリシア・ローマ文化）の復興を中心とした文化運動である。「古典古代文化の復興」という知的活動は、すでに述べたように「12世紀ルネサンス」でも展開されており、「ルネサンス」は「12世紀ルネサンス」の延長線上にあることは疑いない。しかし、その姿勢は、イスラム世界、ビザンツ帝国からもたらされた古典古代文化を尊重しつつ、それをみずからの感性に沿って受け止めるというものであった。前述のシャルトルのベルナルドゥスのことばをもじっていえば、ルネサンス人は古代人の肩から降りて、師たる古代人に向かい合ったのだといえよう。アルプスを越えてヨーロッパ全土に広まったその運動は、「世界と人間の発見」であり、多様な中世の伝統のなかに古代からの遺産を組みこんだ新しい文化で

あった。
　こうした新しい知的流れの1つが人文主義で、中心的人物はエラスムスであった。ギリシア語新約聖書の出版と『痴愚神礼賛』で知られる彼は、「自由な意志」を根本原理とし、神が人間にあたえた「理性」とそれに基づく「寛容」を主張した。
　エラスムスは最後までよきカトリック教徒であったが、聖職者の腐敗や堕落、王侯貴族の悪行や横暴に批判的な人文主義の思想は、宗教改革と結びついていった。宗教改革後のカトリック、ルター派、さらにカルヴァン派は、自己の信仰の絶対性を主張して他の宗派を徹底的に排除する態度をとるようになり、ヨーロッパはきわめて「不寛容な」空気におおわれることになった。17世紀半ばまでそうした宗教的対立から多くの戦乱がおき、社会は不安定となった。「魔女狩り」の嵐が吹き荒れたのもおもにこの時代であった。
　ルネサンス、宗教改革の時代は、大航海時代でもあった。新大陸の人々にかんする報告では、偏見に基づいて、読み書き能力の欠如、不衛生、羞恥心のあり方などが指摘されている。ヨーロッパ人は「教養があって礼儀正しく」、「文明」の担い手であるのにたいし、彼らには「野蛮」というレッテルが貼られた。「文明」と「野蛮」は、ヨーロッパと非ヨーロッパのことであり、非ヨーロッパ地域はヨーロッパによって「文明化」されなければならないことになった。この「文明化」は軍事的、経済的な侵略によって遂行されたのであり、ヨーロッパは、東からのオスマン帝国の脅威におびえながら、西では「文明化」の使命をおびて大西洋から外に向かって膨張していったのである。

　はるかな古代ギリシア・ローマ時代から、「ヨーロッパ」は、みずからの形を模索してきた。それは、ギリシア・ローマの古代古典文明を母体とし、キリスト教を取り込んでみずからの精神的支柱とし、ケルトやゲルマンの文化とも溶け合いながら、ゆっくりと形づくられていった。その際、「アジア・アフリカ」、「東方」、「イスラム」、「野蛮」といった他者の定位と差異化、さらにはそれらとのさまざまな「接触と交流」が、「ヨーロッパ」の輪郭と内実を規定す

る大きな要因となったのである。つまり、「ヨーロッパ」とは、その輪郭と内実を変容させつつ形成された、そして今なお形成されつつある歴史的概念だといえよう。

<参考文献>

五十嵐修（2001）『地上の夢　キリスト教帝国——カール大帝の＜ヨーロッパ＞』講談社。
伊東俊太郎（1993）『十二世紀ルネサンス——西欧世界へのアラビア文明の影響』岩波書店。
井上幸治編（1985）『ヨーロッパ文明の原型』（民族の世界史・8）山川出版社。
エリュエール, Ch.（1994）『ケルト人——蘇るヨーロッパ＜幻の民＞』鶴岡真弓監修、田辺希久子・湯川史子・松田廸子訳、創元社。
遠藤乾編（2008）『ヨーロッパ統合史』名古屋大学出版会。
織田武雄（1981）『古地図の世界』講談社。
樺山紘一（1985）『ヨーロッパの出現』（ビジュアル版世界の歴史・7）講談社。
樺山紘一（1995）『異郷の発見』東京大学出版会。
樺山紘一（1996）『ヨーロッパの歴史——基層と革新』放送大学教育振興会。
紀平英作編（2004）『ヨーロッパ統合の理念と軌跡』京都大学学術出版会。
谷川稔編（2003）『歴史としてのヨーロッパ・アイデンティティ』山川出版社。
ディヴィス, N.（2000）『ヨーロッパ』（Ⅰ～Ⅳ）別宮貞徳訳，共同通信社。
原聖（2007）『ケルトの水脈』（興亡の世界史・7）講談社。
ポミアン, K.（2002）『増補　ヨーロッパとは何か——分裂と統合の1500年』松村剛訳，平凡社。
武蔵大学人文学部ヨーロッパ比較文化学科編（2007）『ヨーロッパ学入門（改訂版）』朝日出版社。
Hay, D. (1957), *Europe: the Emergence of an Idea*, Edinburgh: Edinburgh University Press.
Kerner, M. (2000), *Karl der Große*, Köln-Weimar-Wien: Böhlau.

第2章
ヨーロッパ統合とアメリカ

阪本　秀昭
植村　史子

1　統合への胎動

(1)　終戦にいたるまで

　ヨーロッパ統合は、地政学における力の攻めぎ合いの中でヨーロッパ自身が出した必然的な避けがたい答えであった。1648年のウエストファリア条約以来、ヨーロッパの政治を形作ってきたのは、特定の支配領域をもちその内部で絶対的な主権を行使する主権国家であった。英仏間の百年戦争やドイツを主戦場とする三〇年戦争などの戦乱の中から生み出された君主国や共和国がそれである。その後各国は市民革命や統一国家の形成を経て国民国家体制を形成していく。その際の国民統合において大きな役割を担ったのはナショナリズムであった。

　国民国家体制を生み出したのは国民国家思想である。それによれば、国家は地上における至上の永続的な権力であり、それを形成するのがひとつに纏め上げられた国民であった。アダム・スミスは『国富論』の中でネーション (Nation) を国民と共に国家も意味するものとして用いているが、それは理念上、理論上のものであり現実と対応したものではなかった。ナポレオン時代、フランス革命の普遍的な理念をヨーロッパ全体に広げるという「大義」を背景に、集団的なアイデンティティとして国家・国民・民族という三重の意味を持つネーションの概念が確立した。そのナポレオン軍の侵攻に刺激され、ヨーロッパ各地でナショナリズムが芽生え始めた。代表的な例がドイツである。ドイツ

第2章 ヨーロッパ統合とアメリカ

民族が一つの「国民」として把握され、その意識のもとに団結するように呼びかけられ始めた。「国民こそが国家の主権者である」というフランス革命の理念のもとに「国民」を捉えるフランスに対して、ドイツは「国民」を言語的、文化的共同体、主体性を持った「選ばれた民」として位置づけた。その団結の基礎となったのは、産業革命と広域的経済圏の思想である（労働効率を上げるのに経営者、労働者ともに同一言語を話すことが重要であり、労働者の移動も共通語文化が容易にするという考え）。ナポレオンは各地のナショナリズムを刺激した一方で、フランス革命の自由と平等の理念を植えつけた。今日、ヨーロッパの共通の価値である基本的人権の尊重と民主主義的政治制度は、EU加盟の条件の一つとされている。この近代的理念や制度をヨーロッパに普及させたナポレオンに、後のヨーロッパ統合における先駆者的意義を見出すことができよう。

19世紀以降、国民国家思想が国家を支えるイデオロギーとなり、そのイデオロギーが植民地の争奪をも促進させた。国家としてまとまるには、外部に敵性国家を作るか内部に自己の固有性を強調するか、ナショナリズムの持つ排外性は様々であるが、尊厳をみとめられるのは自民族、自国民であり、普遍的な人間としてそれが認められるものではない。ナショナリズムはこのように国民のアイデンティティを支えるとともに、帝国主義とも結びつき、第一次大戦という列強間の覇権争いを激化させる原因にもなった。この覇権争いはヨーロッパ全体に大きな犠牲と惨害をもたらした。それと同時に大戦は、ヨーロッパの政治に大きな変化をもたらした。戦後のベルサイユ条約（1919年）におけるドイツへの過酷な賠償からナチのウルトラ・ナショナリズムを台頭させ、またヨーロッパ全体の相対化、矮小化という現象を引き起こした（アメリカとの経済競争に敗れたこと、共産主義の台頭など）。第二次大戦もヨーロッパ地域における国際政治の地図を大きく塗り替えた。誇り高かったかつてのヨーロッパも大戦後、米ソの強大な力の前に圧倒されたことを強く自覚した。大戦中のホロコーストなどは、いまでもヨーロッパの市民にトラウマとして残っており、ユダヤ人だけでなく多くのヨーロッパ市民が土地、家屋、財産、家族を失った。もはやヨーロッパは独力で復興する力を失っていた。協力と統合という理念の下に新

しい政治機構を構想する必要があった。特に大戦中戦いあったフランスとドイツの間での和解、及びそれに基づく政治・経済の相互依存プロセスを歩むことが、ヨーロッパの政治・経済の安定のため不可欠であると考えられるようになった。

（2） 統合の思想

　統合の歴史を振り返るにあたって、統合運動の潮流の中で重要な思想を取り上げなくてはならない。リヒャルト・クーデンホーフ＝カレルギーの「欧州統合思想」である。この思想の基礎には、第一次大戦後の没落したヨーロッパへの危機感があった。1923年の「汎ヨーロッパ綱領」において、クーデンホーフ＝カレルギーは「ヨーロッパはもはやかつての世界政治の主体ではなく、その対象となってしまった」との認識から、ヨーロッパは3つの危機にさらされているとした。

① ヨーロッパ諸国、特にドイツ、フランスの対立の解消がなされず次の戦争への脅威がある。
② 共産ロシアによるヨーロッパへの侵攻。
③ アメリカ経済との競争に敗れたヨーロッパ経済の崩壊。

　彼はヨーロッパ諸国の統合のみが、これらの脅威に対抗できる手段であり、ヨーロッパを救済できるとした。イギリスは広大な植民地を持っているためこの統合への参加は不可能であるので、まずは大陸ヨーロッパ諸国間の統合を目指すべきだとした。最終的には汎ヨーロッパ・ユニオンの結成を訴えた。

　ここでもう一人ヨーロッパ統合において重要な役割を果たしたジャン・モネと彼の構想について取り上げなければならない。ジャン・モネはフランス、コニャック地方のブランディー卸業者の出身である。彼は第一次、第二次大戦時にアメリカやイギリスで連合国側の物資補給事業に携わった。この経験から、国際問題の解決には国家間の対抗意識を捨て、協力関係を築くべきという確信を抱いた。第二次大戦後、フランス政府計画庁長官として西ヨーロッパ経済全体と協調しながらフランス産業経済の近代化を図る計画を作成した。フランス

経済を立て直すに当り、不足するエネルギー、特に石炭に関してドイツのルール産石炭の継続的確保は必須であった。外部からの強力な圧力に対抗できるヨーロッパ再興のための具体案が、モネ・プランとして提起された。戦後ヨーロッパの平和構築と安定的発展のためには、ドイツ・フランスの歴史的対立関係の和解、およびドイツ・フランス国境のザールやルールの石炭・鉄鋼産業の統合が必要であり、この二つの産業を超国家的な権限のもとに統合するという「シューマンプラン」のもとでヨーロッパの平和を維持できるとした。

このような理念と構想に支えられて、第二次大戦後のヨーロッパにおいては復興と統合は表裏一体のものとして進行したが、それを支えかつそれに直接、間接の大きな影響をあたえたのがアメリカの存在であった。その存在を抜きにしては戦後のヨーロッパの動向を語ることはできないであろう。そこで、本章では戦後の欧米間の関係を、ヨーロッパ統合においてアメリカが演じてきた役割とは何であったかという視点から分析することとし、そのためアメリカの関与を経済、軍事、政治の3分野に分けて検討する。

2　経済的関係

(1)　マーシャルプラン（ヨーロッパ復興計画）

ヨーロッパを自由世界の貿易システムへ組み入れることは、戦後アメリカの重要な外交政策であった。ヨーロッパ経済の再構築はアメリカ国内政策にとっても不可欠な要素であり、その関与は利他的というより、より戦略的であった。その一つの政策がマーシャルプランである。アメリカの国務長官ジョージ・マーシャルは、1947年6月、「ヨーロッパ諸国の経済復興に対してアメリカは資金援助を行う用意がある」ことを明らかにした。彼は、この援助は全ヨーロッパへの援助であり、その目的は「国やドクトリンへのものではなく、飢え、貧困、絶望、無秩序，混沌に対するもの」であるとした。表向きにはアメリカの目的は「人々を飢えから救うもの」であったが、実際には戦後秩序の形成における主導権を握ろうとする戦略的意図がこめられていた。アメリカの戦後構

想を具体化するために大規模な援助が必要との認識とともに、資金援助と「効率的なアメリカ的生産方式」を導入することによりヨーロッパは苦境を克服できるとの認識があった。また大戦中アメリカに亡命していたカレルギーが、アメリカの政治家の間での「統合」への議論の高まりに影響を与えたという側面もあった。スターリンはこれを「アメリカ経済による帝国主義」として、受け入れを拒否した。国際政治学者であるD.アーウィンはその目的を次の様に指摘している（Urwin,D.1997,p.33）。

① ヨーロッパ経済を復興するためのインフラの再建（アメリカは150億ドルの援助を行った）。
② 西ヨーロッパのより進歩した生活水準の獲得、維持（ソ連の水準を越えたもの）。
③ 西ヨーロッパを確実にアメリカの輸出品の重要市場にする（アメリカの貿易パートナーとしての自由市場の生存・維持のため230億ドルを追加援助）。

マーシャルプランを介したヨーロッパ復興援助は、結果としてアメリカのヨーロッパへの直接投資の拡大へとつながった。この援助の背後にはアメリカの利害が表れていた。すなわち、ドイツの復興がアメリカ市場にとって重要であり、援助によってヨーロッパにおける東側の貿易連合に対抗措置を取ることができた。

このマーシャルプランは、ヨーロッパの生産性、貿易の拡大を刺激しただけでなく、ヨーロッパの人々に自信を与えたという意味でも重要であった。そしてアメリカの経済的、戦略的利害という面だけでなく、ヨーロッパ諸国が経済的協同という貴重な経験を積んでいくことにもなった。ヨーロッパの貿易障壁を取り除くことがヨーロッパの経済復興を早めるという考え方がアメリカの政策であり、マーシャルプランの考え方であった。他方、援助金の使途、配分を決定し経済復興の過程を監督するために全ヨーロッパ機構を作る必要があった。「欧州経済協力機構」がこれにあたる。マーシャルプランは政治的条件をつけずに行われたが、唯一の条件は援助を受ける国々は最大限の収益をあげるため

経済活動において相互に協力すべきであるとしたので、援助基金は国々の間でお互いに調整し、配分されなければならなかった。

（2） OEEC、ECSC、EEC、ECと通貨統合

「欧州経済協力機構」（OEEC）から始まり「欧州共同体」（EC）へといたる組織的統合について、ここでは経済的観点から眺めていきたい。OEECは1948年4月、西ヨーロッパ14カ国により発足した〔後にアメリカ、カナダ、日本を含め1964年に発足した「経済協力開発機構」（OECD）の前身〕。それは基金監督機関として設立され、ヨーロッパの協同体勢の初期の例としてみなされている。そこには超国家的権限はなく政府間レベルでの協同であったが、従来の自国優先的な考えを越えて初めてヨーロッパ全体のために協同して一つの復興計画を立てることになったのは、このOEECが設立された時からである。これにより自由貿易の促進、ヨーロッパ通貨の交換性の保障などが図られた。

ヨーロッパ統合の初期段階はアメリカの指導のもとで始まったが、このOEECに対してジャン・モネは政府間協力の域を出ていないという点を根本的欠陥としてみなした。またアメリカもヨーロッパに恒久的な市場組織の設立を望んでいたので少なからず失望もあった。アメリカはOEECをアメリカが実質的に発言権を持つ国際機関とし、さらに援助の配分以上に参加国の経済政策の調整にまで権限を持つ西ヨーロッパ政治経済統合の梃子として利用し、それによって自由貿易市場の形成をリードしようとした。

OEECはその発足時、フランス、イギリス、スカンジナヴィア諸国間での不一致、不調和があった。フランスは超国家機関を好み、一方イギリスとスカンジナヴィア諸国は政府間レベルの機関及び手法を求めていた。モネは戦後のヨーロッパにおいて最も危険なのは、保護主義的な主権国家の再登場であり、ヨーロッパが再び平和を失い国々が軍隊を抱えて対立することだとし、単一ヨーロッパ、ヨーロッパ連邦を作ることこそ重要と考えた。1949年アメリカに端を発した世界的過剰生産の脅威、東西冷戦の進展、占領下にある西ドイツの独立の気運の高まり等の政治経済情勢の変化の下に、超国家的性格を持つ新し

い型の統合がヨーロッパ自身のイニシアティヴにより追求されることとなった。アメリカはこのヨーロッパの発展を支援した。アメリカはドイツの経済国家としての復興を、戦後のヨーロッパ政治経済にとって重要な基軸になると考えた。同時にアメリカの利益にとっても望ましいと捉えていた。なぜならアメリカは、多くの輸出産業、潜在的工業力を持つドイツを大西洋政治経済構造を中心とする自由世界経済体制の枠組に組み入れることによって、戦後世界の安定を図ることを目標としていたからである。アメリカは、西側の政治的協調強化のために西ドイツが加わることができる実効的な機構がヨーロッパで制度化されることを期待した。アメリカは、石炭・鉄鋼業の統合計画（シューマンプラン）に賛成し、積極的にモネ、シューマンに協力した。

　OEECが1950年に「欧州石炭・鉄鋼共同体」（ECSC）を生み出した。ECSCが生み出された経緯について検討してみよう。連合国はドイツ経済に対して厳しい管理政策をとってきたが、冷戦の激化でアメリカ、イギリスは西ドイツを西側陣営へ組み入れるという戦略に転換した。アメリカはドイツの復興を積極的に支援したが、フランスはドイツに対して警戒心が強く、ドイツ経済に対する国際的コントロールを可能にする方策を求めていた。ECSCの設立は、ドイツの軍需産業の復活を抑制するとともに、ドイツの産出する石炭資源供給を確保することもその目的であった。フランスは政策の転換を示し、フランス、ドイツの敵対関係を解消し、両国の利害の統一を図る方向に動いた。ここにおいてモネのヨーロッパ統合の理想と、現実の（フランスの）政治経済情勢の要請が結びついたと言える。当時のヨーロッパは弱体化しており、経済発展が阻害されていたので、経済統合は国境障壁を除き自由な単一大市場を作り、大量生産の新技術を導入することで保護主義的な体質を改善し、大市場のダイナミックな発展力を享受し、米ソに匹敵する経済圏を形成できると考えられた。ドイツにとっても、シューマンプランの実現は、石炭・鉄鋼業に関する限り占領国の支配を免れ、加盟国として他の国と対等な立場に立てることで、ECSC加盟は歓迎すべきものだった。この機構はフランス、ドイツ、ベネルクス3国、イタリアの計6カ国の参加で設立されたが、イギリスは国家主権の一部をECSC

第2章 ヨーロッパ統合とアメリカ

に譲るという超国家的手法を嫌い参加しなかった。

統合の対象に石炭・鉄鋼が選ばれたのは、軍需産業としてのこの部門を国際的管理の下に置くことで戦争を抑止できると考えられたこと、技術的に統合しやすく、ヨーロッパ諸国の企業間の結びつきが緊密化している部門であること等が理由となっている。

シューマンは「石炭と鉄鋼のプールは直ちに経済発展のための共通の基礎の建設、すなわちヨーロッパ連邦への第一歩を準備することであろう」と遠大な構想を立てた。ECSCは国家主権の一部を譲り受けた最初の超国家機関として、その後ヨーロッパ統合の制度的枠組の原型となった。シューマンプランは政治的動機も顕著だが、経済的要求も強く表れている。ECSCはアメリカとヨーロッパ統合体との平等なパートナーシップを推進するモネの考え方と一致している。ECSCが「欧州経済共同体」(EEC) 誕生（1956年）の道を開いた。モネは、石炭・鉄鋼部門の共同体を他のエネルギー部門に拡大すること、特に原子力を共同開発することはアメリカからの軍事的自立を取り戻すのに有望と考えた。1955年イタリアのメッシーナで原子力共同体と西ドイツを加える関税同盟の結成案が提出され、1957年ECSC6カ国はEECと「欧州原子力共同体」(EURATOM) を設立するローマ条約に調印した。EECは資本、人、サービスなどの自由移動が可能となる市場統合の実現に向けて始動した。理想を共にするヨーロッパ全ての国は加入要求ができ、関税同盟の延長線上にある政治統合への理想がここで掲げられた。他方、イギリスが中心となって北欧諸国を含む7カ国で1957年末に、より広い自由貿易圏の形成を目的とする「欧州自由貿易連合協定」(EFTA) が締結されることになった。この協定では加盟国の財産、経済などの調整は加盟国の自主性に任され、超国家的な機関は設けられなかった。第二次大戦後の荒廃から「ヨーロッパ連合」として生きる道しか選択の余地はないとした大陸ヨーロッパと違い、比較的戦禍の少なかったイギリス、北ヨーロッパは立場を異にし、特にイギリスはコモンウェルス第一主義であり、国家主権の制限を伴う超国家機関への警戒感を示してヨーロッパ統合に距離を置き、消極的であった。

アメリカはEFTAを不必要な紛糾の種とみなしており、EECを支援した。これはEECの目的がアメリカの利害と一致していたからである。ヨーロッパ統合体が、相互依存体制を基盤とする全大西洋政治連携を支持しているという点で、アメリカはEECをEFTAより望ましいと考えていた。

ヨーロッパの3つの共同体（「欧州石炭・鉄鋼共同体」、「欧州経済共同体」、「欧州原子力共同体」）は1967年7月1日に組織統合され、すべての共同体を共通の予算のもとで運営する機関として欧州委員会が設置された。「欧州共同体」（EC）の誕生である。

1952年8月スタートのECSCで統合が動き始めたが、通貨統合は戦後の国際通貨システムであるブレトン・ウッズ体制が安定していたので60年代後半まで大きく動かなかった。ブレトン・ウッズ体制とは1944年ケインズの理論を元に金本位制を敷き、為替交換をアメリカドルで固定するというシステムで、国家間の貿易を自由で多角的な通商体制を構築し推進しようとするものである。これは世界貿易の自由化と通貨の安定を求めるとともに、ヨーロッパ経済を大西洋経済体制に連結させるという視野も持っていた。この体制は後に「国際通貨基金」（IMF）、世界銀行へと受け継がれていく重要な一歩となった。OEEC、ブレトン・ウッズ体制を通してEECは、アメリカの世界市場への自由で解放されたアクセスの構築という政策と直接的な連携を保っていた。これと同時に、ヨーロッパは独自の自立した道も追求した。ユーロの導入へと到る長い道のりもその一環である。

1970年代、基軸通貨であるドル危機の表面化でヨーロッパ通貨も投機にさらされ、ドルに連動した変動を回避すると同時にヨーロッパ統合をさらに強化する手段の一つとして、「欧州通貨同盟」（EMU）の設立案が出された。1970年の「ウェルナープラン」である。1980年までの10年間に、3段階のステップを踏み単一通貨を導入する計画であった。しかしこの計画はドイツ、フランスの対立で結果的に破棄されたが、これは後に1979年、「欧州通貨制度」（EMS）へと発展していく。これによって共通通貨単位エキュ（ECU）が創設され、通貨の安定に貢献した。1991年2月のマーストリヒト条約で「欧州通貨同盟」への移

行が統合路線の柱に置かれた。このように政治経済の紆余曲折の後、ユーロが誕生したが、その出発点は「ウェルナープラン」であった。

「財政の安定と成長協定」をめぐりフランスとドイツ間で確執があったが、ドイツの譲歩により1999年単一通貨ユーロが導入された。ユーロはアメリカドルの影響を和らげることができるとともに、国際金融安定への基軸通貨となった。

3　軍事関係

(1)　トルーマンドクトリンとNATO

　東地中海地域における共産主義勢力の活動が、ヨーロッパでのアメリカの関与の引きがねとなった。1946年ギリシアで右派政府に対してソ連・アルバニアの後押しによる反乱が起こり、戦後駐留していたイギリスにはもはやこの内戦を制圧する力はなかった。なぜなら戦後の経済危機のため軍事費を削減しなければならなかったからである。イギリス政府はこの地域での支援責任をアメリカ政府に委譲した。トルーマン大統領はアメリカの従来からの政策である「孤立主義」の放棄に踏み切った。彼は「外圧や武装した勢力による征服に抵抗している人々の解放」という名目の下に、アメリカの支援を約した。トルーマンドクトリンとして知られている政策である。アメリカは、ヨーロッパ、特にフランスとイタリアでの共産主義の広がりに対し、そしてイデオロギーによるヨーロッパの分断に重大な懸念を抱いていた。ヨーロッパ内の問題へのアメリカの介入に正統性を示すことが必要であった。アメリカの政策転換は、包囲されたギリシア政府への直接的軍事支援をもたらした。しかし、ギリシア政府は実際には軍事政権であったということはアメリカにとって不都合はであったが、冷戦の状況下ではアメリカの支援の障害にはならなかった。アメリカとヨーロッパの関係は、ヨーロッパの民主化の成功とヨーロッパにおける共産主義の潜在的影響力の低減にかかっていた。後に共産主義の拡大に対するアメリカの嫌悪感が、朝鮮半島やベトナムのような共産国への攻撃へとなっていった。ト

ルーマンドクトリンは冷戦の開始期においては重要な政策であり、のちに「北大西洋条約機構」(NATO) の誕生へと繋がっていった。

ドイツの戦後処理をめぐって、米、英、仏とソ連の占領政策の違いが鮮明になり、1948年6月から1年に及ぶベルリン封鎖を経て、ドイツは1949年9月に西ドイツ、10月に東ドイツに分かれ東西に分裂した。ドイツ分割のプロセスから、ソ連に対する軍事的安全保障体制の強化が望まれ、1949年4月西ヨーロッパ10カ国にアメリカ、カナダが加わりNATOが成立した。西ヨーロッパ地域の軍事的安全保障は、共産主義体制に対抗するためアメリカのリーダーシップの下に委ねられた。

当時の西ヨーロッパの防衛問題の中心は西ドイツの再軍備にかかわるものであった。アメリカはインドシナ和平問題の解決のため、徹底した軍事力をインドシナにおいて展開する必要があり、英、仏にも共同行動を求めていた。ところがフランスはこれ以上自軍をインドネシアに派遣すれば、ヨーロッパ大陸での軍事バランスが崩れ、「ドイツ軍」に対して劣勢に立たされることを恐れていた。そのために西ドイツの再軍備とソ連に対抗するために計画された「欧州防衛共同体」(EDC) をアメリカが積極的に支援したにもかかわらず、フランスは条約の批准を拒否した。このEDC条約の破綻はヨーロッパからのアメリカ軍の撤退の危機を生み、かえってヨーロッパを結束させることになった。結局、1955年5月に西ドイツの再軍備とNATOへの加盟が正式に認められた。アメリカが指導するNATO体制の下でヨーロッパ各国が経済と政治の統合を進めるプロセスが進展することになった。

(2) 東西冷戦の終焉

冷戦時代、西ヨーロッパの安全保障及び防衛はアメリカ支配の構造の枠組のなかにあった。しかし、冷戦終結後はヨーロッパの安全保障の環境が大きく変化し、多極化の下で秩序が不安定化していった。ナショナリズムによる紛争、国境を越えたテロ、環境の破壊、大量の移民などにより多くの脅威が世界中に広がった。1990年のドイツ統一後、統一ドイツをヨーロッパはヨーロッパの政

第2章 ヨーロッパ統合とアメリカ

治と安全保障の枠組みの中にとどめて置くことが必要であった。一方アメリカは、ヨーロッパに安全保障の分野で自己負担を高めるよう求め、アメリカの存在と役割を軽減しようとしていた。1987年から1999年、ヨーロッパにおける超国家主義を強める方向への大きな変化があった。その一つは1992年2月に調印されたマーストリヒト条約として知られている「欧州連合条約」(TEU) であり、EC、「司法内務協力」(JHA) とともにその三本柱の一つが「共通外交・安全保障政策」(CFSP) である。在欧アメリカ軍がヨーロッパから多かれ少なかれ撤退するのではないかという危惧から、ヨーロッパ安全保障の運営をアメリカ中心主義（大西洋主義）からヨーロッパ中心主義へと変容させ、ヨーロッパ安全保障を「ヨーロッパ化」することが必要であると認識されたこともCFSPの発足の一因であった。当時中東やバルカン半島では多くの紛争や危機があり、西ヨーロッパ諸国は経済の分野ではもはやアメリカの支援をあおぐ必要はなかったが、軍事の分野ではその支援を必要としていた。EU諸国に衝撃を与えたボスニア紛争はアメリカ中心のNATO軍によって停戦を迎えた。ユーゴスラヴィアでの紛争をヨーロッパだけでは解決できなかったことで、ヨーロッパ諸国はアメリカとの軍事力の差を痛感した。一方、ヨーロッパは人道援助、平和維持・回復など危機管理の戦闘部隊も想定された「欧州安全保障防衛政策」(ESDP) を「共通外交・安全保障政策」の一環として打ち出した。これはNATOの管理しない危機管理作戦を、時にはNATOの装備を利用しつつ実行する政策である。1999年ヘルシンキで、ヨーロッパ防衛のための安全保障・防衛政策会議が開かれた。EU防衛に関する決定を実施する機関として「西欧同盟」(WEU) を再生させ、EUとWEU, NATOとWEUという二つの関係においてNATOとEUの間を「架橋」するという図式が想定された。ヨーロッパが軍事的に独自に活動する場合の主体的な担い手はEUではなく「西欧同盟」であるということになる。「欧州安全保障防衛政策」の実践にもかかわらず、EU内ではイラク戦争の支持、不支持に分れたことは、EUが完全に安全保障・防衛システムの機関として、また外交的にも統一されなかったことを示した。しかしEUは「予防的関与」と「実効的多国間主義」をもって新たな脅威であるテ

ロリズム、地域紛争などに対抗していくことで対米関係について実効的で均衡の取れた連携をとることを目指している。

一方アメリカはヨーロッパの軍事的自立を認めながらも、NATOの「ヨーロッパ化」が進む中でその優位性が脅かされることには警戒を高めている。対米依存度を引き下げ、ヨーロッパの自主性を確保するものとしての役割を「西欧同盟」が果たす様になるであろうが、今アメリカが直面しているイラクやアフガニスタンの復興において、平和構築での軍事、非軍事の多様な組み合わせを持っている「共通外交・安全保障政策」、「司法内務協力」による取り組みはアメリカに対して優位性を持っている。文民統制の下に発展してきたEUが持つ文民警察支援、法執行及び行政機関支援などの非軍事的支援が今求められているのである。

4　政治的関係

(1)　統合をめぐる分岐点

第二次大戦後ヨーロッパ諸国は自らの経済的、政治的、軍事的自立を課題としていた。アメリカの関与は、ヨーロッパが政治・経済・社会の分野で再建され、アメリカ自身がグローバル経済の中で安定した貿易相手としてヨーロッパを維持するためにも不可欠であった。他方、ヨーロッパ統合は軍事以外の分野において、ヨーロッパ諸国間の関係を強め、一部の国家主権の統合を図りながら全体としてヨーロッパのアメリカからの自立性を強める動きでもあった。アメリカの覇権とヨーロッパの複雑な動きは、ヨーロッパ統合とアメリカとの間に共生と対立、矛盾をはらみながら展開した。戦後のマーシャルプランはOEECの設立をリードし、冷戦時のアメリカの強い意向がNATOを形作り、現在もアメリカ軍はヨーロッパに駐留している。経済的関係の節で述べた様に、ヨーロッパ統合の端緒となったECSCとイギリスを中心とするEFTAの間では、アメリカは常にECSCを支持してきた。ECSCが自由貿易、関税に関してより積極的で熱心であったからである。それは長期的に見て、ヨーロッパ経済の再

第2章 ヨーロッパ統合とアメリカ

建が多角的自由貿易体制へとつながると見たのである。もともとマーシャルプランはヨーロッパ諸国の統合と調整の強化をもとめていた。ところがイギリスは国家間の自由な協力を優先して、必ずしも超国家的な統合を目指していたわけではなかった。これに対してフランスは国家を超える統合と組織の設立を求め、西ドイツと共にやがてヨーロッパ統合へと至る道を切り開いていくことになる。この統合においてフランスはイニシアティヴを握ろうとした。ヨーロッパ全体の相互依存と協力を通じて世界の新しい政治・経済センターとして自立し、行動する事がフランスの目的であった。ECSCからECへと発展する過程はこの方向の延長線上にあった。

(2) 緊張関係（アメリカとヨーロッパの論争）

　1980年代ヨーロッパの安全保障に関してアメリカから新しい提案がなされた。ヨーロッパにおける軍事費の負担の問題である。ドルが下落したこともあり、ヨーロッパ内での軍事力維持をアメリカのみで引き受けることは厳しくなっていた。NATO内での軍事費の相応の負担を求められたのである。他方、ヨーロッパ側にも2つの意見があった。1つは「もしヨーロッパがより多く負担すれば、ヨーロッパでのアメリカの影響を低下させることになるのでヨーロッパにとってリスクにならないであろう」という意見、もう1つは「もしヨーロッパがより多く負担しなければ、アメリカはより厳しくヨーロッパに接してくるのではないか」という意見である。この問題はいまでも完全な解決はみていない。

　1960年代、イギリスのEEC加盟問題でアメリカはイギリスを支持した。イギリスのEEC加盟申請は、1961年マクミラン政権で行われた。EECがEFTAより広範な協力関係の樹立を目指していたので、EECでの経済的効果がはっきりと目に見えたからであった。冷戦の緊張もあり西側の団結が要求されていたことも周辺要因であった。最終的にイギリスもヨーロッパ大陸諸国との協力を選択した。しかしフランスのドゴール大統領は1963、1967年と二度イギリスの加盟を拒否した。その理由は、アメリカと関係の深いイギリスがEECへ加

盟することにより、アメリカによるヨーロッパ支配が強まることを懸念したからである。イギリスはドゴールの死後、1973年デンマーク、アイルランドとともにようやく加盟を果たした。イギリスのEC加盟はヨーロッパにコモンウェルスとの関係強化をもたらし、ヨーロッパ・アメリカ関係の要を形成した。

　次にニクソン、レーガン、ブッシュ政権下での米・欧の関係をみておこう。

　ニクソン大統領はブレトン・ウッズ体制を廃棄し、為替の固定制を変動性へと移行した。アメリカの貿易赤字によってドルの金本位制が維持できなくなったからである。アメリカは「全ての輸入品に対して一時的に10％の課徴金を課す」とし、ヨーロッパとの亀裂を深めていった。ニクソン大統領はヨーロッパよりアジア、特に中国に深い関心を示したことで、この時期にアメリカとヨーロッパは深い結びつきを待つことができなかった。1970年代においてはヨーロッパ統合も石油危機、米ソのデタント、国内経済の激動などの要因によりあまり進展しなかった。

　レーガン政権時代は、アメリカのEU政策は冷淡で、特に農業政策に対して厳しかった。しかし安全保障政策上、ほとんどのヨーロッパ政府は国内民衆の広範な反対運動にもかかわらず、ソ連の軍備増強への対抗策としてのアメリカ中距離核ミサイルのヨーロッパにおける配置を支持した。アメリカは、ヨーロッパ国内の問題を安全保障上の国際問題として取り上げるよう強く主張し、この時期アメリカとEU間はしばしば亀裂を生じた。シベリアから西ヨーロッパへ天然ガスのパイプラインを建設する契約をEU諸国がソ連とかわした時レーガン政権は、それは結局ソ連の軍備を増強させる資金提供につながると激しく批判した。アメリカ政府は、パイプライン建設へのアメリカ企業の参加を禁止し、アメリカの技術の供与も禁止した。パイプライン建設を受注したヨーロッパ企業への制裁も求めた。ヨーロッパ諸国はヨーロッパ国内の問題に対するアメリカの露骨な介入に憤慨し、レーガン政府も次第にその圧力に効果はないと気付きはじめた。一方ソ連は、ヨーロッパへのガス輸出を、「政治的な手段として使わない」というOECDの条件を受け入れた。

　ブッシュ政権の下、アメリカとEUの間はイラク開戦での国連決議の有無の

問題で緊張し、また2004年に新しく10カ国がEUに加盟した時、イラク戦争を巡って再び緊張した。新しいEUメンバー国はイラク戦争でアメリカの立場を支持し、一方仏、独、ベルギーなど創立国はこれに反対した。その結果アメリカは単独主義へと傾斜を深めていった。EUは国連法を擁護し、国連との協力を重視し、かつアメリカだけでなくロシア、日本、中国、カナダ、インドなどをヨーロッパのパートナーとしてみなしている。9・11の同時多発テロを始めとしてロンドンの同時爆破テロなどの発生に対してEUは、その対策を「警察・刑事司法協力」(PJCC)のもとに整備強化している。いまEUはテロ防止対策と個人の人権保護の間での問題に直面しているが、テロとの戦いはEU単独で解決できるものではない。アメリカとの協力が不可欠であり、安全保障・防衛分野とは違いこの分野では司法共助協定などの協力関係が比較的良好である。

EU統合は経済統合の姿で始まったが、実は政治的なものであった。冷戦という危機、ヨーロッパの相対化・矮小化への不安、主権国家の限界の認識とともに戦争に対する真摯な反省を礎に、「自由と民主主義」の信念のもとにヨーロッパ統合を進めてきたのが今日の姿となっているのである。

5　国際関係の中の統合

(1) ドイツとソ連の関係

冷戦構造の中でこれを解きほぐすデタントの動きがあり、そこから東欧の民主化への動きが加速していった。その最終到達点が東欧の市民革命であった。EUの東方拡大は東欧市民革命と直接繋がっている。この点を考慮するとヨーロッパにおけるデタントの当事者となったドイツとソ連の関係についても一瞥しておく必要がある。

二度の世界大戦に対する深刻な反省のもと1950年代に始まったヨーロッパ統合は、東西冷戦という政治的緊張のなかで船出を迎えた。しかし1960年代半ば以降、ヨーロッパでは東西の関係改善の気運が生まれた。いわゆるヨーロッパデタントである。東西ヨーロッパ間の交流促進が計られ、特にソ連との関係改

善に向けた動きが活発になりつつあった。その牽引役となったのが西ドイツである。ドイツの戦後処理及びベルリン問題はヨーロッパの冷戦構造の核となって展開してきたが、1960年代に入っても硬直したままであった。その要因の一つはアデナウアー政権下で発表された「ハルシュタイン原則」であった。これは、ドイツの唯一の政府は西ドイツ政府であり、東ドイツを承認する国とは（ソ連以外）外交関係を結ばないという対東欧強硬政策、反共産主義外交政策であった。しかし東側との対話を求めようという気運に対して「ハルシュタイン原則」は西ドイツの行動を縛っていた。やがて西ドイツは、西ベルリン市長から外相となったウイリー・ブラントが東側との積極的な関係改善を進め、1967年ルーマニアと、1968年ユーゴスラヴィアと国交を樹立することによって、事実上「ハルシュタイン原則」を放棄した。1969年ブラント政権の誕生後、東ヨーロッパ、ソ連への積極的な働きかけと共にドイツの東方外交が始動し、ヨーロッパ外交は新しい段階へと入っていった。

　ブラント政権はドイツの再統一を長期的な目標として捉えなおすことで、緊張緩和を優先する外交路線を取った。彼は、米、英、仏とも連絡を取りながら、ソ連と東ドイツを相手として交渉を開始した。ソ連側からは、①現在の国境は不可侵である、②将来のドイツ再統一を排除しない、という言明を取りつける一方で、西ドイツ側も①東ドイツを事実上国家として承認し、②西ドイツとソ連、東ヨーロッパ諸国間の経済、文化交流を活発化させる、等の宣言を行い、交渉が前進していった。1970年12月ポーランドと西ドイツの間で「ワルシャワ条約」が調印され、オーデル・ナイセ線がポーランドの西部国境であると承認され、ヨーロッパ現存国境の尊重と不可侵が約された。このことはホロコーストへの真摯な反省に取りくむブラント政権の道義的姿勢を強く印象付けた。一方ソ連も1971年、英、米、仏、ソの四大国協定で西ベルリンの地位の存続を承認した。1972年、東西ドイツ基本条約が東ベルリンで調印され、相方の武力不行使、国境不可侵が明記された。

　ブラント政権の東方政策が進展する中、ソ連も西ドイツとの関係改善をはじめヨーロッパにおける包括的、地域的な緊張緩和の実現を目指そうとした。ソ

第2章 ヨーロッパ統合とアメリカ

連はヨーロッパの現状承認は自らの東欧支配を正当化するものであり、また対象脅威を中国に絞り、中ソ国境に勢力を重点的に向けることができると考えた。ソ連は米ソ間の「戦略兵器制限交渉」(SALT)合意により国際社会においてアメリカと対等の地位を獲得し、また「欧州安全保障条約会議」(CSCE)をも主唱した。これらは、ヨーロッパ国境線の固定化、不可侵、武力不行使の原則を第二次大戦後のヨーロッパの現状固定化へと拡大させた。また、西側との交流促進によってその先進技術を導入し、自国の経済の活発化を実現することもソ連の大きな狙いであった。ソ連にとって計画経済の抜本的な構造改革に取り組むより、デタントの枠組みの中で西側から技術を導入する方が容易だったのである。

同盟国は、西ドイツの東方外交に対して東西関係の緊張緩和を背景に、原則的には支持を与えた。アメリカのニクソン大統領は東方外交を容認したが、西ドイツを政治的、軍事的に西側に繋ぎとめることが重要であると考えていた。このため西ドイツとソ連が直接和解することは、アメリカが「ヨーロッパの重要問題の解決から締め出され」、「NATO結束の弱体化をもたらし、またECの発展が阻害される危険性もある」との疑念を抱いていた。

ドイツの戦後処理問題の推進と共にヨーロッパのデタントは勢いづき、CSCEなどヨーロッパ全体の東西交流と対話が本格化していった。1975年にCSCEはヘルシンキ最終合意書を締結した。東西両陣営は人権擁護の問題に関しても協調路線をとった。東欧における民主化の動きはこのムードにも支えられて浸透していった。そして一度芽吹いた「民主化」という芽は消滅することはなかった。デタントを通して生まれた経済的、社会的交流は途絶えることはなく、成熟した西側の市民社会からの支援や働きかけが東側の硬直した体制を徐々に崩していくきっかけともなった。西ドイツとソ連のデタントはその遠因をなしたと捉えることができよう。

(2) 今後の欧米間関係

戦後のヨーロッパとアメリカの関係の中で大きな転回点となるのは、1991年

のソ連崩壊とそれに続く冷戦構造の解体であった。冷戦の終結と旧東欧諸国のEU加入によって、ヨーロッパはもはや核の脅威や軍事的緊張に直接さらされることはなくなり、国際政治の結節点としての役割も相対的に低下した。新生ロシアはもはや昔日のソ連ではなく、単独でアメリカに対抗するだけの力を失ってしまった。一方EUは政治・経済の分野においてアメリカからの相対的自立というかつての課題を超えて、今ではアメリカに対抗するほどの存在感を持つにいたっている。このため今日では米欧関係に微妙なニュアンスが生まれつつあるのも事実である。アメリカとEUの路線の違いを浮き立たせる論点の一つは環境問題である。1997年の京都議定書をアメリカは批准せず、地球温暖化問題解決へのアメリカの消極的な態度はEUとアメリカの関係に齟齬を生じている。トルコのEU加盟問題においても、アメリカの支持に対するEUの反発は双方の関係に楔を打ちこむことになった。

　アメリカとEUは多少の不一致があっても、これまでは大方の問題に関して上手く協働してきたといえるであろう。両者間の不一致については、今後オバマ新政権の政策転換に注目する必要がある。もしEU拡大がEU機構の機能性を弱めるとするならば、新しいメンバー国へのアメリカの強い影響の下に、EUは内部分裂を起こすかもしれない。しかし仏、独、英などの強いイニシアティヴの下に、EUの協調的拡大を続けるならば、世界の中でEUはその存在感と地位を一層高め、強力なものになっていくであろう。現代社会のグローバリズムによる人、物、情報の地球大のうねり、軍隊の国境を越える展開に対して国民国家の枠組みでは十分には対応できなくなっている。そこで「帝国」的なそして超国家的な存在がクローズアップされたのである。その結果EUの国際的な地位が上がるならば、アメリカの国際政治におけるプレゼンスは相対的に弱まっていく可能性がある。世界をめぐる未曾有の金融経済危機はそのための試金石になるかもしれない。

参考文献

ウッドラフ, W.（2003）『既設　現代世界の歴史　1500年から現代まで』原剛、菊池紘一、

松本康正、南部宣行、篠永宣孝訳、ミネルヴァ書房。
大芝亮・山内進編（2007）『衝突と和解のヨーロッパ　ユーログローバリズムの挑戦』ミネルヴァ書房。
大島美穂編（2007）『EUスタデイーズ　3　国家・地域・民族』勁草書房。
大西建夫・岸上慎太郎編（2000）『EU統合の系譜』早稲田大学出版部。
鹿島守之助（1965）『新生西ドイツ　アデナウアーを中心にして』鹿島研究所出版会。
金丸輝男編（2002）『ヨーロッパ統合の政治史』有斐閣。
クーデンホーフ＝カレルギー，R.（1962）『ヨーロッパ国民』鹿島守之助訳、鹿島研究所出版会。
木畑洋一編（2005）『ヨーロッパ統合と国際関係』日本経済評論社。
紀平英作編（2004）『ヨーロッパ統合の理念と軌跡』京都大学学術出版会。
クラインシュミット，H.（2001）『ドイツのナショナリズム—統一のイデオロギー的基盤』久保田英嗣編訳、彩流社。
グルーナー，W. D.（2008）『ヨーロッパのなかのドイツ』丸富宏太、進藤修一、野口昌吾訳、ミネルヴァ書房。
斎藤嘉臣（2008）『冷戦変容とイギリス外交—デタントをめぐる欧州国際政治　1964〜1975年』ミネルヴァ書房。
島田卓爾・岡村堯・田中俊郎編（2002）『EU入門－誕生から、政治・法律・経済まで』有斐閣。
庄司克宏（2007）『欧州連合　統治の論理とゆくえ』岩波書店。
田中俊郎、庄司克宏編（2006）『EU統合の軌跡とベクトル　トランスナショナルな政治社会秩序形成への模索』慶応義塾大学出版会。
中沢孝之（1978）『デタントのなかの東欧』泰流社。
中村登志哉（2006）『ドイツの安全保障政策—平和主義と武力行使』一芸社。
西川吉光（2002）『現代国際関係史III—デタントの時代』晃洋書房。
平島健司（2004）『EUは国家を超えられるか　政治統合のゆくえ』岩波書店。

Bainbridge, T. (2000). *The Penguin Companion to European Union.* Harmondsworth: Penguin
Baun, M. (1996). *An Imperfect Union: The Maastricht Treaty and the New Politics of European Integration.* Oxford: Westview Press.
Bayliss J. & Smith S. (1997). *The Globalization of World Politics. An Introduction to International Relations.* Oxford: Oxford University Press.
Gray, J. (2000). *A False Dawn. The Delusions of Global Capitalism.* London: Granta.
Jackson, R. and Sorensen, G. (1999). *Introduction to International Relations.* Oxford: Oxford University Press.
Jones, R. A. (2001). *The Politics and Economics of The European Union: An Industry Text.* Cheltenham: Edward Elgar Publishing.

第Ⅰ部　EUの歴史と制度

McCauley, M. (1998). *Russia, America & the Cold War 1949-1991*. London: Addison Wesley Longman Limited.
Micklethwait, J. & Wooldridge, A. (2000). *Future Perfect: The Hidden Challenge of Globalisation*. London: Heineman.
Noble, A. (1995). *From Rome to Maastricht: The Essential Guide to the European Union*. London: Warner.
Perterson, J. (1996). *Europe and America : The Prospects For Partnership*. London: Routledge.
Urwin. D. W. (1995). *The Community of Europe*. London: Addison Wesley Longman Limited.
Urwin, D. W. (1997). *A Political History of Western Europe Since 1945*. London: Addison Wesley Longman Limited.
Walker, M. (1993). *The Cold War*. London: Vintage.

第3章

EUの体制
——政治統合とEU憲法条約を中心に——

浅川千尋

1 立憲主義化とグローバル化

　本章は、EUの政治統合という視点からマーストリヒト（EU）条約締結以降の動向について「EU憲法条約」＝立憲主義化構想を中心に紹介・検討していく。「EU憲法条約」というEUの「公式な憲法」を制定しようとする構想は、主権国家・国民国家の枠組を超えた１つの「連邦」または「連合」を創設することを目指すEUの壮大な実験の重要な柱である。それは、また、EUレベルでの「立憲主義化」を目指す壮大な実験でもある。近年、EUというものを「連邦」でも「連合」でもない新たな「政体」として把握する見解も有力となっている。

　どう位置づけるのかは今後も議論されていくが、「ヨーロッパは１つである」、「ヨーロッパ化」というキーワードのもとでEUは確実に拡大深化・政治統合を成し遂げてきていることは事実である。そのプロセスで、EU憲法条約がどのような意味を有するのであろうか。EU憲法条約では、「多様性の中の統一」というモットーが挙げられているが、その一方で「グローバル化」という波がEUにも押し寄せている現状がある（ヨーロッパ化とグローバル化については、とくに高橋・坪郷編、2006参照）。

　本章では、このような政治的、経済的かつ文化的側面に深く関わるグローバル化も視野に置いて、「EU憲法条約」の内容・意味を中心に据えて政治統合のプロセス・意義を検討していく。このことは、EUレベルでの「立憲主義化」

をどう評価するのか、そして「立憲主義のグローバル化」あるいは「トランス国家的な立憲主義＝グローバルな立憲主義」をどう評価するのかに関わる（このような概念については、とくに長谷部・土井・井上・杉田・西原・坂口編、2007、井上典之、2009参照）。それをふまえて、EUの機構を概観していく。そのことによって、EUの政治統合のプロセスおよび政治的背景が明らかにされるであろう。

　また、「EU市民」による民主的な統治をいかにして実現していくのか、EUレベルでの「立憲主義化」は可能なのかというEUの政治統合の意義あるいは挑戦が明確になるであろう。さらに、EU憲法条約等で志向されている民主主義、多元主義、多文化共生、基本権（生命に対する権利＝死刑廃止も含めた人権）、エコロジー＝環境保護、平和、未来志向というEUスタンダードの意義が提示されるであろう。結論を先取りすれば、グローバル化に適応または対抗するEUスタンダードの意義が検証されことになるであろう。

2　EUの政治統合

　ここでは、「EU憲法条約」にいたるまで拡大深化しているEUの政治統合という側面からEU条約の内容を紹介・検討していく。そのことによって、EUがどのような政治的背景のもとでどのように拡大深化・政治統合をしてきたのかが明らかにされるであろう。

（1）　1993年マーストリヒト条約

　80年代後半からヨーロッパでは、1989年11月ベルリンの壁崩壊、1990年10月ドイツ統一、東欧の社会主義諸国の民主化、ソビエト連邦の崩壊といった政治レベルでの大変革が生じた。この東西冷戦終結のプロセスのなかで、とくにドイツ統一や東欧での民主化に対応するために1992年マーストリヒト条約（EU条約）が、調印された。このEU条約は、発効するまでに紆余曲折を経た。とくにデンマークの国民投票では、一度は否決されたが、再度国民投票が行われ

批准された。また、この条約が憲法に適合するのかどうかが争われていたドイツで連邦憲法裁判所が合憲判決を下したことをうけて、ようやく1993年11月に発効した。まさしく、資本主義と社会主義という政治経済・社会体制の相違あるいはイデオロギーの対立を乗り越えるプロセスのなかで、この条約は調印され発効したといえよう。この時期のEUは、12カ国であった。

マーストリヒト条約は、3つの柱から成っている。第1の柱は、これまでの経済統合を推し進める経済通貨同盟の実現である。第2の柱は、共通外交安全保障政策である。そして、第3の柱は、司法内務協力である。

EUは、1993年にコペンハーゲン欧州理事会で加盟条件を提示した。「コペンハーゲン基準」といわれる条件である（森井裕一「拡大EUの概要」森井編, 2005, 伊藤和男「EUの体制」浅川・カルステン編, 2003などを参照）。第一に、民主主義、法の支配・法治主義、人権および少数者の権利保障をすること（政治的基準）、第二に、市場経済が機能していてEUでの競争に対応できること（経済的基準）、第三に、政治的目標および経済通貨同盟を含めてEUの構成国としての義務を負う能力を有すること（EU法の受容という基準）、という3つの条件を満たした場合にEU加盟が認められる。

（2） 1999年アムステルダム条約

マーストリヒト条約調印前後から、EU拡大・政治統合が加速されていくことになる。EUへ加盟申請をする国が増加してくるなかで、1995年に新たにスウェーデン、フィンランド、オーストリアがEUに加盟し15カ国からなる体制が実現した。また、中東欧諸国が加盟申請をし始めた。そのため、EUでは拡大深化・政治統合に対応し、かつEUの体制を改革し、また共通外交安全保障政策を強化し司法内務協力を再構築することなどが求められることになった。このような背景のもとで、1997年10月にマーストリヒト条約（EU条約）の改定としてアムステルダム条約が調印されたのである。この条約は、1999年5月に発効している。

このアムステルダム条約の特徴として、EU拡大・政治統合の前提となる民

主主義制度を充実させるために欧州議会の権限強化による民主的正当性の強化が目指されていることである。また、EUのアイデンティティの確立のために自由、民主主義、人権保障、法の支配・法治主義という構成要件が、条約で明記されたことである（鷲江義勝「マーストリヒト条約以降」辰巳編，2007などを参照）。

（3） 2003年ニース条約

　アムステルダム条約で合意ができなかったEUの制度改革などを解決することを目指し、また27カ国へ拡大・政治統合することに対応するために、ニース条約が2001年2月に調印され構成国で批准作業に入った。アイルランドの国民投票で一度否決されたが再投票で可決され、2003年2月から発効している。この条約は、アムステルダム条約（EU条約）の改定条約である。

　ニース条約の特徴は、以下の内容である（鷲江義勝「マーストリヒト条約以降」辰巳編、2007などを参照）。この条約では、拡大深化するEUの運営を機能的効率的かつ透明に実施していくためにEUの機構が改革された。たとえば、欧州委員会の選出方式が、全会一致から特定多数決に変更された。また、理事会決定については、特定多数決で決定できる分野が拡大された。さらに、欧州議会に関してEUの民主的正当性を強化し民主主義を進めるために共同決定手続の適用分野が拡大された。

　EUは、2004年に、中東欧の10カ国が加盟し25カ国になった。そして、2007年にブルガリア、ルーマニアが加盟し27カ国の構成国からなるEUが実現して現在に至っている（**図3-1**）。このことにより、EUは、アメリカ、中国と並ぶ1つの極として世界の中でますます重要な地位を占めることになった。EUの存在は、政治的経済的側面のみならず文化的側面でも世界に大きな影響力を及ぼすものであろう。

第3章 EUの体制

図3-1 EU27カ国体制

■	欧州経済共同体(EEC)設立時(58年)の加盟国	フランス、ドイツ（当時は西独）、イタリア、ベルギー、オランダ、ルクセンブルク
	73年加盟	英国、アイルランド、デンマーク
	81年加盟	ギリシア
	86年加盟	スペイン、ポルトガル
	95年加盟	スウェーデン、フィンランド、オーストリア
	04年加盟	ポーランド、チェコ、スロヴァキア、ハンガリー、スロヴェニア、リトアニア、ラトヴィヤ、エストニア、キプロス、マルタ
	07年加盟	ポーランド、チェコ、
▨	加盟候補国	トルコ、クロアチア、マケドニア
□	ユーロ参加	フランス、ドイツ、イタリア、スペイン、ポルトガル、ベルギー、オランダ、ルクセンブルク、アイルランド、フィンランド、オーストリア、ギリシア、スロヴェニア

■━━━━━ 欧州統合の主な歩み ━━━━━■

1952	欧州石炭・鉄鋼共同体（ECSC）設立
57	ローマ条約調印＜欧州経済共同体（EEC）設立などを決定＞
58	ローマ条約発効、EEC設立
67	EEC、ECSCなどが統合され欧州共同体（EC）に
86	単一欧州議定書調印＜単一市場完成の目標を設定＞
92	欧州連合条約（マーストリヒト条約）調印＜欧州連合（EU）設立決定、単一通貨導入の目標を設定＞
93	単一市場スタート
93	EU設立
97	アムステルダム条約調印＜共通外交・安全保障政策の強化などを決定＞
99	単一通貨ユーロ導入
2001	ニース条約調印＜拡大に向けた機構改革を決定＞

出所）『朝日新聞』2007年3月23日記事。

3 「EU憲法条約」の頓挫からリスボン条約へ

(1) 形成プロセス

　「EU憲法条約」の構想は、すでに80年代より議論されてきたテーマであった。とくに、2000年にベルリンのフンボルト大学で当時のドイツ外相ヨシカ・フィッシャーが行った講演「国家連合から連邦へ」のなかでEU憲法を備えたEUという内容がEU憲法をめぐる活発な論争の契機となった。また、2000年の欧州基本権憲章は、EU憲法条約＝立憲主義化の試運転であったという指摘もある。そして、2001年12月にニース欧州理事会により採択された「ラーケン宣言」においてEU憲法を検討するための「コンベンション（欧州将来諮問会議）」が設置された。この背景には、以前から議論がされてきたEUの将来像として「連邦主義」（ドイツの立場）なのか「国家連合主義」（イギリス・フランスの立場）なのかという論争がある。

　ラーケン宣言では、EUの統合過程で平和維持、政治的経済的発展を成し遂げてきたことが確認された。しかしその一方で、EU市民とEU機構との関わり合いが薄いことが指摘され、EUの民主的正当性を強化するために、透明で開かれた、効率的かつ民主的なコントロールの必要性が指摘された。また、とくにグローバル化や東方拡大に対応すべく、EUが取り組むべき課題として以下のことを定めた（福田耕治「欧州憲法条約と欧州ガバナンスの改革」福田編、2006、小林監訳、2005などを参照）。第一に、EUと構成国との管轄権の分割の見直し・明確化、第二に、法諸制度の簡素化、第三に、EUの制度的民主化、透明化、効率化の強化。

　この宣言を受けて、2002年2月に元フランス大統領ジスカール・デスタン議長のもとで、コンベンションが発足した。この会議では、拡大するEUが機能不全に陥らない措置を検討するとともに、どのようにEUを拡大していくのか、また新たに多極化した国際社会における安定したモデルとしてのEUをいかに形成していくのかといった課題に取り組んだのである。そして、1年以上にも

及ぶ議論を経て「EU憲法条約草案」が2003年6月および7月に採択されたのである。この草案は、2004年10月にローマでEU25構成国の代表によって「EU憲法条約」として調印されるに至った。

しかし「EU憲法条約」は、周知のように2005年5月フランス、6月オランダの国民投票で否決されるという大打撃を受けた。この否決により、EUはきわめて深刻な事態に陥ったのである。2006年11月にEU憲法条約の発効を目指していたEUは、それを断念して新たな対応策としてリスボン条約を2007年12月に調印せざるをえなくなった。しかも、そのリスボン条約も2008年6月にアイルランドの国民投票で否決され、EU新条約の行方は一時定かではなくなった。しかし、最終的にアイルランドで再度の国民投票で批准され、2009年12月からリスボン条約は発効することとなった。

(2) 概　要

「EU憲法条約」の概要を見ていくことにしたい。「EU憲法条約」は、前文および448条（第1部から4部まで）からなる膨大な内容を有するものである（とくに小林監訳、2005、福田編、2006を参照）。ここでは、前文および第1部、第2部の主な内容を紹介する。

① 前文および第1部

前文では、まず、不可侵な人権、自由、民主主義、平等および法の支配が普遍的な価値を有するものであり、それに基づき欧州の文化的、宗教的、人道的

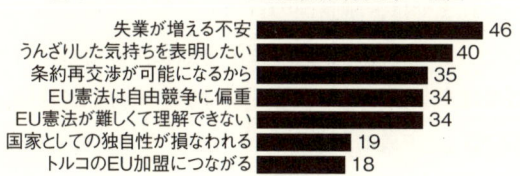

図3-2　フランスでEU憲法条約反対の理由

理由	%
失業が増える不安	46
うんざりした気持ちを表明したい	40
条約再交渉が可能になるから	35
EU憲法は自由競争に偏重	34
EU憲法が難しくて理解できない	34
国家としての独自性が損なわれる	19
トルコのEU加盟につながる	18

（注）複数回答
（出所）世論調査機関SOFRESの出口調査をもとにした調査。『朝日新聞』2005年6月4日記事。

遺産を継承し、世界における平和、正義および連帯を目指し、諸国民が自国のアイデンティティおよび歴史に誇りをもって、対立を克服し共同することが謳われている。次に、「多様性の中での統一した」欧州が、諸国民に対して、個人の権利を擁護し未来世代および地球に対する自己の責任を意識すべきことなどが謳われている。

第1部は第1編から第9編までから成り、EUの定義、目標・価値、管轄権、機関等が定められている。第1編で注目される内容は、EUの価値として人間の尊厳の尊重、自由、民主主義、平等、法の支配および少数者の権利を含めた人権擁護を挙げたうえで、多元主義、文化的言語的多様性、無差別、寛容、正義、連帯(世代間の連帯を含めて)、男女平等および環境保護、平和、安全といったEUスタンダードを挙げている点である。また、EUのシンボルとして、EU旗、EU歌、EU通貨＝「ユーロ」、EUのモットーとして「多様性の中の統一」、5月9日をEUの祝日として定めている点などである。

第2編では基本権およびEU市民権を定めている。基本権の具体的なカタログは、第2部で詳細に定められている。EUの市民は、様々な基本的人権を保障され、また構成国の国籍を有する市民であるとともにEU市民でもある。第3編は、EUの管轄権を定め、第4編でEUの機関および組織を定めている。主な機関・組織として欧州理事会、閣僚理事会、欧州議会、欧州委員会、欧州裁判所が設置されている。

これに関して、「EU憲法条約」では、とくにEUの機構改革の目玉としてEU理事会に常任議長＝大統領が設けられ、またEU外相ポストが新設されたことが注目される。これまでは、議長国の首相や外相が半年の持ち回りでこれらの役割を担っていた。また、欧州議会の権限を強化するために欧州議会に欧州委員会委員長の選出権を与えている。第5編はEUの管轄権の行使について定め、第6編では、EUの民主主義的運営というタイトルで、民主主義的平等の原則、代表民主制の原則、参加民主制の原則などが定められている。第7編は、EUの財政、第8編EUおよび近隣隣国、そして第9編は、EUへの加盟に関して定めている。

② 第2部 基本権憲章

　第2部は、「基本権憲章」というタイトルでさまざまな基本的人権を定めている。この基本権憲章の内容は、1989年の欧州社会憲章の内容を踏まえ、また2000年の欧州基本権憲章に基づいている。前文では、構成国の文化・伝統の多様性、アイデンティティを尊重し、共通の憲法的伝統・国際的義務・人権に関わる欧州規約や社会憲章を確認したうえで、基本権が他者・人間社会および未来の世代に対する責任および義務と結びつけられると謳われている。

　第1編「人間の尊厳」では、人間の尊厳の不可侵性、生命に対する権利（死刑を宣告または執行されない権利を含めて）が定められている。第2編「自由」においては、自由・安全に対する権利をはじめ思想・良心・信教の自由、集会結社の自由、芸術・学問の自由、プライバシーの権利、婚姻・家族の権利といういわゆる伝統的な防御権としての「自由権」のみならず、教育権、職業選択・労働の権利という「社会権の自由権的側面」に属する権利も定められている。さらに、庇護権、強制送還の禁止等も盛り込んでいる。第3編「平等」では、法の下の平等をはじめとして無差別＝差別禁止、文化・宗教および言語の多様性、子ども・高齢者・障碍者の権利保障を定めている。「連帯」というタイトルの第4編は、団体交渉権、公正および適正な労働条件に対する権利、家庭生活・職業生活に関する権利、社会保障、環境保護、消費者保護などの主にいわゆる「社会権」に属する権利カタログが挙げられている。

　第5編「市民権」では、欧州議会および地方レベルの選挙権・被選挙権、公正な行政に対する権利、欧州オンブズマンなど参政権や手続参加権が定められている。司法的権利は、第6編で定められており、効果的な司法的救済および公正な裁判を受ける権利、無罪推定原則・弁護人依頼権、罪刑法定主義、一事不再理の原則などが保障されている。

（3）　リスボン条約

　既述したように、「EU憲法条約」がフランス、オランダの国民投票で否決されたため、2007年に議長国ドイツのアンゲラ・メルケル首相がイニシアティヴ

を取り、「憲法」という名称を断念して新たな条約を模索することになった。その結果、2007年12月にリスボンにおいて、「EU憲法条約」の内容を盛り込んだ上でニース条約の改定条約としてリスボン条約が調印された。しかし、この条約も2008年6月にアイルランドの国民投票で否決され条約の発効は暗礁に乗り上げた。リスボン条約が憲法に適合するのかどうか争われていたドイツでは、2009年6月に連邦憲法裁で合憲判決が下された。リスボン条約は最終的にアイルランドでの再度の国民投票で批准され、2009年12月から発効することとなった。

　この条約の主要な内容は、以下の通りである（シェラー・アンドレアス、2008参照）。任期が2年半の欧州理事会の常任議長（大統領）を創設する。欧州委員会の副委員長を兼任するEU外交・安全保障上級代表（EU外相ポスト）を新設する。EU常任議長国は、閣僚理事会の議長を務める。理事会での決定方式を多数決方式から「構成国の55％以上」および「EU総人口の65％以上」の賛成を得るという「二重多数方式」に変更する。外交・安全などの一部の分野では、全会一致方式を維持する。欧州委員会の委員数の削減、欧州議会の議席の削減。「EU基本権憲章」を遵守する。

4　「EU憲法」言説をめぐる論争

　「EU憲法条約」をめぐる議論では、EUに「憲法」が必要なのか、可能なのかどうかをめぐって論争がされている。これは、EUレベルでの「立憲主義化」が必要なのか、可能なのかという論点である。また、フランス、オランダの国民投票で否決された背景には、「憲法」言説や「基本権」言説についての疑念および不安があるということが指摘されている。ここでは、主にドイツの研究者の議論を手がかりにしてこの論争を紹介検討していく。尚、「立憲主義」という概念自体が多義的なものであり、政治的にも法的にもあるいは価値体系的にも語られているが、ここでは主に法的な視点から考察していくことにする。法的な視点とは、憲法というものは（国家）権力を縛り人権を守る仕組である

第3章　EUの体制

という視点である。

(1) 懐疑論

　90年代中頃までは、「EU憲法」に懐疑的な見解が支配的であった。そのような見解は、次のような伝統的な国家観に関するレパートリーからスパイスされていたものだけであったわけではない。すなわち、EU憲法にとって重大な障害は、「運命共同体」という形式でのEUが不十分であることや共通で体得してきたヨーロッパの歴史および文化が欠けていることである、というものだけではなかった。その見解には、また、実質において無理な多元主義社会モデルおよび多様なプラグマチックな政治理解に基づいて定式化された民主主義的理論を批判的に検討する立場も含まれている。前者の見解は、伝統的な立憲主義の立場に依拠して「立憲主義のグローバル化」や「トランス国家的な立憲主義」には懐疑的な評価をする。

　後者の立場にたち通説的な憲法理論を展開するデイーター・グリムによると、共通の民主的公衆性を欠いて多様な利害がある条件の下で代表的なコンセンサスの形成はうまくいかないであろうという。それゆえ、EUは、辛抱強く構成国から正統性を付与されることに頼らざるを得ないが、しかしヨーロッパ民主主義という条件を欠く場合には、公式な立憲主義化も断念しなければならないという。なぜなら、守られないそのほかの期待も呼び覚まされるからであるという、つまりハードルが高すぎる実質的な民主主義化が求められてしまうという。彼によると要するに、EUではまだ多様な利害を調整し合意形成をするのに不可欠な代表民主主義が十分成熟していない、あるいはまだ「憲法」または「立憲主義化」にとって必要な成熟した民主主義が根付いていないという理由で懐疑的な立場をとることになる。

　この立場では、「基本権」という概念に対しても、防御権という側面にウェイトを置きできるだけ国家による社会（市民）への介入を抑制するという観点から、さまざまなバリエーションを含んだEU憲法条約の「基本権」には慎重に対応することになる。ここには、国家と社会（市民）との緊張関係を踏まえ

た「憲法」あるいは「立憲主義」というオーソドックスな発想がある。つまり、EUレベルでの「憲法」構想は、EUと構成国（市民）との緊張関係をどれだけ意識しているのかが曖昧でありそれに対する疑念が提起されている。

　結論的に述べるならば、この立場では、立憲主義という意味は（国家）権力を人権や民主主義によりコントロールすることだと理解するので、「EU憲法条約」の中身がそれにふさわしい条件をまだ備えていないと評価する。つまり、「立憲主義のグローバル化」または「トランス国家的な立憲主義」の条件がまだ成熟していないと見るのである。

（2）　肯定論

　その後、「EU憲法」が必要であるという見解が優勢になってくる。ユルゲン・ハーバーマスは、一貫してEU憲法の必要性を説いている。彼は、EUレベルで政治的に必要なコミニュケーション関係がすでに生じているので、憲法上でもそのようなコミニュケーションが生じるという理由でEUレベルでの憲法の必要性を力説する。また、「ヨーロッパ型の政治社会モデル」や「社会民主主義型オルタナティヴ」を実現していくためには、グローバル化に対応していかなければならない。これは、ヨーロッパが行動能力を強化していくことによって実現される。そのためには、「新たな政治共同体」の憲法＝EU憲法が必要であると彼は強調する。ハーバーマスの分析によれば、フランスの国民投票の結果はそれが「政治統合」自体への「ノン」ではなく、「ブリュッセル官僚」の手法への批判であるという。

　2000年以降は機能主義的立場から、必要性を説く論者が目立つようになる。つまり、機能的に考察すれば、EUには、すでに憲法が存在しており、それは国民国家の憲法と同様に高権を拘束し、法秩序でヒエラルヒーを形成し、組織を創設し授権し、市民の基本権を根拠づけているというのである。この機能主義的立場からは、憲法、首相（大統領）、基本権などという国家に関わる概念をそのままEUに当てはめて「EU憲法」（EUの大統領、EUの基本権）が必要または可能であるということになる。

またグローバル化に対応して、国家構造の転換・政治統合およびヨーロッパレベルでの「立憲主義化」は、国家および憲法の「動態（ダイナミック）」であると把握する見解もある。この見解によれば、EU構成国の多くの憲法が「開かれた憲法」であり、EUへの主権の委譲等を定めていることが強調されている。

これらの立場では、「立憲主義のグローバル化」という文脈または「トランス国家的な立憲主義」という文脈で立憲主義＝EU憲法が構想されている。これらの立場からは、国家レベルの憲法言説がEUレベルの憲法言説へと比較的容易にパラダイム転換していると見ることも可能かもしれない。

(3) 近年の批判的見解

これに対して、最近、とくに機能主義的立場による「EU憲法」構想は一部の法学者やエリート官僚が考案した言説であり、それをあまりにも過大評価しているといった問題提起がなされている。ミヒャエル・ハンス・ハイニッヒによれば、フランスやオランダの国民投票で「EU憲法条約」が否決された背景には、国内政治の状況が主な原因ではなく、むしろ市民の意識の中にEUレベルでの「憲法」とか「大統領」という言説に対するアイロニーがあるという。つまり、法学者（とくに憲法学者）には熱狂された「EU憲法」が、市民にはその熱狂が伝わらなかったのはなぜなのかという問いに対する答えがまさに、そのアイロニーであるという。

ここには、憲法条約プロセスが市民の自治に基づくのではなく、市民に憲法を強要するものであったという評価が加わる。すなわち、「トップダウン憲法」プロセスが市民に受け入れられにくかったという評価である。また、「基本権」は市場の向こう側で、ポストナショナルなヨーロッパというイデオロギーの新たな形式への展望を示すトランス国家的文脈で法規範としてすでに確立しており、基本権にはEUでの民主主義の赤字に対するバーターになることが期待されていると、ハイニッヒは分析する。このような分析には、バリエーションのある「基本権」言説をある種の売りにして政治統合の手段として「憲法」を機

能させていこうとする「ブリュッセル官僚」への批判も見て取ることができる。興味深いことは、この分析が「EU憲法」を支持するハーバーマスの分析と共通性があることである。

さらに、文化的民主主義的理論の見地からは、EUレベルでの「憲法」概念の手放しの使用が批判的に検討されている。これは、法の政治化および政治の法化という問題をどう評価するのかという論点に連なる。とくに憲法概念を機能的に解明する立場に対して、憲法による法の政治化という側面を見失っていると批判する。このような見解は、「トランス国家的な憲法」というパラダイム転換が政治的に勝利したという言説への批判でもある。つまり、「トランス国家的な立憲主義」への批判が提起されている。

いずれにしても、EUは、当面は「憲法」概念それ自体の使用を放棄しEU条約の改定という道を模索している。EU条約は、実態としてEUの基本法または憲法として機能していることは否定できない。あるいは、政治的にはある種の「憲法」として機能しているといえる。今後は、法的にもそれを「立憲主義化」と評価できるのかどうか、あるいは「EU憲法」という名称の「憲法」が可能なのか必要なのかが検討されていくことになる。政治的な「憲法」言説が、法的にも通用するのかどうか、つまり法的にも「EU憲法」言説が今後も唱えられるのかどうか興味深いテーマが残されている。果たして、法学、とくに憲法学はどのような理論を打ち立てていくべきなのであろうか。その理論動向が、ますます注目される。

5 EUの機構

ここでは、EUの主な機構を概観していく。また、EUの政治統合の民主的正当性にとって、いかにしてEU市民の意思がEUの機構に反映されるのかがきわめて重要である。このような観点から、欧州議会がどのような役割を果たすのか、その役割・権限および議会選挙の動向を検証していく（辰巳編, 2007, 森井編, 2005参照）。

（1） 主な機構
① 欧州理事会

　欧州理事会は、1974年のパリサミットを契機にして作られた新しい組織であり、EUの政治的方針を決定する最高意思決定機関として位置づけられている。EU構成国の首脳（大統領、首相）から構成されており、EU首脳会議＝EUサミットと一般的にはいわれている。欧州理事会と閣僚理事会は、実質的に1つの機関として機能している。「EU憲法条約」および「リスボン条約」では、欧州理事会に常任議長（大統領）が置かれることになっている（**図3-3**）。

② 閣僚理事会

　EU構成国を代表する閣僚から構成されており、欧州議会あるいは欧州委員会と共にEUの主要な立法機関として位置づけられる。ただし、閣僚理事会が直接政策を実施する場合もあり、その意味では行政・執行機関でもある。審議事項の対象に応じて、外相理事会（一般理事会）、農相理事会、経済財務理事会、環境理事会などと呼ばれる。ブリュッセルに置かれている構成国の常駐代表から構成される常駐代表委員会で実質的な審議を行い、閣僚理事会で最終的な決定をする。1年を2期に分けて、構成国の輪番制でそれぞれ議長国を決めている。議長国は、理事会をコントロールする権限を与えられている。

　「リスボン条約」では、EU常任議長（大統領）が、閣僚理事会の議長も務める、理事会での決定方式を多数決方式から「構成国の55％以上」および「EU総人口の65％以上」の賛成を得るという「二重多数方式」に変更する、外交・安全などの一部の分野では、全会一致方式を維持することが決められている。

③ 欧州委員会

　欧州委員会は、主にEUの行政・執行に関わる機関である。この委員会は、さまざまな政策案・予算案等を提案するのみならず法案の提出権も有する機関、すなわち立法機関でもある。その提案を受けて、閣僚理事会が決定しそれを執行していく。15カ国体制の2005年までは、ドイツ・フランス・イタリア・スペイン2名、それ以外の構成国（10カ国）1名の委員＝20名で構成されていたが、25カ国体制となった2005年から構成国1名の委員で構成されることになった。

第Ⅰ部　EUの歴史と制度

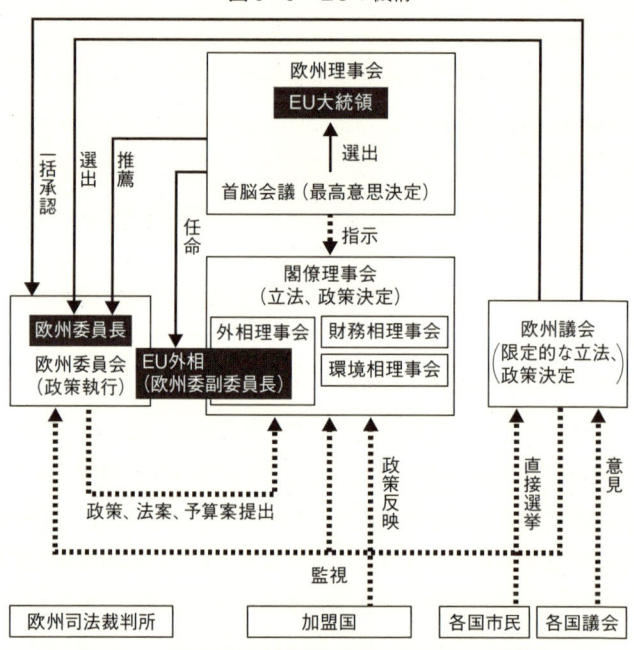

図3-3　EUの機構

```
                       欧州理事会
                       EU大統領
                          ↑ 選出
              首脳会議（最高意思決定）
                          ↓ 指示
                       閣僚理事会
                      （立法、政策決定）
              外相理事会  財務相理事会
              EU外相    環境相理事会
             （欧州委副委員長）

  欧州委員長
  欧州委員会
  （政策執行）                              欧州議会
                                    （限定的な立法、
                                     政策決定）

  政策、法案、予算案提出  →  政策反映    直接選挙  意見

          監視
  欧州司法裁判所   加盟国   各国市民  各国議会
```

- EU大統領………首脳会議の常任議長。外交・安全保障分野でEUを代表。任期は2年半。1回に限り再選可
- EU外相…………外相理事会の議長。外交・安保政策を提案、執行
- 欧州委員長………通商・競争政策などの分野に責任を持つ。任期は5年
- 欧州委員…………各国1人。総数は2014年から加盟国数の3分の2に

出所）『朝日新聞』2004年7月5日記事。

　欧州委員会委員長は、ニース条約により閣僚理事会が特定多数で候補者を推薦し、他の委員は閣僚理事会で委員候補者リストを特定多数で採択する。そのうえで、委員全員を欧州議会で承認し最終的に閣僚理事会の特定多数で任命される。EU条約以降任期は、欧州議会議員と同じ5年となった。
　リスボン条約では、欧州委員会の副委員長を兼任するEU外交・安全保障上級代表（EU外相ポスト）を新設すること、欧州委員会の委員数を削減することが決められている。

④ 欧州裁判所

　欧州裁判所は、EUに関する法の解釈・紛争を処理する役割を担う司法機関である。構成国から1名の裁判官が選出されている。処理紛争数の増加により、1989年から欧州第一裁判所が付設され実質的な2審制が採られている。また、構成国の裁判所にEUに関わる訴訟が提起される場合にはその構成国裁判所がEUの地方裁判所のような役割を果たすという指摘もされている。したがって、欧州裁判所がEUの最高裁判所のような役割も担っている。

(2) 欧州議会と欧州政治

　これまで欧州議会は、あまり関心を持たれた存在ではなかったという指摘がなされている。EUにおける議会制民主主義および立法機関の柱として、その権限・現状が検証されねばならない。とくに、マーストリヒト条約批准プロセス以降の「民主主義の赤字」をめぐる議論は、EU機構とEU（構成国）市民との関係性、あるいは民主的正当性という問題を自覚させるものであった。欧州議会には、どのような役割・権限がありまた現状はどうなのであろうか。また、「グローバル化」の波の中で欧州政治の動向は、どう変容しているのであろうか。

① 役割・権限

　欧州議会の議会本会議場は、ストラスブールに置かれている。2009年6月まで、27カ国から785名の議員が選出されている。議員の任期は、5年である。欧州議会は、主に以下の2つの権限を有する。予算に関する権限と立法権限である（児玉昌己「欧州議会」辰巳編, 2007参照）。予算に関する権限では、とくに新規の予算について最終決定権を有しまたEUの予算決算に関しても執行解除という権限を有する。この権限は、欧州委員会に対する非難決議を通して委員会の総辞職にも連動しているという。

　EU条約以降の立法権限で重要なものは、「共同決定手続」である。すなわち、欧州委員会が提出した法案を閣僚理事会と欧州議会で審議し両機関で可決されなければ成立しないという手続である。また、EU条約以降、欧州議会に立法

第Ⅰ部　EUの歴史と制度

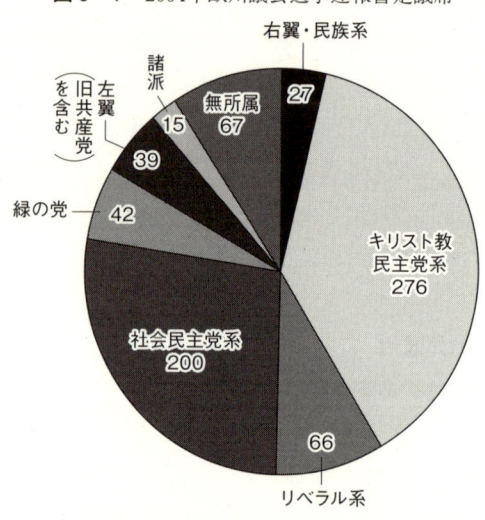

図3-4　2004年欧州議会選挙速報暫定議席

右翼・民族系　27
諸派　15
左翼（旧共産党を含む）　39
無所属　67
緑の党　42
社会民主党系　200
リベラル系　66
キリスト教民主党系　276

（14日午後1時半現在の欧州議会の暫定公式推計）

出所）『朝日新聞』2004年6月15日記事。

発議請求権が付与されたという。欧州委員会が法案提出に消極的な場合に、欧州議会は法案提出を請求することができるという。すなわち、欧州委員会がこれまで独占してきた法案提出権に対するチェック機能も有することになったのである。

EU憲法条約では、欧州議会に欧州委員会委員長の選出権が付与され、リスボン条約で欧州議会の議席の削減が決められている。

② 議会選挙の動向

1976年から、欧州議会直接選挙法が導入され構成国市民の直接選挙で議員が選出されるようになった。ここでは、2004年6月の第6回欧州議会選挙以降の動向を紹介していく。2004年選挙では、25カ国の構成国で約3億5千万の有権者のもとで、選挙が行われ732名の議員が選出された（**図3-4**）。2007年にブルガリア18名、ルーマニア35名の議員が加わり785名となった。

第3章　EUの体制

　欧州議会は、多様な政党・会派から構成されている。議会勢力は、欧州キリスト人民党系277、欧州社会民主党系218、欧州自由民主連合グループ106、諸民族の欧州連合党44、緑の党・欧州自由連合（リベラル）系42、欧州統一左翼・北欧緑の党左派連合41、独立・民主主義連合23、独自性・伝統・主権20、無所属14という構図である（児玉昌巳「欧州議会」辰巳編，2007参照）。

　EUの政治統合は、本来中道左派のイギリス労働党、フランス社会党、ドイツ社民党などを中核とする欧州社会民主連合グループと、イギリス保守党、フランス人民党、ドイツキリスト教民主・社会同盟を核とする欧州人民党グループとの2大政党によってなされてきた。それに対して、フランス共産党、ドイツ左翼党などの左翼勢力は批判的消極的対応を取ってきた。しかし、政治統合が拡大深化するプロセスで多様な政党・会派が生まれてきた。

　とくに1980年代以降、新たな政党・会派が生まれてきた。たとえば、緑の党と極右政党（たとえばフランスの国民戦線、ドイツ国家民主党、イギリス国民党など）である。緑の党は、環境保護（エコロジー）、反原発、女性解放（フェミニズム）を掲げこれまでの政治に対する「オルタナティヴ」として、既成政党に飽き足らない市民に広範に支持されるようになった。また、極右政党の支持率拡大は、オランダ、オーストリア、イタリア、ベルギー、デンマーク、ノルウェーなどで政権参加をもたらし、ドイツ、フランス、イギリス、スウェーデン、ポルトガル、スペインなどでも一定の勢力を形成しつつある。この極右政党は、反EU、反グローバリゼーション、福祉政策の重視、外国人排斥などを政策に掲げる新たな装いをまとった「政党」として位置づけられる。

　また、欧州議会の投票率の低下および構成国の国内選挙での同様な傾向は、「民主主義の赤字」の深刻さを物語っている。この要因には、EUレベルでの「グローバル化」および「ハイテク化」の進展があるという指摘がされている。「EU憲法条約」ではEUのモットーとして「多様性の中の統一」が掲げられているが、多様な政党・会派に基づくEUレベルでの政治的統一はどのように実現されていくのか。欧州議会での今後の動向が、ますます興味深く見守られる必要があるであろう。

第Ⅰ部　EUの歴史と制度

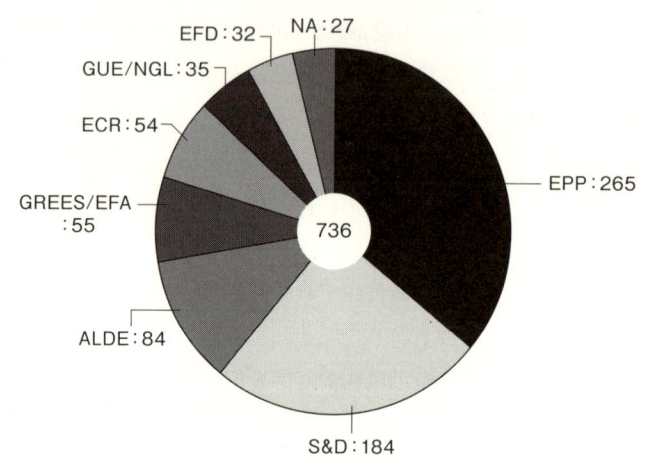

図3-5　2009年　欧州議会選挙結果

EFD:32
NA:27
GUE/NGL:35
ECR:54
GREES/EFA:55
ALDE:84
S&D:184
EPP:265
736

EPP：欧州キリスト人民党系
S&D：欧州社会民主党系
ALDE：欧州自由民主（リベラル）系
GREENS/EFA：緑の党・欧州自由連合
ECR：欧州保守・改革系
GUE/NGL：欧州統一左翼党北欧緑の党左派連合
EFD：欧州自由・民主主義系
NA：無所属
　　Source:TNS opinion in collaboration with the EP.
出所）欧州議会HP

　さらに、グローバル化に対応するEUの政治統合という観点からEUを考察するならば、とくにエコロジー、未来志向、多元主義、多文化・多言語といった多様性というEUスタンダードに基づいて政治統合が深化しているといえるのではないであろうか。
　2009年6月の欧州議会選挙の結果を補足しておきたい（http://www.europarl.europa.eu/parliament/archive/elections2009/2009年7月28日アクセス参照）。今回の選挙では、定数が736であり前回より49削減された。中道右派が最大会派を維持し、中道左派の社会民主党や左派勢力が後退する一方で、緑の党や右翼

政党が勢力を伸ばした。欧州キリスト人民党系（EPP）が、265議席を獲得して第一党の座を維持し、欧州社会民主党系（S&D）は184議席に後退した。欧州自由民主（リベラル）系（ALDE）は84議席、緑の党・欧州自由連合（GREENS/EFA）55議席、欧州保守・改革系（ECR）54議席、欧州統一左翼・北欧緑の党左派連合（GUE/NGL）は、35議席を獲得したにとどまった。そのほか、欧州自由・民主主義系（EFD）は、32議席を獲得した（**図3-5**）。

世界的な金融危機という背景での選挙であったが、市民の経済・社会への「閉塞感」が既成政党離れをもたらしたといえよう。その一方で既成政党への不満が、緑の党や右翼政党への支持につながったという分析がされている。

参考文献

畑中和夫・ヴュルテンベルガー・トーマス編著（1994）『現代法治国家論』晃洋書房。
大西健夫・中曽根佐編（1995）『EU　制度と機能』早稲田大学出版部。
山根裕子（1996）『新版EU/EC法』有信堂。
岡村堯（2001）『ヨーロッパ法』三省堂。
小倉襄二他編（2001）『EU世界を読む』世界思想社。
浅川千尋・カルステン・ウーベ（2003）編『EUと現代ドイツ』世界思想社。
高田敏（2004）「法治主義のヨーロッパ化とヨーロッパの法治主義化」『ヨーロッパの統合－歴史と展望』OIUヨーロッパ問題研究会。
小林勝監訳・解題，細井雅夫・村田雅威訳（2005）『欧州憲法条約』御茶の水書房。
森井裕一編（2005）『国際関係の中の　拡大EU』信山社。
中村民雄編（2005）『EU研究の新地平』ミネルヴァ書房。
ハーバーマス・ユルゲン（三島憲一訳）（2005）「なぜヨーロッパは憲法を必要とするか？」『世界9月号』岩波書店。
福田耕治編（2006）『欧州憲法条約とEU統合の行方』早稲田大学出版部。
島野卓爾・岡村堯・田中俊郎編著（2006）『EU入門』有斐閣。
高橋進・坪郷實編（2006）『ヨーロッパ・デモクラシーの新世紀』早稲田大学出版部。
高田敏（2006）「ヨーロッパにおける人権　おぼえがき」『ヨーロッパにおける人権』大阪国際大学研究叢書14号。
高田敏・初宿正典編訳（2007）『ドイツ憲法集第5版』信山社。
辰巳浅嗣編著（2007）『EU　欧州統合の現在　』創元社。
植田隆子編（2007）『EU　スタデイーズ1　対外関係』勁草書房。
安江則子（2007）『欧州公共圏－EUデモクラシーの制度デザイン』慶應義塾大学出版会。
長谷部恭男・土井真一・井上達夫・杉田敦・西原博史・坂口正二郎編（2007）『憲法5グ

第 I 部　EUの歴史と制度

　　ローバル化と憲法』岩波書店。
　シェラー・アンドレアス（2008）「ヨーロッパの平和を目指す欧州連合（EU）のゆくえ」
　　『阪大法学』58巻3・4号。
　井上典之（2009）「国境を超える立憲主義」『ジュリスト』1378号。
　Grimm Dieter. (2001). Die Verfassung und die Politik, C.H.Beck.
　Heinig Hnas Michael. (2007). Europäisches Verfassungsrecht ohne Verfassung (svertrag), JZ.
　Huber Peter M. (2009). Das europäisierte Grundgesetz, DVBl.

第4章

EUの東方拡大とヨーロッパ東西文化

阪本秀昭

1 EUの東方拡大

（1） 拡大の条件

　2004年にEUは新たに10カ国をメンバーに加え、ヨーロッパ東方への拡大を果した。2007年にはさらにブルガリア、ルーマニアの2カ国をメンバーに迎え、27カ国体制で現在に至っている。2004年の拡大は、バルト3国（エストニア・ラトヴィヤ・リトアニア）、ポーランド、チェコ、スロヴァキア、ハンガリー、スロヴェニアの旧東欧諸国と地中海のマルタ、キプロスが対象であった。この2度の拡大によって、EUは旧ソ連の衛星国家であった旧社会主義圏諸国を域内に大きく取り込んだことになる。1989年の東欧における体制変換、1991年のソ連崩壊に続く大きな変革が行われたのである。

　冷戦の崩壊とヨーロッパ東方の流動化は、この地域に不安定要因をもたらし、一刻も早く政治的安定と経済の浮揚への展望を切り開く必要があった。新たにEUに加盟した諸国は、長い期間の交渉と準備の過程をへてようやく念願の加入を果したのであった。ヨーロッパ東部における政治地図は大きく変わり、新たに加盟した諸国は今後はEUの一員として民主主義と自由主義、市場経済の下で再生への道を歩むことになった。

　一方スロヴェニアを除く旧ユーゴスラヴィア諸国やトルコは、今後実際に加盟が実現するのか、またその時期はいつになるのかは予断を許さない状況にある。EUの拡大は27カ国でいったんストップしたかの印象さえ受ける。2004年

の10カ国拡大の際は、旧東欧の中で加盟を実現したのはカトリック国（リトアニア、ポーランド、チェコ、スロヴァキア、ハンガリー、スロヴェニア）か、プロテスタント国（エストニア、ラトヴィヤ）であり、正教国やイスラム教の国は除外されていた。もちろんEU加盟には民主化や経済状態に関するさまざまな基準が設けられ、それをクリアすることが条件であったため、正教国やイスラム国はそれを克服できなかったに過ぎないということもできよう。事実、遅れたとはいえブルガリアとルーマニアは2007年に加盟が認められ、正教国であっても課された条件さえ満たせば統合の障害にはならないことを示した。とはいえトルコを始めとするイスラム国はいまだ加盟は実現できていないし、正教徒を多数擁するウクライナや旧ユーゴスラヴィア諸国も加盟は微妙な状況にある。つまり、EUへの加盟にはある種の政治文化、生活文化の共通性が問われており、どこか越えることの困難な境界線のようなものがあるのではないかという印象さえ与えるのである。そこで本章では、この境界意識とはどのようなものかということを問い、それをもとに東西ヨーロッパの文化的背景の相違について論じ、それがEUへの加盟にいかなる影響を及ぼすのかについて考察することにする。

（2） 宗教文化の境界

　ヨーロッパ東部は基本的にキリスト教圏に含まれるため、ここでは正教とカトリック、プロテスタントについて論じることにしよう。この地域では特に正教とカトリックが大きな文化的影響力を持つものとして意識されてきた。プロテスタントは主としてドイツから北欧に向かって教線が延びていったため、ヨーロッパ東部においてはそれほど大きな存在感を示すことはできなかった。バルトの2国（エストニア、ラトヴィヤ）はドイツや北欧の影響を受けてルター派の教義を受け入れたが、正教徒も数多く残り、この2国の宗教文化、ひいては政治文化が周辺諸国におよぼす影響は限定されていた。

　一方ポーランドやハプスブルク帝国を筆頭とするカトリック文化圏は直接正教文化圏と接触し、長年にわたってその影響力を競ってきた。このため宗教文

第 4 章　EUの東方拡大とヨーロッパ東西文化

化や政治文化の相違から大きな摩擦が生じ、中世以来この地域に政治的不安定化をもたらす要因ともなってきた。このためもあって正教とカトリックが接触する境界地域を中心に、両宗教を融合する形で新たな宗教が形成され、かなりの信徒数を確保するに至っていることは特筆に価する。すなわちユニエイト（ギリシア・カトリック、東方典礼カトリック、帰一教会）の教えがそれで、ギリシア正教の典礼を守りながらローマ教皇権を認め、カトリックの教義を受け入れる宗派である。この教派は16世紀以降、ウクライナ西部やベラルーシを中心に広がっていった。ユニエイトが普及していったのは、このほかポーランド、ハンガリー、東スロヴァキア、ルーマニア、ブルガリア、旧ユーゴスラヴィア諸国である。まさに正教圏とカトリック圏の境目に位置する地方である。カトリックは古代ローマの文化的影響下に形成され、ローマ法的私的所有権意識、ルネサンス的人間像を背景とし、近代哲学を用意したスコラ学の発展を経験した文化を基盤とする宗教である。一方正教は中世のビザンツ文化の遺産を継承し、教皇皇帝主義、権威主義的国家やナショナリズムとの親和性、外面的で壮麗な典礼主義、その地域の民衆慣習法を包摂した教会法等を特徴とする宗教であった。両者はことごとく対立し、それぞれ異なる文化を育んでいった。そもそもこの二つの大宗教のはざまに、両者の特徴を融合した宗派が現れたこと自体、両者の性格が大きく異なっていたことを物語っている。

　それとともにユニエイトの出現には両宗教の共通性も大きく関わっている。両者ともにその信仰は内面化されておらず、外的権威である教会や聖職者の存在が大きいこと、民間信仰的要素を深く取り入れ、聖者崇拝が盛んなこと、伝承による信仰の要素が強いこと等があげられよう。両者の信仰には何か古代異教的な色彩さえ残されている。また修道院で修行を重ね信仰を深めるというあり方も両者に共通し、プロテスタントには見られない伝統である。個人的信仰ではなく、信仰集団の形成が大きな役割を果していると言えよう。聖職者は大きな権威を持つとともに、腐敗することもはなはだしかったことも共通した特徴である。これらの共通基盤の上にユニエイトが広がり、はざま地域の緊張が和らげられていたのである。

ここでまさにこれらの境界地域を土俵としてEUの2004年、2007年の拡大が行われたことを改めて想起しよう。結局のところこの地域の大部分はEUに統合され、正規のヨーロッパの一員として認められたのであった。しかしウクライナや旧ユーゴスラヴィアの多くの国が取り残されているところから、やはりこの地域が境界線上にあることが再確認された形となっている。ヨーロッパの東西を隔てる文化的フォッサマグナがこの地方を走っていると考えられる。EUの東方拡大は、イデオロギーによるヨーロッパ東西分断の時期を経た、この伝統的境界線への復帰としても捉えることができる（本節については15ページ、**図1-3**も参照のこと）。

2　土地保有制度における境界

（1）　フーフェ制

　この地域に文化や制度の境界線が走っているという見方は、単に宗教的側面に限ったことではない。戦後のドイツやわが国の歴史学会においては、伝統的土地保有制度における東西の相違をフーフェ制度の普及の度合いにみる観点が形成されてきた。フーフェ制度は中世のドイツ人による東方植民の過程を経て上記の境界地方にも普及する。この制度は従来主張されてきたエルベ河ラインよりもさらに東に移動し、北はリトアニアから南はルテニア（西ウクライナ）地方に広がっていたとされる。この制度の下では、本来、何キロも続くような細長い土地が単位とされ、この地条（フーフェ）が各農戸に2ないし3単位ずつあてがわれていた。土地が細長く区画されるのは、有輪犂（ドイツ犂）とそれを索引するための馬の導入によって耕作制度が合理化された結果である。この土地が次第に私有化され、しかもそれが農家の長男によって相続されるようになる。個人的所有権意識と経営合理化の精神がこの制度を支えていた。（ただしスラヴ地域に導入されたこの制度の下では、各戸に与えられる土地は1フーフェないし半フーフェに限られ、また従来の土地共同体的諸慣行も残された中間的形態となっていた。）

第 4 章　EUの東方拡大とヨーロッパ東西文化

　長男が土地や農具を相続するということは、次・三男は家から出て、他の場所に働き口を求めざるを得なくなるということでもある。彼らは都市に出て手工業や商業に従事するか、奉公人となって他人の家で一時的に暮らす以外になくなる。このようにしてフーフェの個人所有が擁護され、ここから個人主義的意識が涵養される。所有権ははじめからただ一人の息子に与えられることが決められているため、差別待遇的取り扱いが当然視されている社会制度でもある。各人は、格差社会ともいうべき非常に厳しい競争原理のもとに置かれる。ここから社会の活力も生まれるのである。

　中世以降この制度が拡大したウクライナ西部やポーランド南東部のカルパティア山脈北麓地域は、ハーリチ・ルテニア地方と呼ばれていた。ハーリチはガリツィアともいい、西北ウクライナから東南ポーランドにあたる。ルテニアとは西ウクライナ一帯を指し、一時ハンガリー領に入っていたこともある。さらにカルパティア山脈内部にもフーフェ制度が拡大した。カルパティア北麓地方はフーフェ制度が導入されたとはいえ、土地や建造物等不動産の共同管理権、下級裁判権を持つ旧来の土地共同体の影響も長く残存し、分割相続制の下、フーフェの分割慣行も見られた。土地共同体がシュラフタ（小貴族）による領地経営に取り込まれ、その権力に全面的に従属するようになったのは18世紀末のポーランド分割のころであった。こうしてこの地方では伝統的土地共同体は終焉を迎えた。ハーリチ・ルテニア地方がフーフェ制度導入の東南境界であったとすると、その北限はリトアニアであった。リトアニアはポーランドと同君連合を組んだので、ポーランドやドイツの文化を受け入れる素地があり、その過程でフーフェ制度が拡大した。

　フーフェ制の浸透はドイツ人の植民の影響でもあった。リトアニアをはじめとするバルト地方一体にドイツ植民が行われるが、エストニアとラトヴィヤでは、既存の土地保有制度の影響が強く、フーフェ制度は民衆に深く浸透することはできなかった。リトアニアでは中世において人口希薄であり、ポーランド人も住んでいたが人口が伸びず、結局一番拡大したのがドイツ人であった。シロンスク（シュレジェン）あたりからドイツ人が入って来て、その結果ドイツ

植民法がこの地域にも根付いていった。こうしてドイツ法による植民は、16世紀半ばにはベラルーシも含む広大なリトアニア大公国の全域に及ぶこととなった。一方ハーリチ・ルテニア地方でも中世にはドイツ人による植民が盛んであった。そこにはもともとあまり人口が多くはなく、そこにドイツ的法文化、フーフェ制度を中心とする法文化が入り、ポーランド法や従来の土地共同体的慣行との混交地帯を形成する。このフーフェ制による土地所有地域の東側には、ロシアのミール共同体による土地保有制度が広がっていた。

　フーフェ制度による土地配分は血縁原理に対する地縁原理の優勢として記述され、ロシア的社会経済史とドイツ的社会経済史を分かつ重要な指標として理解されている。すなわちドイツ的農村共同体は、直接的生産者であるフーフェ保有農の隣人集団であり、共同体員であるためには、フーフェを所有することが最も重要な要件であったとすると（地縁原理）、ロシア的なミール共同体においては、個別農家の構成員であることが土地配分を受ける権利を獲得するための条件となる（血縁原理）という違いがあり、この相違が土地制度における東西の根底的相違につながっているとされるのである（肥前, 1986, 48-49頁）。

(2)　ミール共同体

　ロシアのミール共同体は、フーフェ制を基盤とするゲルマン的共同体とは土地配分のあり方において著しい相違を見せる。ミール共同体においては、長子のみならずすべての兄弟の土地の均分相続が前提とされ、ここから農村滞留人口の過剰が問題となる。ミール共同体では、土地への権利は、封建的義務負担とも組み合わされて各男子成員に等しく配分された。これは一方では過重な義務負担を分担することによってそれを多少とも軽減するとともに、世帯構成員の最低の生存条件の保障ともなっていた。このような条件下においては土地に対する私有意識は発展せず、共有の原則のもと共同体は事実上の土地管理者としての役割を果していた。ミール共同体地域では厳しい競争原理に晒されることのない、貧しくとも平等な生活が理想とされたのである。ただこのあり方は勤労意欲と競争意識をそぐ結果ともなり、社会的活力が十分に発揮されないき

第 4 章　EUの東方拡大とヨーロッパ東西文化

らいがある。

　ロシアのミール共同体的均等土地保有は、ピョートル大帝による人頭税の導入や封建的賦課の強化、農村人口の増加、農村市場経済の展開に伴ってロシア各地に拡大し、19世紀後半にはロシア中央部において支配的な保有形態となっていた。ロシア東部やシベリアでは土地の均等化はいまだ緊急の課題ではなく、土地をはじめて耕した者の土地保有権（先占権）が慣習法上の効力を持つことが多かった。一方ロシア西部やウクライナ、ベラルーシでは、世帯別土地保有が有力であった。これは一度配分された共同体の土地が個別家族に固定され、兄弟間で分割相続されることによって私有権に近い優先的利用権、保有権が主張されうる形態である。この形態のもとでは定期的土地割替えはほとんど実施されなかった。

　19世紀後半以降、ロシアやウクライナの農業地帯が資本主義世界体制の周辺地域に組み込まれ、浸透する市場経済に即した商品作物の生産が強化される一方で、土地生産性は低いままであったためますます土地不足が深刻化したこと、農村における人口増加が見られたこと等によって、ミール共同体地域では農家の家族構成に従って土地の再分割を行う土地総割替えが盛んになった。この動向が広範な農民運動に刺激を与え、最終的には1917年のロシア革命以降、ソヴェト権力の確立されたところでは地主経営を一掃する全面的割替えが実施されるにいたった。急進的なミール共同体的平等主義の最終的到達点がここにあった。

　このミール共同体とフーフェ制的土地所有制度の接触する地域が所有形態の潮目となろう。フーフェ制はすでに述べたようにエルベ河よりも東に位置するポーランド、ルテニアにも普及した。一方エストニアとラトヴィヤはこのラインの東側に属さなければならない。新たな境界線はユニエイトが導入された宗教文化における境界線とかなり重なりあうことは明らかであろう。しいて言えばその境界は「ビリニュース（リトアニア）・西ウクライナ線」とも名づけるべきラインとなるであろう。このラインよりも西側にあるハンガリーでは19世紀後半には自立心や向上心に富む先進的な農民が多く住む「市場町」がいっそう

75

の発展をとげていった。ところがこのラインの南側に位置するルーマニア（ワラキア、モルドヴァ）では19世紀後半の農奴解放は土地共同体の強化をもたらし、農業過剰人口の圧力もあって、当地の農村はロシアとよく似た厳しい状況に置かれた。

　旧東欧地域の資本主義世界体制への組み入れはこの地域を相反する二つの陣営に分けた。ひとつは大土地所有者による商業的農業の発展と農奴制の強化（再版農奴制）、ないし先進的農民によるそれへの適応が見られた地域であり、他は農民の土地飢餓状態から社会的不安が募り、広範な農民運動へと繋がって行った地域である。そのいずれもが、地域の伝統的法文化、生活文化に規定された反応を見せた。

　「ビリニュース・西ウクライナ」ラインより南に位置するブルガリアにはフーフェ制度は見られなかったが、ユニエイトは存在した。ブルガリアやセルビアでは村落住民による耕地の共同所有は存在せず、ローマ法による私的所有が普及していたとされる。この地域ではザドルガと称される大家族制が広がり、そこでは男子成員による土地の均分相続が原則とされていた。このため村落住民の間では比較的均等な土地所有が実現されていた。ただしこの地域では先進的な農民が伝統社会の殻を破って成長することは困難であった。ブルガリアやセルビア地方は、土地の私有意識と均分所有が共存していたという意味で、東西の土地所有制度における中間地帯と位置づけてよいであろう。この地方では資本主義的市場経済の浸透は、ザドルガの漸次的解体という結果をもたらした。

　ミール共同体的土地保有にあっては、定期的に土地が農家の家族構成にしたがって再配分されるところから、個々の土地への執着心と愛着心が生まれず、わが国の「一所懸命」という倫理観とはかなり異なった恬淡とした土地所有意識しか形成されないであろう。これは広大な平原を次々と移動する植民者の観点を反映したものでもあり、ロシア人の心性のひとつの特徴ともなっているが、ひとつの土地に集中的に労力を投下して最大限の収穫を確保しようとする合理的精神とは大きく隔たっている。ただし生存チャンスの平準化、平等化という理念は実現され、社会的公正は守られるのである。この精神構造およびそれを

支える倫理規範のあり方が、土地所有におけるヨーロッパの東西を分ける分水嶺となるのである。

3　家族類型の境界

(1)　家族類型への関心の高まり

　土地保有におけるヨーロッパの東西区分は、家族制度のあり方とも密接な関係を持っている。土地や財産の相続制度と家族制度との間には直接的繋がりがあると考えられる。戦後の早い時期に東西ヨーロッパの家族制度の相違に注目したのはイギリスのヘイナルであった。彼は1900年前後の東西ヨーロッパの結婚形態に関するデータをもとに「ヨーロッパ型結婚形態」と「非ヨーロッパ型」のそれとを区分している。彼によればヨーロッパ型の特徴は、高い結婚年齢と高い生涯未婚者の割合にあった。他方東ヨーロッパ型と呼ばれるタイプでは、低い結婚年齢と、同様に低い未婚率が特色であった。その境界は、レニングラード（サンクト・ペテルブルク）とトリエステ（イタリア東部）を結ぶ線であった (Hajnal, 1965, p.101)。東西の形態の中間地域としてハンガリーやギリシアがあげられている。ヘイナルはさらに進んで、ヨーロッパ（正確には北西ヨーロッパ）では結婚後夫婦が自分たちで世帯を管理する単純世帯システムが支配的で、これに対してインドや中国、ロシア等に見られる合同世帯システムでは、若い夫婦は老夫婦または寡婦ないし寡夫が世帯主である世帯に入って生活を始めるのが一般的であると指摘している。家族形態においても東西ヨーロッパ間で大きな懸隔があることが確認されたのである。

　一方ケンブリッジ学派を代表する一人であるピーター・ラスレットはハイナルの研究を引き継ぎながら、イングランドの家族制度の歴史を詳細に検討し、イングランドでは小規模な核家族が16世紀以来一貫して有力であり、この傾向は時代を下ってもほとんど変わらないことを実証した。さらにアラン・マクファーレンはこのような分析を13世紀にまでさかのぼって行っている。この発見は大きな驚きをもって迎えられた。というのは産業革命を先導し、民主主義

的議会制度を発展させたこの国における家族制度が、商工業の発展や農村のエンクロージャ運動の展開にも関わらず、それらからほとんど影響を受けなかったとされたからである。ラスレットはさらに進んで核家族制をもってあらゆる社会の究極の姿として捉え、すべての社会はやがては例外なくこの制度へと到達するものと考えるようになった。この点ではヨーロッパの東部も例外ではないであろう。21世紀の今日にあっては、なるほど表面的には核家族化は多くの地域に妥当する普遍的現象であるかに見える。

　ヘイナルは、ヨーロッパ型の家族形態は17世紀にまで確実にさかのぼることができるが、16世紀より前の時代では北西ヨーロッパにおいても非ヨーロッパ型の形態が優勢であったと考えている。ヨーロッパ社会はある時点で、歴史上きわめて特殊な、結婚年齢や未婚率の高い独自の家族類型を生み出したとされる。ヘイナルとラスレットの間には、ヨーロッパ型ないしイギリス型の家族形態が形成される時代、その永続性や普遍性について見解の相違がみられるものの、ヨーロッパではかなり古くから地域の社会、文化の諸制度と密接なかかわりを持った固有の伝統的家族類型が形成され、その伝統は地域社会のあり方を大きく規定しているという点において両者は共通している。

　まさにこのような観点を共有し、さらに進んでヨーロッパのみならず世界中の家族制度の類型化を行い、それとその地域の諸制度、文化、その文化が生み出すイデオロギーとが深いつながりを持っていると主張するのがケンブリッジ学派から多くのものを吸収したフランスのエマニュエル・トッドである。彼は土地保有制度ばかりでなく、家族制度を視野に入れることによって、単にフーフェ制が広がる地域だけではなく、ヨーロッパ東西のその外側の地域の文化をも類型的に捉え、それぞれの特徴を記述するという新しい研究上の展開をもたらしている。彼はヨーロッパの東西文化の境界に関しても興味ある論を展開しているため、次にそれについて検討することにしよう。

（2）　トッドの家族類型論

　家族類型は、家族内における両親の権威の有無、兄弟間の関係、特に遺産相

第 4 章　EUの東方拡大とヨーロッパ東西文化

続のあり方、父系的家族か母系的か等によっていくつかのタイプに分類される。ここではヨーロッパの家族類型のみに限定してトッドの理論を検討し、それが土地保有をめぐる境界、宗教文化的境界の議論とどのようにかみ合うのかを見ていくことにしよう。

　①　まず「権威主義家族」とは、結婚し財産を相続する子供と両親が同居し、長子相続または一子相続の規則によって兄弟間の不平等が前提とされている家族を指す。一子によって財産とともに家系が相伝され、両親の権威は強く、財産を相続しない他の兄弟たちは多くの場合家を出て行かなければならない。このような類型はヨーロッパではドイツ、オーストリア、スウェーデン、ノルウェー、ベルギー、ボヘミア、スコットランド、アイルランド、フランスの周辺部、スペイン北部、ポルトガル北部に見られ、アジアでは日本、韓国・朝鮮に普及している。

　この家族類型をもつ民族ないし地域は、共通して強い歴史的な意識を持ち、世代の途切れることのない継承を図り、限りなく続く家族集団の恒久性を維持し、自民族中心主義的イデオロギーを生み出すという特徴がある。また各家族は永続を確保するために自分の家と土地に固執しなければならない。その究極の目標は私有財産権の承認である。このため逆説的ではあるがこれらの民族や地域の社会構造は平等主義的で、機会の均等が実践されており、中産階級の社会的上昇のための努力が傑出しているとされる。

　この類型にあっては権威の原理が実践され、規律がもたらされる一方で、規律の主体が個別細分化する傾向があり、ともすれば細分化から起因する無秩序を生み出すことがある。また縦型社会の中で、個人を押し込めてしまうほどの厳格な家族の中核を形成するとともに、その社会組織の中からはみ出した自由な人間を生み出す場合もある。男系血縁が重視されているが、必要な場合には財産の継承が女性を介して行われることもあり、女性に大きな役割が与えられている。特に家庭における教育は女性に委ねられていることが多い。

　この権威主義的類型にあっては政治的にはカトリシズムの影響が強く、キリスト教民主主義政党が強い基盤に支えられて影響力を行使している。他方で国

家主導型福祉社会を目指す社会民主主義も、規律主義的傾向を背景に北欧を中心として勢力を拡大している。

② 次に「平等主義的核家族」とは、兄弟間の相続上の平等が保障されているが、結婚した子供たちと両親の同居の風習はなく、それぞれ独立した世帯を形成する家族を指す。このタイプの家族が関係するのはフランス北部、イタリアの北部と南部、ポルトガル中部、ギリシア、ルーマニア、ポーランドであり、世界的にはラテン・アメリカ全体がこのカテゴリーに入る。

この類型は自由と平等のスローガンを掲げ、それを同時に追求しようとする。パリを含むフランス北部では個人主義的感受性が発達している一方で、それと同じように平等を価値あるものとみなしている。自由と平等の概念は、しかしながら部分的には矛盾しあうものである。個人の自由な成長は、人々の間での差異の出現に道を開いている。真の個人主義はこれらの差異を認めることに帰着するが、平等原理はこの不均質性を拒否する。

このような矛盾は政治イデオロギーの分野においても際立っている。フランス、イタリア、スペインでは社会党が誕生するとすぐに、その組織力の弱さ、規律のなさが露呈し、集団主義的イデオロギーが語られるにしても実際には実践されることがなく、しばしば無政府主義的傾向さえ見せる。フランスではアナルコ・サンジカリズムが顔を出し、官僚機構による労働組合の掌握は不可能である。

19世紀のフランスにおける政治的不安定性はここから由来している。不平等主義を拒むものの、国家に平等の実現を委ねることは認めないのである。19世紀末の第三共和制は、機会の平等を宣言し、すべての人々をその出発点で同等におくという条件でその実現を図ろうとした。個人の成功は個人の能力に基づくものでなければならない。それは遺産の分割における子供たちの平等を保障するが、分割後の資産の格差は許容し、兄弟たちの連帯を重視しない家族システムを正確に反映したものであった。自由と平等の教義の共存は急進的傾向を生みやすく、ボナパルティズムや軍事政権にたどり着くことがしばしばあった。

③ これに対してイングランドやオランダ、デンマークでは「絶対核家族」

類型が特徴的である。このタイプでは明確な相続上の規則がなく、遺言による相続が多数を占め、また結婚した子供たちと両親の同居はなく、核家族化が進行している。子供たちと両親の互いの独立性が重視され、都市においても農村においても古くから個人主義的傾向が優勢である。そこでは個人の自立が幼少期から始まる家庭内の訓練によって準備されていた。

　このような核家族システムは、市民社会を国家によって飲み込んでしまう行動パターンをもつ全体主義的な政治形態を生み出すことはなく、自由主義的政治形態と選挙制度を導き、そこから自由な政権交代への道が開かれる。一方経済政策においても自由放任主義が重視され、19世紀においてはこの方法は大きな成果をもたらしたが、今世紀に入ってから新興国の追撃を受けることとなる。世界恐慌後の1930年代のアメリカ国家による大規模な公共投資は、失業者の増大を妨げる目的をもったもので、決して個人の権利や財産権を侵害するものではないというケインズ理論の支えの下に実施されなければならなかった。世界資本主義の官僚化が著しかった1960年代～70年代においては、このシステムの支配下にあるイギリスやアメリカの経済はきわめて不調であった。核家族的政治文化のこれに対する抵抗は、1980年代にマーガレット・サッチャーやロナルド・レーガンによって進められた官僚的国家機構の破壊と自由競争主義というネオ・リベラリズムに帰着する。

　一方「絶対核家族」類型は兄弟間の関係をあらかじめ定めていないため、国家や社会における平等ないし不平等の原理には無関心で、民族間の平等（フランス的原理）、優劣（ドイツ的原理）という問題には決着をとくにつけたがらない。他者の文化を破壊しようともせず、また飲み込もうともしない。つまり異文化に対しても放任主義を適用するのである。このような文化類型はアングロ・サクソンに特徴的であって、ヨーロッパ文化の東西を画する境界には直接のかかわりを持たない。

　④　東西文化の境界に深く関わるのは「外婚制共同体家族」類型である。そこでは財産相続上の規則において兄弟間の平等が前提とされており、結婚した息子たちと両親の同居が見られる。関連する地域はロシア、ユーゴスラヴィア、

スロヴァキア、ブルガリア、ハンガリー、フィンランド、アルバニア、イタリア中部である。さらにアジアでは中国、ベトナム、インド北部がこの地域に含まれる。この地域には共通して共産主義政権が誕生するか、共産主義政党が勢力を拡大している。

　トッドによれば共同体家族類型は、いとこ同士の結婚がほとんど見られない外婚制共同体家族と、それが推奨ないし許容される内婚制家族類型とに分けられる。後者はイスラム圏の家族に特有のシステムで、嫁として顔なじみの親族を迎えることができるためその構造は安定しており、抑圧的な色彩はない。反対にここでいう外婚制システムにあっては、共同体家族に見ず知らずの嫁が参入することによって感情的な緊張が走り、利害と感情の対立が生じ、この家族類型を極めて不安定なものにする（ヨーロッパ地域では外婚制共同体家族が一般的であるところから、以下ではそれを単に「共同体家族」と呼ぶことにする）。

　共同体家族類型は近代化のプロセスによって解体されながら、その権威主義的で平等主義的な価値観が新しい共産主義社会に伝達され、その結果国家の権威が肥大化する。個人は権利の上では平等であるが、強大な政治機構に押しつぶされてしまう。その典型例であるロシアの共同体家族は、夫婦間の年齢差が小さく、配偶者同士の絆が強化されているという意味で核家族システムの特徴も備えている。伝統的な家族から複数の夫婦を解き放つ自己解体は、ロシアの急進主義の源泉となる一方、解体された伝統的家族に代わって共産主義社会が生まれ、今度は新しい権威主義的国家によって伝統的規範が再構築される。

　自由主義的政治システムが機能しているところでは、共産主義運動の勢力は政党選挙において安定した支持基盤を形成し、国政における一定の影響力を行使している。フランスのブルゴーニュ地方、イタリアの中央部トスカーナ地方、フィンランドでは共産党は安定した長期にわたる支持を得ている。そのいずれもが共同体家族システムの浸透していた地域であった。

　共同体家族のヨーロッパ東部境界は、リガ（ラトヴィヤ）からサラエヴォ（ボスニア・ヘルツェゴヴィナ）を結ぶ線を基軸とし、この線から東にはみ出るポーランド東部とルーマニア西部を西側に組み入れ、さらにハンガリーやスロヴァ

第 4 章　EUの東方拡大とヨーロッパ東西文化

図4-1　ヨーロッパ図

世界地図：http://www.sekaichizu.jp/ より作成

キアを権威主義家族類型との中間地域とする線引きによって形成されるものとなろう（トッド, E. 2008, 巻末地図参照）（**図4-1**参照）。

　トッドの類型論は世界全体の家族を対象とするかなり大がかりで、かつ大づ

かみなものであり、個々の地域については慎重に検証を進める必要があろう。しかも家族類型とそれがもたらす文化の伝統は時間の経過によっては本質的な変化をこうむらないという考えから、歴史的経過が軽視される傾向がある。しかし慎重に取り扱いさえすれば、彼の議論はきわめて興味深く、刺激的で示唆に富む文化類型論を提供してくれることもまた事実である。

4 文化類型の境界線上の地域

　以上ヨーロッパの東西を区切るいくつかの文化的境界線について述べてきたが、それらは微妙に重なりあいながら、ずれも少なくないことが明らかとなった。以下においては主にそのずれに注目しながら、EUの統合ラインとそれらの境界線がどのように関係するのかを検討してみよう。

(1) バルト三国、ポーランド、ルーマニア

　バルト三国はいずれもE.トッドによって共同体家族類型地域に入れられている。しかしそのうちリトアニアは、土地保有制度との関連からポーランドと同じ平等主義的核家族地域に属するとみなすべきであろう。エストニアとラトヴィヤはミール共同体的土地所有の優勢な地域ではあるが、宗教的には正教ではなくルター派に属している、まさに境界地域である。一方リトアニアはフーフェ制度とカトリックが支配するポーランドの強い影響下にある。バルト三国はこのように諸境界線によって分断されているものの、三国ともEUに加入し、相互に強い連帯意識を持っている。この意識は、これら三国はいずれも、1917年のロシア革命後ロシアからの独立を認められたにもかかわらず、第二次大戦中に強制的にソ連へ併合されたという共通の歴史から由来していると考えられる。ソ連およびロシアの政治経済圏からの離脱を求め、EUや環バルト海政治経済圏への編入を希求する強い願望が基盤となって、文化類型の相違にもかかわらず共通してEU加入を実現させたのである。

　一方ポーランドとルーマニア2国の大半の国土は、E.トッドによって平等

主義核家族類型に分類されるという興味深い共通性を見せている。ルーマニアはもともと古代の民族大移動によるラテン系民族の東方移住と関係の深い地域であり、そのためフランス北部を中心とするラテン的平等主義核家族地域の飛び地をなしているのは不思議な現象ではないかもしれない。ルーマニアでは正教が支配的な宗教であるが、土地保有においてはドイツ人やハンガリー人移住者の影響を受ける一方で、共同体的土地所有も見られた。この意味でも境界地域にあるといえよう。ルーマニアは2007年の東方拡大によってEU加入を認められた。加入が遅れたのは、経済的安定と政治的民主化の進展の度合いが遅れていたためであった。

　ポーランドはカトリックとフーフェ制度が支配的で、シュラフタ的個人主義を特徴とする民主的国政運営が中世以来の伝統であった。平等主義はシュラフタのポーランド王政に対する強い掣肘権として現れ、核家族制はシュラフタ的個人主義の伝統として伝達されている。ポーランドはドイツの権威主義家族類型の影響を受けず、むしろラテン的性格を備えている点に特徴がある。ポーランド王国におけるリベルム・ベト（自由拒否権）をはじめとする国会（セイム）運営制度において、シュラフタの個人主義的傾向と王権掣肘権は極度に肥大化し、王政の機能をマヒさせるまで矛盾を拡大した。一方でこの国は、社会主義政権の末期にその政権の基盤を掘り崩した「連帯」運動を展開し、一連の東欧における体制変革のきっかけを作ったという意味でも急進的な民主化を推し進める伝統を受け継いでいる。ポーランドは2004年の10カ国拡大に際してEUに加入し、EUの中では軍事・外交上はアメリカよりの立場を鮮明にし、EU内に緊張要因をもたらしている。

（2）　ベラルーシ、ウクライナ、スロヴァキア、ハンガリー、ブルガリア

　ベラルーシとウクライナの西部地方にはフーフェ制度の影響が見られ、宗教的にはユニエイトが普及していた。ただしベラルーシでは19世紀にユニエイトの信者は正教徒かカトリック教徒に改宗させられ、現在ではこの宗派はほとんど消滅してしまっている。両国においては家族類型としては共同体家族が優勢

で、広大なロシアの後背地と共通の基盤を持っている。ウクライナではユニエイトの地盤である西部地方を中心としてEU加盟を主張する勢力が強いが、それに反対する東部地方との間で調整がつかず、国全体の方向性が定まらない。これに対してベラルーシではEU加入の積極的主張はなされず、むしろロシアとの同盟関係の強化に重きをおく政策がとられている。

　西ウクライナと境を接するスロヴァキアとハンガリーはカトリック圏に属し、中世にはハプスブルグ王国の文化的影響が強かった地域である。宗教的にはユニエイトもある程度普及していた。トッドはこれらの地域を最終的には共同体家族地域と権威主義家族の混交地域と捉えている。スロヴァキアとハンガリーは2004年の拡大においてEUメンバーとして迎えられ、現今では東中欧の中核地域としての役割を担いつつある。

　ブルガリアは以上の諸国と比較すると、むしろロシアとの共通性が強いように思われる。すなわち宗教的には正教圏に属し、土地所有においては私的所有が原則であったが均分的であり、共同体的大家族が長く残存した地域である。ユニエイトのある程度の普及が見られたとしても、歴史的にはロシアやソ連、あるいはオスマン帝国との結びつきが強かった。この国がEUに加入したのは、伝統的ヨーロッパへの復帰というよりは、政治的考慮が強く働いていたからであると考えられる。すなわちソ連の衛星国とみなされていた旧東欧のすべての国のEU加入がこれによって実現されることになり、ヨーロッパの東部境界地域における政治秩序の大きな転換が図られ、結果としてEU側に有利にという誘因が強く作用したからであると思われる。ブルガリア自身にとってもEUへの統合は地域の安定と経済的発展のためには好都合であった。政治経済的考慮が文化的伝統意識を凌駕した例である。

（3）　旧ユーゴスラヴィアとアルバニア

　この地域の実情はきわめて錯綜しており、複雑な経過をたどる中で近年ようやく見えてきたのは、民族的、文化的境界線の鋭い意識である。旧ユーゴスラヴィアのうちスロヴェニアは2004年にEUの一員となり、現在はクロアチアと

マケドニアが加盟交渉を継続中である。スロヴェニアとクロアチアはいずれもカトリック国であり、国土の多くは権威主義的直系家族地域に属している。またキリル文字ではなくローマ字文化圏の構成地域でもある。すなわち隣国のオーストリアの強い影響のもとにハプスブルク帝国の一員として文化形成がなされてきたのである。ただしクロアチアの一部ではザドルガが遅くまで残り、セルビアとの文化的共通性も見られ、旧ユーゴスラヴィア内での中間地帯を形成していたということができる。これに対してボスニア・ヘルツェゴヴィナ、セルビア・モンテネグロ、マケドニアはいずれも正教圏ないしイスラム圏に入り、長くオスマン帝国の支配下にあり、大家族制としても知られた共同体家族がかつては優勢を示す地域であった。さらにキリル文字を使用する文化圏を構成し、スラヴ的要素、ロシア文化との親和性の強い文化を維持している。2006年にセルビア・モンテネグロからモンテネグロが独立し、さらに2008年にはコソヴォ自治州が一方的に独立を宣言する事態となり、政治的安定にはいまだ道は遠い。

　もともとこの地方には家財と土地を共有する大家族制（ザドルガ）が広がり、外敵から親族を守る重要な役割を果してきた。ザドルガが温存されたのは、防衛的意味のほかに、家族内協業ができる便利さ、租税支払いにおける有利さという住民側の理由のほか、租税徴収や賦役の実施において支配者側にとっても好都合な制度であったという点が起因している。大家族制と家父長制を伴うこの地方の人々の強い相互紐帯は、その制度が表面上崩れつつある現在でも大きな社会的意義を持ち、多くの歴史学者や人類学者によって注目を浴びている。バルカン地域では結婚の際の立会人、子供の洗礼に際しての名付け親が今でも重要な役割を果たしている。結婚の当事者とその立会人、名付け親とその子供は互いに血縁以上の強い関係を結びあう。名づけられた子にとって名付け親は絶対の存在であり、時にはそれなしでは生きられないほどの関係であるという。この関係は、相互扶助の美しい関係を育てることもあるが、敵対関係にある民族に対して過激な行動を呼び起こし、近親憎悪的な憎しみの増幅を導くこともある。ザドルガが血縁上の結び付きだとすると、名付け親との関係は擬制血縁

であり、この関係は東ヘルツェゴヴィナ地方ではセルビア正教の教会法や神学にしっかりと位置づけられ大いに尊重されてきた。セルビア正教では、より古い慣習法を教会法の中に包摂して保存している。この意味では17世紀に教会改革を実施したロシア正教よりも古層の正教を現代まで伝えているということができる。この地域の古風な共同体的文化とスロヴェニアやクロアチアの西側文化とは、時には悲劇的なまでに深い亀裂を露呈する。

アドリア海に面する小国アルバニアは一時独自の親中国的路線を歩む社会主義国として知られていたが、その基盤にはザドルガに代表される共同体的家族類型とイスラム文化が横たわっている。EUは現在のところ、イスラム国の加入に対しては慎重な姿勢を崩していない。

（4） 境界線の持つ意味

以上複雑に入り組む各種の文化の境界線とEU加盟国との関係を検討してきた。各種の境界線は、政策努力や政治経済、社会的状況、相互の融和的関係等によって容易に乗り越えられることもあるが、反対に越え難い分断線として機能することもある。宗教文化の境界、土地保有形態の境目、家族類型の違いは相互に関連しあっており、それぞれ単独で評価するのではなく、他の重要な指標とあわせて総合的に考慮されるべきものであろう。ただEU側は加盟への条件として民主主義の浸透と少数民族の立場の尊重、経済的安定、法の支配の確立を重視しており、このような基準に適合的な政治文化、法文化をもった地域や国家が優先的に加入を認められる傾向がある。このため上記の各種の文化の境界線もこの基準から再評価されなければならないであろう。EU側はそのことを意識しつつ、このような基準を設定しているものと思われる。したがって、たとえば法による支配ではなく、権威主義的支配に適合的な文化をもつ国や地域はこの基準を満たすことが困難になろう。経済的側面においても、私的所有観念と合理主義精神の発展した地域では、成長と安定化を達成しやすく、共同体的保有意識の強い地域では、経済的混乱からの立ち直りにより多くの時間を費やさなくてはならないであろう。地縁、血縁による結びつきがきわめて強い

文化を持つ地域は、集団内部へと閉じこもる傾向が顕著で、公開性と民主主義の観念を発展させることができない。このような基準に照らし合わせて、各種の文化の境界は時には非常に鋭く、かつ厳しく意識されたり、反対にほとんど無意味になったりするのである。

　文化の境界は不動のものではなく、時や条件に応じて姿を変えることもあるし、移動を繰り返すこともある。境界は対立を助長するものでなく、その地域の生活行動様式の基本を規定している原理を確認しているにすぎない。ただこの原理は、ヨーロッパ人としてのアイデンティティ、ヨーロッパの境界意識（どこまでをヨーロッパとみなすか）と深くかかわるだけに、EUの東方拡大という現実を前にして、注意深く考察し、分析する必要がある。それを通じて、その見えない境界線がもつアクチャルな意味を再認識する必要があろう。もちろん越え難い障壁のように思われる境界であっても、やがてそれを乗り超え、相互協力へと進むことも不可能ではない。その乗り越えには大きな努力を要するであろう。しかしそれなしでは統合の一層の進展や地域の安定的発展は望み得ないのである。

参考文献

松里公孝編（2008）『講座　スラヴ・ユーラシア学　3　ユーラシア－帝国の大陸』講談社。
廣岡正久著（2000）『ロシア・ナショナリズムの政治文化 －「双頭の鷲」とイコン－』創文社。
山崎彰（2006）「近世東部ドイツ村落史論覚書－ブランデンブルクの場合に即して」『山形大学歴史・地理・人類学論集』第 7 号　www.lib.yamagata-u.ac.jp/elib/serials/hgca/007/7-00190032.pdf
肥前栄一（1986）『ドイツとロシア―比較社会経済史の一領域』未来社。
鈴木健夫（2004）『近代ロシアと農村共同体－改革と伝統－』創文社。
佐藤芳行（2000）『帝政ロシアの農業問題－土地不足・村落共同体・農村工業－』未来社。
山井敏章（1997）「東中欧におけるネーションの形成－W.コンツェの遺稿に寄せて－（上）（下）」立命館経済学（第46巻，第 1・2 号）ritsumeikeizai.koj.jp/koj_pdfs/46204.pdf
木畑洋一編（2005）『ヨーロッパ統合と国際関係』日本経済評論社。
羽場久美子、子森田秋夫、田中素香編（2006）『ヨーロッパの東方拡大』岩波書店。
遠藤乾編（2008）『ヨーロッパ統合史』名古屋大学出版会。
平島健司編（2008）『国境を越える政策実験・EU』東京大学出版会。

第I部　EUの歴史と制度

ラスレット, P.（1992）『ヨーロッパの伝統的家族と世帯』酒井利夫・奥田伸子訳、リブロポート。
速水融編（2003）『歴史人口学と家族史』藤原書店。
トッド, E.（2008）『世界の多様性　家族構造と近代性』荻野訳、藤原書店。
トッド, E.（1992, 1993）『新ヨーロッパ大全　I、II』石崎訳、藤原書店。
トッド, E.（2001）『世界像革命－家族人類学の挑戦』石崎編、藤原書店。
南塚信吾著（1987）『静かな革命』東京大学出版会。
南塚信吾編（1999）『ドナウ・ヨーロッパ史』山川出版社。
六鹿茂夫編著（2007）『ルーマニアを知るための60章』明石書店。
柴宜弘編著（2005）『バルカンを知るための65章』明石書店。
柴宜弘編（1998）『バルカン史』山川出版社。
ノヴァコヴィチ, S.（2003）『セロ－中世セルビアの村と家－』越村勲・唐沢晃一訳、刀水書房。
越村勲編訳（1994）『バルカンの大家族ザドルガ』彩流社。
Wall, R., Robin, J. and Laslett, P. eds. (1983). *Family forms in historic Europe.* Cambridge.
Hajnal, J. (1965). 'European marriage patterns in perspective'. In: Glass, D.V., Eversley, D.E.C. (eds.), *Population in history.* London.
Mitterauer M. and Kagan A. (1982). 'Russian and central European family structures: A comparative view'. *Journal of family history,* 7, 1.
Czap, P. Jr. (1982). 'The perennial multiple family household, Mishino, Russia 1782-1858'. *Journal of family history,* 7, 1.

第5章

東部ドイツから見たEU
――旧東ドイツの再建とEUの東方拡大――

中祢　勝美

1　共通点としての1989年

（1）　節目の2009年

　2009年はドイツにとって15年ぶりの「スーパー選挙年」となった。前年秋、アメリカに端を発した金融・経済危機の暗い影を引きずるなか、連邦大統領選挙、欧州議会選挙、東部ドイツの3州を含む5つの州議会選挙、そして連邦議会総選挙と、大きな選挙が続いた。

　だが、それ以上に2009年はドイツにとって記念すべき特別な年であった。ヴァイマル憲法制定から90年、ナチスのポーランド侵攻、すなわち第二次世界大戦の開戦から70年、東西両ドイツの建国ならびにドイツ連邦共和国（＝西ドイツ）の基本法制定から60年、そしてベルリンの壁崩壊から20年という具合に、20世紀に刻まれた歴史的な出来事から数えて、まさに節目尽くしの年となったからである。そのハイライトともいうべき11月9日は、ドイツだけでなく世界が、ベルリンの壁が崩れた20年前の劇的な夜を思い出し、40年に及んだ冷戦を「平和的革命」という形で終結させることができた感慨に浸った。

　他方、2009年はEUにとっても節目の年であった。欧州議会選挙が初めて実施されてから30年、そして銀行間取引に限られていたものの、単一通貨ユーロが11カ国で導入されてから10年が経過した（現金の流通は2002年から）。さらに、2004年5月に、エストニア、ラトヴィヤ、リトアニアのバルト3国、ポーランド、チェコ、スロヴァキア、ハンガリー、スロヴェニアの中東欧5カ国、地中

海の小国マルタとキプロスの計10カ国を一挙に加えた第5次拡大、すなわち「東方拡大」から丸5年が経った。

ただ、EUの方は、節目の年を手放しで喜べる状況にはない。今後も確実に続く拡大に備えて機構改革を盛り込んだ憲法条約が、フランスとオランダの国民投票における相次ぐ否決で批准されなかった（2005年）のに続いて、同条約を見直して作成され、加盟国首脳が調印を済ませたリスボン条約も、2008年6月、今度はアイルランドの国民投票で否決され、またも批准に失敗したからである。その後、紆余曲折を経てリスボン条約は2009年12月に発効になんとか漕ぎ着けたものの、大国の発言力が増すことへの小国の危機感は依然として相当に大きく、加盟国間の結束が固いとは言い難いのが実情である。

（2） 東ドイツとEUの東方拡大

20年前にベルリンの壁を崩壊させた東ドイツと、5年前にEUに加盟した中東欧諸国（とくにポーランド、ハンガリー、チェコ、スロヴァキア）は、1989年の民主革命によって社会主義体制を転換させたという歴史を共有している。その大きな流れは、社会主義の本家ソ連でペレストロイカ（改革）とグラスノスチ（情報公開）を断行し、「欧州共通の家」を唱えたゴルバチョフ書記長によって作られた。武力に訴えるのではなく平和的手段で独裁体制を倒し、自由を勝ち取りたいという人々の願いは、当時普及し始めていた衛星放送の電波に乗って国境を越えてつながっていった。この「連帯」が、社会主義独裁政権の抑圧と暴力、そしてそれに対する恐怖に立ち向かわせたと言っても過言ではない。

1989年5月、東ドイツの市民運動グループが地方選挙における政府の不正を暴こうと立ち上がったが、その勇気を彼らに与えたのは、ポーランドやハンガリーで先行していた改革であった。また、夏以降、東ドイツ市民の西ドイツへの大量出国を可能にしたのは、ハンガリーがオーストリアとの国境の鉄条網を切断したり（5月）、「汎ヨーロッパ・ピクニック計画」（8月）を実行に移したりしたためであった。東ドイツやソ連の圧力が強まり、ハンガリー国境経由での西側への脱出が困難になると、東ドイツ市民はチェコスロヴァキアのプラハ

第5章　東部ドイツから見たEU

にあった西ドイツ大使館に殺到したが、西ドイツ政府の強いはたらきかけとそれに理解を示したチェコスロヴァキアによって、西ドイツへの即時出国が認められた。逆に、東ドイツの民主化運動も他の社会主義諸国に大きな影響を与えた。9月以降、東ドイツのライプツィヒからまたたく間に全国に広がった民主化を求める「月曜デモ」が最後まで非暴力を貫き通せたことは、ハヴェル氏率いるチェコスロヴァキアの「ビロード革命」を成功に導くモデルとなった。

　このように「平和的手段で自由と民主化を求める」精神を共有していた東ドイツと中東欧諸国であったが、EUへの加盟という点では、加盟の手続きも、加盟までに要した時間もまったく対照的であった。

　まず、東ドイツは、1990年の統一と同時に早々とEU（当時はEC）の一員となった。これは、ドイツの統一が、いわゆる基本法第23条方式に基づき「東ドイツの西ドイツへの編入」という形で実現したことによる。統一に伴い、東ドイツの首都であった東ベルリンは西ベルリンと再び合併し、一つの州となった。その他の地域も5つの州（メクレンブルク=フォアポメルン、ブランデンブルク、ザクセン=アンハルト、ザクセン、テューリンゲン）に再編成されてドイツ連邦共和国（西ドイツ）に加わった。その意味で、統一ドイツは「西ドイツの東方拡大」であったし、またEUの側から見れば、東ドイツの加盟は、2004年の東方拡大を先取りする「プチ」東方拡大であったといえる。

　これとは対照的に、ポーランド、チェコ、スロヴァキア、ハンガリーなど中東欧の社会主義諸国は、体制転換直後からEUへの加盟を強く表明していたが、90年代半ばに加盟申請を行なった後、EUが求める厳しい加盟基準（民主主義、法の支配、人権および少数民族の権利保護の尊重、市場経済）を満たすよう求められ、ようやく加盟が認められた。1989年以前において東ドイツよりもむしろ民主化が進んでいたこれらの国々の加盟は、東ドイツに10数年も遅れたのである。

　本章では、東部ドイツ（1990年の統一以前を「東ドイツ」、統一以後を「東部ドイツ」またはたんに「東部」と表記する）およびその住民が、EUの東方拡大を、そしてまた、東方拡大によって改めて「隣人」となった中東欧の新規加盟国をどのように見ているかについて考察したい。

2　東部ドイツ再建の現状

(1)　東部ドイツ再建の現状──まだら模様の絨毯

　連邦政府から東部ドイツの再建を委託されている交通・建設・都市開発省は、再建がどの程度進み、西部との格差がどこまで縮まっているのかを、毎年『ドイツ統一の現況に関する連邦政府年次報告書』(以下「報告書」とする)にまとめている。ここでは主に2009年版の報告書をもとに東部再建の現状や課題を概観したい。

　まず、主な経済指標から単純に判断すると、東部ドイツの再建は少なくとも7割は進んだと見てよい。西部を100％とした場合、一人当たりのGDP(名目)は71％(**図5-1**)、生産性は79％、就労者の給与(グロス)は82％にそれぞれ達し

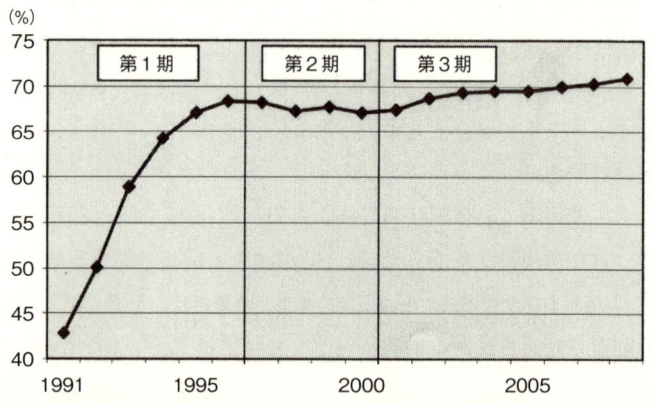

図5-1　東部ドイツ(ベルリンを含む)における一人当たり名目GDP
(西部ドイツを100％とした値)

　2009年版の「報告書」は、GDPが急上昇した1996年までを第1期、それ以後、停滞・低下した2000年までを第2期、そしてゆっくりとではあるが上昇しつつある2001年以降を第3期と分析している。
出　所) Bundesministerium für Verkehr, Bau und Stadtentwicklung (2009), *Jahresbericht der Bundesregierung zum Stand der Deutschen Einheit 2009*, S.4

第 5 章　東部ドイツから見たEU

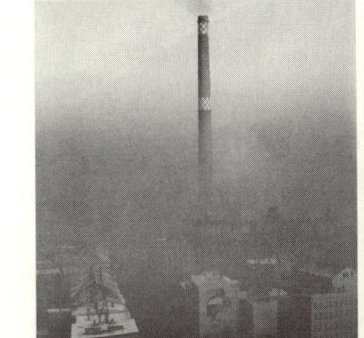

図 5-2　西部の資金によって生まれ変わったライプツィヒ（左1989年，右2004年）

ザクセン州第 2 の都市ライプツィヒは、1989年秋の民主化デモ＝「月曜デモ」の発信地。西部ドイツの資金で、有毒な粉塵を撒き散らしていた煙突が消え、緑の目立つ町並みに生まれ変わった。
出所）"DER SPIEGEL", Nr.39 ／ 20. 9. 2004, S.46f.

た（いずれも東部にはベルリンも含む）。非常にゆっくりとしたペースだが、西部との距離は縮まりつつある。

　ただ、成果を上げつつある「光」の部分と、産業基盤の脆弱さを克服できていない「影」の部分が混在しているのが、ここ数年の大きな特徴である。

　成果の筆頭に挙げられるのはインフラの整備である。一口にインフラといっても、輸送網や通信網の整備に始まって、医療・教育・商業・文化・スポーツなど公共施設の建設や修復、旧市街地の再開発や東ドイツ時代に受けた環境汚染被害の除去（図5-2）など多岐にわたるが、莫大な資金が投入されてきた結果、今では比較的小さな町を訪ねても東西の格差はほぼ感じられないほど東部のインフラは整ってきたという。いやむしろ、東部の再建が優先されてきたために、西部では穴だらけの高速道路やぼろぼろの橋が何年も修復を待たされていたり、

見事に生まれ変わっていく東部の市町村に対して、財政難に苦しむ西部の地方自治体から、羨望や不満の声が上がっているほどである。

　二つ目は、新しい産業の成長である。2006年からの3年間で、東部は西部（＋4.3％）を上回る＋7.5％の経済成長率を記録したが、その牽引役を果たしたのは、太陽光発電、マイクロエレクトロニクス、バイオテクノロジー、ナノテクノロジーいった最先端のハイテク産業である。連邦政府は、今後も成長が期待されるこれらの分野を東部ドイツの看板産業に育てようと特に力を入れており、州とも協力して、マックス・プランク、フラウエンホーファー、ヘルムホルツなど、ドイツが世界に誇る研究機関を東部ドイツに進出させている。ベルリンやそれを取り巻くブランデンブルク州にはバイオ関連企業が集まっている。太陽電池生産でシャープを抜いて文字通り世界一に躍り出たQセルズ社も、東部ドイツのザクセン＝アンハルト州の小さな町タールハイムに本社がある。西部ドイツから研究・開発を手掛ける企業を多く呼び込み、地域の大学とも連携を深め、文字通り産・官・学が手を携えて、高い競争力をもったクラスター（産業集積地）を形成するのが行政のねらいである。とはいうものの、民間企業が研究・開発に投資する額を見ると、東部への投資は2008年秋の時点でドイツ全体の5％に過ぎず、行政の熱心な誘い水が功を奏するまでにはまだしばらく時間を要しそうである。

　第三は失業問題である。統一に伴い市場経済が導入された東部ドイツは、グローバリゼーションの熾烈な競争原理に叩きのめされたといってもよい。冷戦時代には最大の輸出先だったソ連を始めとするコメコン市場も消滅した後、時代遅れの生産設備と生産性の低い現場で作られた製品は、西側の世界市場では通用しないことが明らかになった。結局、東ドイツの国有企業の民営化と解体を委託された信託公社が4年の任務を終えた1994年末には、多くの企業や工場が閉鎖され、120万人以上の人が職を失った。一旦は民営化されたものの、倒産する企業は後を絶たず、東部の失業者の数は1990年代後半に年々上昇し、2005年には統一後最多の161万人に達した。その後、失業者数は2008年までの3年間で50万人近く減ったが、これは主に景気回復によるところが大きく、

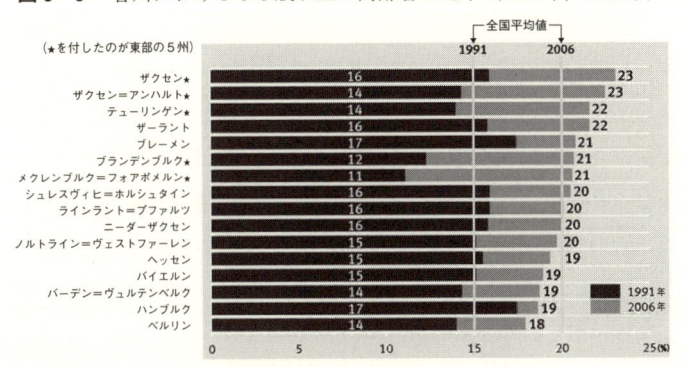

図5-3　各州における65歳以上の高齢者の比率（1991年，2006年）

出所）Bundesinstitut für Bevölkerungsforschung in Zusammenarbeit mit dem Statistischen Bundesamt（2008），*Bevölkerung. Daten, Fakten, Trends zum demographischen Wandel in Deutschland*. Wiesbaden, S.35

2009年5月の完全失業率を見ても、西部の6.9％に対し東部は13.3％となっているように「東部の失業率は西部の2倍」という従来の構図に大きな変化は見られない。

　失業者に占める長期失業者の割合が西部より高いことも問題である。失業期間が1年（55歳以上は18カ月）を超えると、2005年に施行された労働市場改革法（「ハルツⅣ法」）によって、受けられる失業給付は従来より非常に低額の「第2種失業給付」に切り替えられ、切り詰めた生活を余儀なくされる。失業期間が長引けば再就職の可能性もより低くなるため、一度長期失業者になってしまうと、そこから再び労働市場に復帰するのは並大抵ではない。

　第四は人口の空洞化である。連邦統計局によると、2007年現在、ベルリンを除いた東部の人口は約1314万人で、統一の年に比べ10.9％（約162万人）も減少した。同じ時期に西部では6.7％、ドイツ全体でも3.1％増加しているだけに、東部の激減ぶりが目立っている。東部でこれほど人口が減ったのは、西部への転出者が後を絶たなかったためで、連邦人口研究所の調査では、統一以後の16年間に西部へ移った東部住民は280万人に達する（東部への転入者数は150万人な

ので、相殺すると西部への転出者が130万人上回る)。ここ数年は漸減傾向にあるが、それでも東部に来る人より西部へ出て行く人の方が多いという状況は、統一の年からずっと続いている。

　職を求めて、あるいは職業訓練を受けたり、大学等で学んだりするため、というのが西部へ移る動機なので、50歳未満の人が転出者の95%を占めていたのは不思議なことではない。だが、ただでさえ少子高齢化が進行しているドイツにおいて、若い世代が抜けた東部では恐ろしい速度で少子高齢化が進んだ。**図5-3**が示すように、1991年以降の15年間で西部10州の高齢化率は2～6ポイント上昇したのに対し、東部の5州では7～10ポイントも上がっている。1991年には全国平均程度だったザクセン、ザクセン＝アンハルト、テューリンゲンの3州がトップ3を独占したほか、統一直後の時点では最も「若い」州だったブランデンブルクとメクレンブルク＝フォアポメルンも西部の州をごぼう抜きして全国平均を上回った。

　もちろん、同じ東部でも著しい地域差がある。ポーランドとチェコに隣接するザクセン州を例にとってみよう。「エルベ川のフィレンツェ」こと州都ドレスデンの人口は、2000年には45万人を割り込むまでに減少したが、その後増加に転じ、2007年末現在、統一前と変わらない約51万人にまで回復した。ところが、東ドイツ時代の大きな国有企業が閉鎖されて以来、企業の進出がほとんどないホイヤースヴェルダでは、40%以上も人口が減った。働く場がないので町を出ていく。家庭を築いて子を産み育てる人も減り、少子高齢化、人口減少に歯止めがかからなくなる。当然ながら市の税収も減っていく。負の連鎖によって存亡の危機に瀕している典型的な町の一つである。

　東部ドイツは「まだら模様の絨毯」になぞらえられることもあるが、これは、東部の再建が決して均一に進んでいるわけではないという状態をうまく言い表している。

(2) 西を向いた再建

　東部の住民が西部との格差を強く意識し、将来について悲観的な見方をして

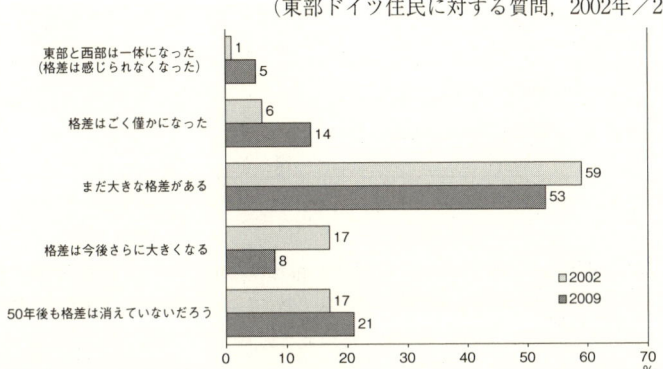

図5-4 「ドイツの統一はどの程度達成されたと思いますか？」
（東部ドイツ住民に対する質問，2002年／2009年）

	2002	2009
東部と西部は一体になった（格差は感じられなくなった）	1	5
格差はごく僅かになった	6	14
まだ大きな格差がある	59	53
格差は今後さらに大きくなる	17	8
50年後も格差は消えていないだろう	17	21

出所）Sozialwissenschaftliches Forschungszentrum Berlin-Brandenburg e.V.（2009），*20 Jahre friedliche Revolution 1989 bis 2009—Die Sicht der Bürger der neuen Bundesländer—, Berlin:* S.29, Abb.10

いる様子は、最近の意識調査からもはっきりうかがえる。たとえば「ドイツの統一はどの程度達成されたと思いますか」という質問に対しては、図5-4が示すように、2009年の時点でも過半数の人が「西部とはまだ大きな格差がある」と答えている。たしかに、7年前の調査に比べると「格差は感じられなくなった」「ごく僅かになった」と答えた人は増えているが、その一方で「50年後も格差は消えていないだろう」という諦めの回答も増えており、両極化の傾向が見られる。この両極化は、東部住民の内部にも格差が広がっていることを示唆している。いずれにせよ、政治的な統一はなされたが、一つの国になったという実感をもてない人が大半を占めていることは確かである。

また、所得が西部の水準に達するまでの予測年数を尋ねた調査結果（表5-1）と、すでに示したひとり当たりのGDPの推移（図5-1）を並べてみると、東部再建のプロセスと住民の心の変化が重なって見えてくる。

1994年といえば、インフラ整備の工事が東部の至る所で行なわれ、空前の建設ブームが続いていた時期であるとともに、東ドイツの国有企業の民営化の作業が完了した年でもある。3人に1人がリストラで職を失うという厳しい時期

(単位：%)

	1994年	2000年	2008年
5年以内	36	11	3
6〜10年	39	31	13
11年以上	5	25	28
何年経っても同じ水準にはならない	8	15	43
わからない／無回答	12	18	13

表5-1 「東部の所得が西部の水準になるまで何年かかると思いますか。」
（対象：東部ドイツ住民）

出所）Sozialwissenschaftliches Forschungszentrum Berlin-Brandenburg e.V. (2008), *Sozialreport 2008. Daten, Fakten zur sozialen Lage in den neuen Bundesländern,* Berlin: S. 46　より筆者作成。

だったにもかかわらず、一人当たりのGDPは勢いよく伸び、遅くとも10年以内に西部と同じ水準になるという期待は非常に高かった。しかし、その後の景気低迷によって一人当たりのGDPも伸び悩むようになった2000年には、期待はすでに萎み、明るい兆しが見え始めた2008年には皮肉にも「何年経っても同じ水準にはならない」という諦めの回答が一番多くなっている。

東部の住民が強い期待を抱いたのは無理もなかった。統一前、西ドイツのコール元首相は、東の住民を前に「数年もすれば、東部ドイツにはお花畑のような景色が一面に広がっているでしょう」と述べ、万雷の喝采を浴びた。第二次世界大戦の爆撃で完膚なきまでに破壊されながら、西ドイツは僅か10年で再び豊かな生活を手に入れ、欧州一の経済大国に発展した。そうした実績をもつ国の首相の言葉は、東部の住民にとって媚薬のように効いたのである。

統一に先立って決められた、東西ドイツ・マルクの通貨統合における1対1という交換比率も、東部住民の期待をいっそう高めた。東のマルクの実際の価値は、せいぜい西のマルクの5分の1程度だったにもかかわらず、「原則1対1」という交換比率は、同胞が見せた連帯の証と受け止められたのである。

しかし、戦後の西ドイツで起きた「経済の奇跡」は、統一ドイツではいくら待っても起こらなかった。致命的だったのは、コール首相を始め、西ドイツの財界・銀行界の中枢にいた人のほとんどが東ドイツの経済力を過大評価してい

た点である。たしかに東ドイツには社会主義諸国の中で最も高い生活水準と生活基盤を誇った時期があり、そのため「社会主義の優等生」ともいわれた。そのイメージが逆に冷静な分析の足かせとなり、破綻同然だった東ドイツ経済の実態を見抜けなかったのである。東ドイツの経済力を見誤ってしまったツケと、1980年代には予想もできなかったグローバル化による競争の激しさに、統一ドイツは、その後、長く苦しみ続けることになった。

(3) 国家事業としての東部再建

　ドイツは、苦しい財政状況のなか、東部の再建に力を注いできた。統一以降、2008年までに東部に対して行なわれた財政支援は、総額1兆5000億ユーロ（約202兆円）に上ると推計される。ドイツは毎年GDPの4％を東部再建のために投入してきた計算になるが、それを支えてきたのは西部の州である。気が遠くなるような額の支援を続けてきたにもかかわらず、東部の経済が西の水準に追いついていないのはなぜだろうか。

　第1の理由は、支援の半分以上を、経済発展には直接結びつかない、東部住民の年金や失業手当に充てざるを得なかった点にある。統一前に発効した「通貨・経済・社会同盟」により、東ドイツで年金を受給してきた人だけでなく、東ドイツで保険料を納めてきた人も西の基準で年金を受給できることになった。また、統一後に発生した大量の失業者に対する失業手当もこれに加わった。言い方は悪いが、保険金をほとんど納付してこなかった東部の住民（もっとも、東ドイツには公式には失業がなかったため、失業保険も失業手当もなかったが）に、統一ドイツは年金も失業手当も払い続けることになったのである。通貨統合の際、交換比率を1対1としたことがこの負担を何倍にも重いものにした。

　第2は、東ドイツの「負の遺産」の処理に予想以上の費用と時間を要したためである。老朽化したインフラの整備、公共施設の建設や修復、都市の再開発、東ドイツ時代に起きた環境汚染被害の除去などである。こうした事業のおかげで、一時的にせよ建設特需が生まれ、世界最先端のインフラが整ってきたことは事実だが、それらはあくまでも産業の発展を可能にする基盤であって、大切

なのは、質の高いモノや技術が生産されることである。

　そして第三は、産業立地の問題である。統一に際して東部の給与は西部の水準に近づくよう配慮されたが、生産性に見合わない高い人件費は却って経営を圧迫する要因となった。国際競争が激しさを増すなか、外国の企業だけでなく西部に拠点を置くドイツの企業も、東部ドイツを敬遠し、労働コストが格段に低いハンガリー、ポーランド、チェコなどに進出する傾向が強まったのである。

　「東部の再建」とは、簡単に言えば、東部の産業が発展し、経済的に自立することする、すなわち西部や連邦の財政支援に頼らなくても済むようになることである。しかし、他の国が作れるものを生産したところで、労働コスト競争で負けるのはわかっている。また、東部の経済水準が停滞している状況を打開できない限り、西部の負担はいつまでも続く。そうした認識から、政府は、インフラ整備に比重を置いてきたこれまでの方針を見直し、高い研究開発能力と強い競争力をもったハイテク関連の研究機関や企業を東部に根づかせることにも力を入れるようになったのである。

　その戦略を実行に移すための資金が、2005年に始まった「連帯協定Ⅱ」（Solidarpakt Ⅱ）である。**表5-2**にあるように、この資金は二つのバスケット（かご）から成っている。「バスケットⅠ」は、東部5州とベルリンに配分され、主に東ドイツの負の遺産の処理に充てられる。使途から見れば、こちらは「ドイツ統一基金」や2004年までの「連帯協定Ⅰ」を引き継ぐものである。これに対し「バスケットⅡ」は、東部の経済発展に直接つながる事業（民間設備投資を促進するための税制優遇措置、クラスターの形成、研究開発を手がける機関や企業への助成、産官学の連携強化、高度な職業教育）に充てる資金として設けられている。

　「連帯協定Ⅱ」のもう一つの大きな特徴は、予算が毎年段階的に縮小される逓減方式を採用している点である。期間の前半に予算を固めることで産業基盤の早期確立を図るとともに、東部に対する特別支援は2019年をもって終わりにしたいとの姿勢を明確に示すねらいがそこにはある。2009年版の報告書を公表するにあたり、ティーフェンゼー大臣も、連帯協定Ⅱの期限が切れる2019年までに経済的に自立することが目標だと明言している。

第5章　東部ドイツから見たEU

名　称	期　間	資金総額 (億ユーロ)		主な使途	備　考
ドイツ統一基金	1990～1994 (5年間)	822		・東部5州のインフラ整備・改修	・資金の40％は財政力の弱い東部の市町村に配分される。
連帯協定Ⅰ	1995～2004 (10年間)	945		・東ドイツ時代に発生した環境汚染の処理 ・中核となる産業の維持 ・住居の改修および建設	
連帯協定Ⅱ	2005～2019 (15年間)	1565	バスケットⅠ 1053	・東西の分断に由来する負の遺産の処理 ・財政力の弱い市町村の予算への補助	・ベルリンと東部5州に配分され、具体的な使途は各州が決める。 ・予算は逓減方式(2019年まで毎年徐々に減っていく)を採る。
			バスケットⅡ 512	・経済振興と雇用促進(投資の促進、イノベーション、研究開発)	・連邦の予算に組み入れられる。 ・予算は逓減方式(2019年まで毎年徐々に減っていく)を採る。

表5-2　東部ドイツ再建のための資金

出所）ドイツ連邦政府の公式ウェブサイト，ドイツ語版ウィキペディア等をもとに筆者作成。

なお、1991年から導入されている連帯付加税（Solidaritätszuschlag）は、「統一後、世界情勢の変化に伴って生じた諸課題に対し、国家と経済が適切に対応する」ために連邦（政府）が独自の判断で執行できる予算である。導入の根拠として当初は、湾岸戦争や、政情が不安定な中東欧、南東欧への連帯が主張されていた。東部ドイツの再建の重要な財源であるが、使途はそれに限定されているわけではないので、この表には入れていない。連帯付加税は、名前の紛らわしさと、所得税・法人税に上乗せされるという負担感から、ドイツでも廃止論が根強い。

3　東部ドイツとEUの東方拡大

（1）　EUの結束政策と東方拡大

　産業基盤がまだ脆弱な東部ドイツにとって、西部や連邦からの財政支援は文字どおり命綱であるが、連帯協定Ⅱの「バスケットⅡ」の予算規模は全体から

見れば決して大きいとはいえず、額も毎年縮小されていく。膨れ上がる借金に悲鳴を上げている西部や連邦にさらなる支援を期待できない状況において、東部にとって非常に貴重な再建の財源となっているのがEUからの補助金である。

27の加盟国、5億人の巨大な域内市場を形成するEUには、加盟国間に大きな経済的格差が存在する。2007年の一人当たりのGDPをみても、27カ国の平均値を100とした場合、ルクセンブルク（267.2）、アイルランド（150.2）、オランダ（131.2）が豊かな上位3カ国で、この年加盟したルーマニア（42.1）とブルガリア（37.2）との差は歴然としている。当然ながら格差は各加盟国内部にもあるので、EUは加盟国を270あまりの地域（Region）に分けてきめ細かく対応しようとしている。

EUは1950年代後半から、加盟国間および地域間の経済的・社会的格差をできるだけなくすため、経済的に遅れた加盟国や地域に支援を行なってきた。その取り組みは「結束政策」（Cohasion Policy）と呼ばれ、地域政策の要となっている。「結束政策」という名称は、格差を縮めることによって加盟国間の結束が強まっていくとの認識に基づいている。具体的には、①域内の経済活動がスムーズになる、②加盟国内で反EU勢力が台頭するのを抑止する、③長期的に見て加盟国間の武力衝突の回避につながる（予防外交効果）、④他の経済圏に対するEUの競争力を向上させる、⑤外交、安全保障、環境などの分野におけるEUの発言力を増させる、などさまざまなメリットがあると考えられている。EUの「深化」の地ならしをするのが結束政策の役割と言っていいだろう。

2004年および2007年の東方拡大では、既加盟国との経済格差の大きい国が多数加わることが早くからわかっていたため、結束政策のもつ重要性も1990年代から認識されていた。その流れは徐々に高まる傾向にあり、2008年の予算を見ても、結束政策関連分の支出は全体の40％を超え、農業関連の支出と肩を並べるまでになってきている。

EUでは7年を1期とする多年度財政計画がまず立てられ、その計画に沿って毎年の予算が確定される仕組みになっている。結束政策に関連する予算も同様で、多年度財政計画を決める際に、各地域の経済状況に応じて予算配分計画

が立てられる。その際、一人当たりのGDPがEUの平均値の75％未満の地域は「格差是正」(Convergence) 目標地域に指定され、インフラ整備のみならず、投資促進、職業訓練、技術革新、環境、行政の効率化等の事業のために多額の補助金が配分される。一方、GDPがEUの平均値の75％以上の地域は「競争力・雇用強化」(Competitiveness and employment) 目標地域とされ、「再生リスボン戦略」に即した研究、技術開発、環境などのプロジェクトに補助金が配分されるものの、その額は相対的に低い。現在の財政期間（2007〜2013年）でいえば、7年間の予算総額 3,474億ユーロの80％以上が「格差是正」目標地域に配分されるのに対し、「競争力・雇用強化」目標地域には15％の配分しかない。このような格差の存在は、貧しい地域を支援をして域内格差をなくすという結束政策の趣旨からみれば当然であるが、GDPが75％前後をうろついていた東部ドイツにとっては、経済の再建がかかった切実な問題であった。

　というのも、ベルリンを除く東部ドイツの全10地域は、1990年の統一以降ずっと「格差是正」目標地域（以前は「目標1」地域という名称だった）の座を守ってきたが、2004年の東方拡大で「貧しい国」が多く加盟することになった影響を受け、実際には経済発展がないのにGDPの数値は75％を超えてしまい、「豊かな」地域に組み入れられてしまう地域が出てきたからである。同じケースが他の既加盟国でも見られたこともあり、救済措置として「格差是正」目標地域と「競争力・雇用強化」目標地域のあいだに二つのカテゴリーが新たに設けられることになった。すなわち、新規加盟国を加えて計算すると75％を下回ってしまうが、既加盟国だけで計算すると75％未満になる地域を「フェーズ・アウト地域」(Phasing-out regions)、そして前期（2000〜2006年）には「格差是正」目標地域であったが、改めて既加盟15カ国で計算すると75％を超える地域を「フェーズ・イン地域」(Phasing-in regions) とし、これらの地域には、2013年まで「格差是正」目標地域と極端な差が生じない額（ただし逓減方式）の補助金を配分するという移行措置を取ることで解決が図られ、東部の3地域もなんとか「フェーズ・アウト地域」に踏みとどまった（**図5-5**）のである。

　加盟直前の時点で、中東欧諸国は、ひとりあたりのGDPでは東部よりかな

第Ⅰ部　EUの歴史と制度

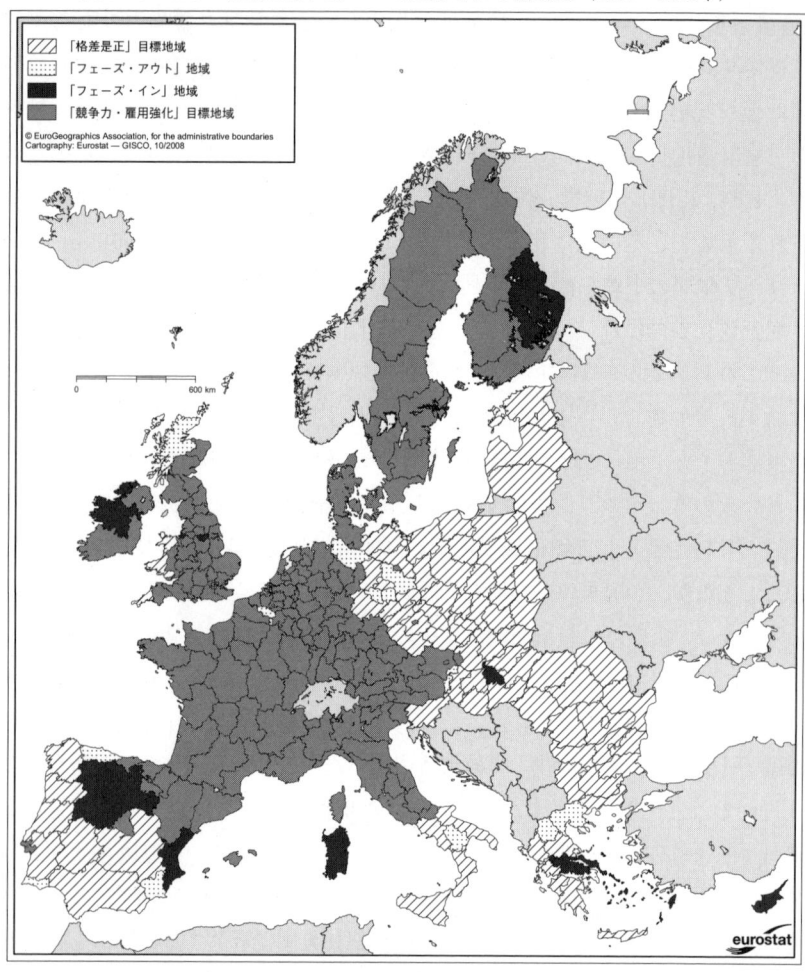

図5-5　EUの結束政策に基づいて配分される補助金（2007〜2013年）

凡例：
- 「格差是正」目標地域
- 「フェーズ・アウト」地域
- 「フェーズ・イン」地域
- 「競争力・雇用強化」目標地域

加盟国を271の地域に分けて一人当たりのGDPを比較してみると、経済力の弱い地域がEUの周縁部に集中している様子がわかる。ドイツでは東部の3地域（南西ブランデンブルク、ハレ、ライプツィヒ）と西部の1地域（リューネブルク）が「フェーズ・アウト地域」に区分された。

出所）Eurostat (2008), *Regions of the European Union A statistical portrait -2009 edition*, European Communities, p.12をもとに筆者作成。

り低かったが、経済成長率では東部よりもむしろ高かった。これらの国々が加盟後にEUの補助金をもらうことは確実だったので、自分たちの補助金がなくなってしまうと中東欧の国々に追い抜かれてしまうのではないか、という不安と焦りがあったのである。

以上は東方拡大を見据えた次期財政計画をめぐる協議の過程で生じた問題だが、ここからもうかがえるように、EUの補助金が削られれば東部ドイツの再建がさらに遅れてしまう、という不安は非常に強かったのである。

(2) 拡大前の不安

東部ドイツ住民の不安をさらに煽ったのは労働コストの格差である。東方拡大の年(2004年)における加工業の労働者の1時間あたりの労働コストを見ると、西部ドイツを100とした場合、東部ドイツは62、チェコは16、ポーランドは12となっており(熊谷,2006,98頁)、東部の労働コストは西部に比べると3分の2以下だが、隣接する新規加盟両国に比べると4〜5倍という高さであった。厳しい国際競争を勝ち抜くため、少しでも労働コストの低い国への進出や移転を考える企業の増加が予想された一方、東方拡大後は、逆に中東欧の住民がより高い賃金を求めて東部ドイツに押し寄せ、自分たちの仕事を奪ってしまうのではないかという危惧がメディアを通して広まっていった。豊かな西部と貧しい中東欧諸国は東方拡大の恩恵に浴するが、地理的にも経済的にも両者の中間に位置する東部ドイツは板ばさみに遭って潰れてしまう、そんな悲観主義が強まったのである。

東部の住民が不安を抱いたのも無理はない。東方拡大前の時点ですでに85万人の中東欧出身の出稼ぎ移民がEU域内に住んでいたが、そのうち60万人がドイツ(ただし大半は西部ドイツ)に住んでいたため、東方拡大後にはさらに多くの移民がドイツをめざしてやってくることが十分に予測されたからである。高い失業率に悩むドイツとしてはこれ以上の大量移民は受け入れられないとして、東方拡大にあたり、最大7年間、すなわち2011年まで、就労目的の移民を制限できるという労働力の移動を制限する移行措置が取られた。既加盟国のなかに

はイギリスのように最初から労働市場を開放したところもあるが、ドイツとオーストリアの2カ国は期限の2011年まで規制を続けることにしている。

EUは、毎年春と秋に実施している世論調査（ユーロバロメータ）で、拡大に対する加盟国住民の賛否を継続的に追ってきたが、ドイツ、とりわけ東部ドイツでは、拡大の日が近づくにつれて拡大に消極的な空気が強まっていった。10カ国の加盟が確実となった2002年秋の調査では、歓迎ムードを反映して加盟15カ国全体の「賛成」は52％（反対は30％）となり、2000年以降の最高値を示した。東部ドイツについてもこの時点では「賛成」（45％）が「反対」（34％）を大きく上回っていたが、その半年後には早くも「反対」が優勢となり、さらにその半年後の2003年秋には、「反対」（46％）が「賛成」（39％）を上回り、一年前とすっかり逆転してしまったのである。

（3） 拡大後の状況

しかし、拡大後の経過を見ると、東部ドイツの住民が恐れていた事態には至らなかった。ユーロの現金が導入される前もドイツ人は非常に懐疑的だったが、導入されてからはユーロへの信頼と愛着は深まっていった。東方拡大もそのときに似ており、拡大前の心配のかなりの部分は杞憂に終わったといえる。

まず人の移動に関しては、ドイツ政府が2011年まで規制措置を取っていることに加え、2005年に施行された新移民法の影響もあって、新規加盟国から東部ドイツへ低賃金労働者がなだれ込むという事態は発生しなかった。

また、特に心配された中東欧諸国との競争についても、東部ドイツの企業の手応えは悪くなかった。東方拡大の約1年後にザクセン州商工会議所が行なった調査によると、拡大の全般的な影響について「悪くなった」と答えた企業は、1465社の15％にとどまり、「良くも悪くもなっていない」という回答が64％、「良くなった」という回答が21％を占めた。新規加盟諸国との競争が増したのは事実だが、関税を初めとする諸規制の撤廃や、規格や手続きの統一化による作業の迅速化などメリットも多く、全体としてはまずまずの滑り出しだったのである。その後、2007年における東部ドイツから新加盟諸国への輸出額も前年

より20％以上も伸びているなど、東部ドイツは、新規加盟国の玄関口という地理的メリットを今後も活かしていきたいと考えているようである。

ただ、すでに述べたように、東部ドイツの経済はまだよちよち歩きの状態であり、2008年の経済・金融危機が去っていない現在、決して楽観は許されない。目下、次期多年度予算（2014～2020年）において、東部ドイツがEUの補助金をなんとか得られるよう、国益をかけた戦いが行なわれているのもこうした事情による。

（4） 二つの相似性

以上、経済的な側面に焦点を当てて論じてきたが、ドイツとEUのあいだに二つの相似性があることに気がつく。

出発点に戻って考えよう。東部ドイツがドイツ統一によってEUの一員になったことと、東方拡大によって中東欧諸国がEUに加盟したことは、冷戦によって分断された欧州大陸の再統合という大きな歴史的文脈からみれば、同一線上にある出来事なのである。これが第一の相似性である。たしかに中東欧諸国の加入は東部ドイツより随分遅れたし、破綻した経済状態のままEUの一員となった東部ドイツに比べると、加盟申請以降、EUから経済協力（PHARE）を受けて備えてきた中東欧諸国は大きく異なるかに見える。しかし、経済的に未熟な状態で加盟したという点でみれば両者に本質的な違いはない。経済格差の大きい中東欧との拡大に踏み切ったのは、域内市場の拡大による経済的な利益よりも、分断されてきた欧州の克服という政治的意図が優先されたからである。バルカン半島でのユーゴ内戦がそうであったように、冷戦の終結で訪れたのは平和ではなく、凄惨な民族紛争・地域紛争であった。そうした状況を間近でみていたEUは、政治的安定を急いだのである。

もう一つの相似性は、社会的市場経済の理念である。ドイツでは、市場経済の自由な活動は原則として保障されるが、それによって得られた富や財を再配分することによって自由主義の暴走を抑えるとともに、社会的均衡を保とうとする社会的市場経済の理念が生きている。東部ドイツの再建も、基本的には豊

かな州がそうでない州に税収を移転させるという連帯精神によって支えられている。そしてこの連帯精神は、EUの結束政策における格差是正のための補助金にもよく表れている。現実には国益をかけて加盟国が補助金を取り合うという側面はあるが、それはドイツ国内の場合とて変わりない。ここで言いたいのはあくまで理念としての連帯精神である。

　今はまだ西部ドイツからもEUからも財政援助を受ける立場の東部ドイツだが、連帯協定Ⅱは2019年で終わるうえ、EUの補助金がなくなるのも時間の問題である。それまでになんとか経済的自立を果たしたいというのが東部ドイツの強い願いである。東部のなかから「貧しい」西部の州に財政援助をする州がたとえひとつでも出てきたとき、東部の再建にはひとまず区切りがついた、と言えるだろう。

　（注）本章では1ユーロを135円として計算した。

＜参考文献＞

熊谷徹（2006）『ドイツ病に学べ』新潮選書。
近藤潤三（1998）『統一ドイツの変容』木鐸社。
近藤潤三（2004）『統一ドイツの政治的展開』木鐸社。
佐藤幸男（2006）『拡大EU辞典』小学館。
羽場久浘子（2004）『拡大ヨーロッパの挑戦』中公新書。
羽場久浘子ほか（2006）『ヨーロッパの東方拡大』岩波書店。
森井裕一（2005）『国際関係の中の拡大EU』信山社。
森井裕一（2008）『現代ドイツの外交と政治』信山社。

＜ドイツ語文献＞

Bundesministerium für Verkehr, Bau und Stadtentwicklung (2009), *Jahresbericht der Bundesregierung zum Stand der Deutschen Einheit 2009*, Beauftragter der Bundesregierung für die neuen Bundesländer (http://www.bmvbs.de/beauftragter/)

Sozialwissenschaftliches Forschungszentrum Berlin-Brandenburg e. V. (im Auftrag der Volkssolidarität Bundesverband e. V.) (2008), *Sozialreport 2008. Daten und Fakten zur sozialen Lage in den neuen Bundesländern.*

第5章 東部ドイツから見たEU

Bundesinstitut für Bevölkerungsforschung in Zusammenarbeit mit dem Statistischen Bundesamt (2008), *Bevölkerung. Daten, Fakten, Trends zum demographischen Wandel in Deutschland.* Wiesbaden.

第Ⅱ部

EUにおける環境保護

第6章
欧州企業のCSRと環境保護

久保広正

　伝統的な経済学では、企業の目的は利潤の極大化にあるとされる。利潤を生まない企業、あるいは損失を生む企業は存続が出来ないことは自明の理であり、こうした企業の目的は現在でも極めて重要とされる。ただ、近年に至り、企業が持続的な発展を遂げるためには企業を取り巻く社会あるいは環境の持続的な発展が不可欠であり、このため企業の側からも、社会あるいは環境に対して能動的に働きかける必要があるとの見方が強まってきた。すなわち、企業は社会的な存在であり、社会に対しても責任を有するとの認識である。とりわけ重視されつつあるのが、環境への配慮である。

　本章においては、欧州企業に焦点を当て、果たして欧州企業がいかなる「企業の社会的責任」(CSR, Corporate Social Responsibility) を考慮してきたかを振り返り、環境保護に対して、企業はいかなる責任を有するかと考えるようになったかについて検証し、最後に、企業と環境との関係について論じてみたい。

1　企業を取り巻く環境変化とCSR

（1）　重要性が高まるCSR

　しばしば報道されるように、企業は不祥事を繰り返している。企業を構成する個々人は社会的な倫理を有するとしても、何ゆえに企業は社会的倫理から逸脱した行動をとることがあるのだろうか。何ゆえに、個々人については格段に叫ばれないものの、企業においては、「法令遵守（コンプライアンス）」の必要性が強調されるのだろうか。

このことから、企業の目的は何か、あるいは企業は何のために存在するかという問題が浮かび上がってくる。従来、ともすれば企業は、その活動の目的を利潤追求にのみ置きがちであった。また、そのためには社会のルールから逸脱することも黙認することもあった。ただ、最近、わが国で食品など生活必需品の生産、さらには郵便といった生活に密着したサービスにまで種々の反社会的行為が明らかになり、その結果、企業の存続すら危うくなるという事態が続出するようになった。また、犯罪行為ではないものの、自動車などから排出されるCO_2を始めとする温暖化ガスの影響で地球温暖化が進行しているとの指摘も多い。欧州でも同様であり、現代社会にあっては、企業経営上、社会との調和を考慮することなしに、企業の存続・発展は困難であるとの見方が広がりつつある。とりわけ企業活動基盤が次のように変化するようになると、こうした動きは一層重要と認識されるようになってきた。
　まず第1は、情報化社会の進展である。例えば、インターネットを始めとする情報手段が十分には進展していない時代、個々の消費者は分断されていた。ただ、今日では、インターネットを利用したブログあるいは掲示板などの書き込みによって、消費者の意見はたちどころに広く知られ、その結果、企業活動に影響を及ぼすようになった。すなわち、社会の情報化によって、企業側も消費者の行動を無視しえない時代に入ったのである。また、情報を共有することにより、NGOあるいはNPOの活動が活発になるケースも数多く存在する。しかも、それが場合によってはインターネットにより国境を越えた動きになることすら、現実のものとなっている。
　第2は民営化の進展である。1980年代以降、「ネオ・リベラリズム」の進展によって、それまで政府セクターが供給していた公共サービスも、民間部門に委ねられるようになった。あるいは、それまで民間が供給していたとしても、政府による規制の下に置かれてきたサービス分野においても規制が緩和され、民間部門が比較的自由に供給できるようになった。このような「小さな政府」の下にあっては、企業が供給するサービスにも社会性が要求され始めている。要するに、民営化・規制緩和により企業部門の活動領域が広がるにつれ、企業

第6章　欧州企業のCSRと環境保護

活動と社会との関係が注目を集め始めているのである。

　第3は環境汚染の深刻化である。かつて1960〜70年代、わが国において公害問題が深刻化した。当時、欧州においても同様の現象が発生している。近年に至ると、地球温暖化あるいは異常気象が多発するようになり、環境問題は一地域ではなくグローバルなイッシューとなってきた。各国の国土が小さく人口が多く、かつ国境が入り組んでいるEUでは、なおさら環境問題に対する関心は強い。とりわけ1986年のチェルノブィリ原発事故は放射能が全欧州を覆う大事故となったし、また、同年のスイス・サンドス化学工場における爆発により、ライン川全域が汚染されたことは記憶に新しい。

（2）　CSRを巡る動き

　こうした変化を背景に、企業活動と環境保護の関係について、様々な動きがみられるようになった。例えば、1972年、ローマ・クラブは「成長の限界」を発表した。[1]経済が成長し、また人口増加が続くとすると、エネルギーの枯渇や環境汚染、あるいは資源の限界に直面し、100年以内に成長の持続は困難に直面するという内容である。また、このローマ・クラブは、こうした破局的な状況を回避するためには、地球は有限であるという前提の下で経済社会のあり方を考える必要があるとも主張している。この報告書に基づき、同年、国連は「国連環境計画」（UNEP, United Nations Environmental Programme）を設立し、経済成長と環境保護の両立を図ることは、国、NPO、企業すべての責任であるとの主張を行った。

　また、1976年、経済協力開発機構（OECD）は「多国籍企業行動指針」[2]を発表した。これまで4回にわたって改訂されている本指針は、必ずしも環境保護について書かれたものではないが、一般方針を述べた第5章において「持続可能な開発の達成、人権の尊重、現地能力の開発、人的資本の形成、良いコーポ

---

[1]　ドネラ, H.M.他（1972）『成長の限界—ローマ・クラブ「人類の危機」レポート』ダイヤモンド社

[2]　http://www.oecd.org/department/0,3355,en_2649_34889_1_1_1_1_1,00.html

レート・ガバナンスの維持のため企業は行動すべき」と述べている。

また、1992年、ほぼすべての国連加盟国代表が参加し、「国連開発環境会議」（UNCRD、United Nations Conference on Environment and Development)、いわゆる「地球サミット」がリオで開催され、「環境と開発に関するリオ宣言」[3]が発表され、環境保護のため27の原則が謳われた。このリオ宣言で中心となった概念は「サステナビリティ（Sustainability、持続性)」である。例えば、第7原則では「各国は地球の生態系の健全性および完全性を保全、保護、復元するために全地球的に協力する精神で協力しなければならない。地球環境の悪化への関与はそれぞれ異なることから、各国は普遍的だが異なった責任を持つ。先進諸国は、彼らの社会が地球環境にかけている圧力および支配している技術、財源の観点から、持続可能な開発を国際的に追求する上で有している責任を認識する」としている。また、第8原則では、「全人類が持続可能な開発とより高度な生活水準を達成するために、各国は持続不可能なパターンの生産と消費を縮小、廃止し、適切な人口政策を推進すべきである」と規定している。

また、同時に「気候変動枠組条約（United Nations Framework Convention on Climate Change)」および「生物多様性条約（Convention on Biological Diversity)」が合意された。なお、前者は1994年、後者は1993年に発効している。さらに、このリオ宣言を効果的に実現するために「持続可能な開発委員会」（UNCSD, UN Division for Sustainable Development）が設立された。

2　EUにおけるCSR

（1）注目される欧州委員会の動き

上記のような背景の下、EUでいかにCSRが発展し、企業が環境・社会との調和を図ろうとしてきたかを振り返ってみたい。なお、CSRは、EU及び米国において議論が先行している。ただ、米国においては、どちらかというと企業レベルでCSRを導入しようとする動きが強いのに対して、EUにおいては、イ

---

[3] www.env.go.jp/council/21kankyo-k/y210-02/ref_05_1.pdf

第6章　欧州企業のCSRと環境保護

ギリス政府を中心に欧州委員会に働きかけを強めた結果、政策的にCSR導入を支援しようとする動きが強い点で相違する。

　なお、欧州委員会によれば、CSRとは、企業活動において「社会面及び環境面に対する配慮を自主的に業務に統合し、ステークホルダーと交流すること」と定義されている。この場合、「業務」とは資金調達・社員の採用・原材料調達・製造・販売といった企業活動のプロセス全体をさす。すなわち、欧州委員会によれば、CSRとは、こうした企業の伝統的な業務において、環境・社会面に対する配慮を加えることを意味する。従って、利益の一部を寄付するという社会貢献活動、あるいは業務以外のフィランソロピー活動とは異なるものとされる。

　EUにおいてCSRが注目されるようになった2001年7月、欧州委員会はグリーンペーパー「CSRのフレームワークを促進するため」を発表した。これはEUにおいて、「世界で最も競争力があり、ダイナミックな知識基盤型経済」を形成するという「リスボン戦略」において「持続的経済発展と社会的結束の結合」が重視されたことを反映している。このグリーンペーパーは、EUにおけるCSR政策を提案したものである。すなわち、企業内部において、従業員に関する諸問題・環境に対する配慮することの必要性を述べた「内部的側面」と、取り巻く地域社会への配慮（住民の健康など）、取引先、消費者、人権への配慮など「外部的要因」を分類し、それぞれを重視すべきとしている。例えば、内部的側面とは、職場の安全衛生の向上、労働者代表への情報提供と対話の促進などである。また、外部的要因とは、環境や天然資源に与える負荷の軽減、地球規模の環境重視などである。

　このような内容を有するグリーンペーパーには、各種団体・個人などから相当多数の意見が表明されたが、なかには意見対立を呼ぶような内容のものが含まれていた。このため、欧州委員会は、2002年7月、ホワイトペーパー「CSR：持続可能な発展への企業貢献」を発表し、CSRを促進するための枠組

---

(4) http://eur-lex.europa.eu/LexUriServ/LexUriServ.do?uri=CELEX:52006DC0136:EN:NOT

(5) http://ec.europa.eu/employment_social/soc-dial/csr/greenpaper_en.pdf

みを提示した。すなわち、CSRのツールの透明性や統一性の促進、各ステークホルダー（利害関係者）間の共通理解の必要性を強調し、EUレベルでマルチステークホルダー・フォーラムの設立を提唱したのである。このホワイトペーパーに基づき、2002年10月、「CSRに関するEUマルチステークホルダー・フォーラム」[7]が設立されている。これは、欧州委員会が主催し、欧州委員会が議長となり、欧州労連（ETUC）、欧州産業連盟（UNICE）、CSRヨーロッパ、欧州消費者団体、欧州商工会議所、NGOなど大変幅広い多くの団体から構成されるフォーラムである。その目的は、CSRに関し、①経験やグッド・プラクティスに関する情報交換、②EU共通アプローチ・共通原理の確立、③EUレベルで必要とされる分野の特定などを通じ、CSRの取り組みとツールの透明性および統一性を促進することにあった。

　また、その機構は、①フォーラムの目標は構成に関する決定などを担当する「ハイレベル会合」、②テーマ別の議論を行う「ラウンドテーブル」、③ハイレベル会合およびラウンドテーブルの開催準備を行う「調整委員会」から構成されている。さらに上記のラウンドテーブルには、次の4つが設けられている。すなわち、

　　①情報交換を目的とする「知識ラウンドテーブル」、
　　②中小企業におけるCSR促進を目的とする「中小企業ラウンドテーブル」、
　　③CSRの国際的側面を取り扱う（例えば、「フェアトレード」）「開発ラウンドテーブル」、および
　　④CSRの透明性・統一性を議論する「透明性ラウンドテーブル」
である。それぞれのラウンドテーブルでは、欧州委員会の担当総局長が議長を務めることになっている。

---

(6) Communication from the Commission concerning Corporate Social Responsibility: A business contribution to Sustainable Development /*COM/2002/0347 final */

(7) http://circa.europa.eu/irc/empl/csr_eu_multi_stakeholder_forum/info/data/en/csr%20ems%20forum.htm

第6章 欧州企業のCSRと環境保護

（2） イギリスの動き

　さらにEU加盟国のうち、CSRについて最も積極的な動きをみせているイギリスについて概観してみよう。そもそもEUにおけるCSRは、1920年代にイギリスのメソジスト協会が投資対象から「反あるいは非社会的企業」を除外したことが嚆矢とされる。ただ、近年においてCSRの導入に大きな影響を及ぼしたのは、2003年3月、イギリスでCSR担当相というポストが設けられ、かつ貿易産業省のなかにCSR担当部局が設置されたことに始まる。さらに、2004年5月、CSR政策報告書[8]が発表されたが、「CSRは、より広い社会のために、また長期的なビジネスの成功のために重要である。グローバル経済の成長は、世界経済に資するだけではなく、ビジネス活動にとっても、また、人々が関心を有する事項にとってもプラスの影響をもたらす。」とされている。また、同報告書には、政府の優先事項として、次の点があげられている。

　　①EUに対し、国際的に影響力を行使して先進的な役割を果たすことを要請する。ゴールはステークホルダーとともに持続可能な発展の達成に貢献することである。
　　②CSRが成功できるような環境に対する認識を高める。そのための政府の役割は、社会的・環境的に責任ある行動を促進するような政策とその環境を整備することである。
　　③CSRを通常の事業活動の本流に置くようにする。ゴールは、CSRを通常の事業活動に統合するように支えることである。このため、貿易産業省は、CSRアカデミーを組織し、協力機関とともにCSRのフレームワークの開発、CSR企業の事例紹介、CSRセミナーなどを実施する。
　　④より広い賛同者に働きかけ、重要なセクターに取り組む。従来のCSRに取り組んでいる企業だけではなく、認識していない企業にもCSRガイダンスやベストプラクティスを示し、さらに中小企業にも広める。

　その後、2004年7月、英貿易産業省は「CSRアカデミー」を設立し、英企業

---

(8) Corporate Social Responsibility A Government update the Department of Trade & Industry First published May 2004 in UK

第Ⅱ部　EUにおける環境保護

の従業員に対するCSR教育を実施している。

（3）　重要性を増すEUマルチステークホルダー・フォーラム

　再びEUレベルの動きに戻るが、2004年6月、「CSRに関するEUマルチステークホルダー・フォーラム」は「最終報告および勧告」[9]を行った。20カ月に及ぶ議論を踏まえて提出されたもので、その内容は3部から構成されている。この報告書は、EUにおけるCSRに関する議論を包括的に要約したものといえる。

　まず第1部は、OECD多国籍企業ガイドラインなど、欧州を含め国際的に合意されている原理や基準の重要性を再確認することの必要性が述べられ、かつCSRの実行と強化が必要である点が強調されている。また、第2部では、CSRを決定する4つの要因が分析される。①内部促進要因（CSRによって得られる経営上のメリット。例えば、環境効率の向上によるコスト削減効果。）、②外部促進要因（各種ステークホルダーからの圧力。投資家からの評価向上など。）、③障害要因（CSRによるメリットの不確実性。CSR実行に必要な能力不足、コスト増加など。）、④成功要因（ステークホルダーとの信頼形成など。）である。

　また、第3部では、企業のCSR取り組みを促進するため、次のような勧告が行われている。

　　①公的機関やステークホルダーによる中核的価値や原則への意識啓発
　　②CSRに関する情報の収集、交換、流布
　　③CSRに関する知識と行動の調査研究の推進
　　④企業がCSRを理解し取り入れていく能力の強化
　　⑤企業サポート機能の強化
　　⑥教育カリキュラムへのCSRの取り入れ
　　⑦透明なCSR報告、SRI（後述）などCSRのための条件整備
　　⑧ステークホルダー間の対話促進

---

[9]　http://circa.europa.eu/irc/empl/csr_eu_multi_stakeholder_forum/info/data/en/CSR%20Forum%20final%20report.pdf

⑨公的機関およびEUのCSR促進のための役割強化

また、2006年3月、欧州委員会は「成長と雇用のためのパートナーシップ推進：欧州をCSRの極にするために」[10]を発表し、CSRがEUの競争力を高め、持続的な発展を可能にすると同時に、経済成長と雇用創出に寄与するものである点を強調した。さらに、CSRの重要性を再確認するとともに、EUレベルで進捗状況について、定期的なレヴューを行う必要性があることについても主張している。また、2006年12月には、「CSRに関するEUマルチステークホルダー・フォーラム・レビュー会合」が開催され、各ステークホルダー・各国政府・欧州委員会の取り組みについて計269件の紹介がなされた。さらに、2007年3月には、欧州議会において、「企業の社会的責任：新たなパートナーシップ」[11]が決議され、上記したフォーラム最終報告および勧告を尊重することの重要性を訴えた。

なお、2006年3月、ドイツ環境省は「CSR：環境面からの導入」と題する報告書を発表したが、ここには、CSRとサステナビリティの関係が述べられている[12]。すなわち、ミクロ・レベルで「企業市民」として企業がCSRおよび「企業のサステナビリティ」を追求し、社会貢献をなすことがマクロ・レベルのサステナビリティの発展につながると考えられるのである。

ここで、企業と社会とを結ぶツールの一つであるサステナビリティ・レポートについて、若干、触れておきたい。一般に、企業のコミュニケーション・ツールとして、最も重要なものは有価証券報告書あるいは事業報告書であり、

---

[10] Communication from the Commission to the European Parliament, the Council and the European Economic and Social Committee - Implementing the partnership for growth and jobs : making Europe a pole of excellence on corporate social responsibility /* COM/2006/0136 final */

[11] European Parliament resolution of 13 March 2007 on corporate social responsibility: a new partnership (2006/2133) (INI)

[12] http://www.bmu.de/files/english/documents/application/pdf/brochuere_csr_en.pdf # search = 'Corporate Social Responsibility : An Introduction from the Environmental Perspective'

ここでは企業の財務内容について記載されている。加えて、最近では、サステナビリティ・レポート（持続可能性報告書）が重視されるようになってきた。その目的は、社会の信頼を獲得し、ステークホルダーとの対話を行うことであり、内容としては、当該企業の活動について、その経済性、環境性、社会性が記載される。そのことにより、企業の「名声」を獲得しようとするのである。いわば、環境性・社会性に対する支出は、企業の存続・発展を可能にするための投資と認識されているのである。

このサステナビリティ・レポートとは、従来の有価証券報告書、環境報告書、労働安全性報告書、社会貢献報告書などを統合したものであり、その背景には、企業活動は人類の共有財産である地球環境を利用しているという認識がある。すなわち、資源をどのように利用したかについて、社会、あるいはステークホルダーに対して説明責任を有するのであり、サステナビリティ・レポートによるダイアログを通じて、ステークホルダーも企業の意思決定に参加するこが可能となる。

3　CSRとISO26000

（1）　ISOにおけるSR

このようなCSRに関する関心の高まりを背景に、ISOにおいても2001年4月以降、CSRを考慮した国際規格化への取り組みが始まっている。因みに、「国際標準化機構」（ISO, International Organization for Standardization）は1947年にスタートしたNGOで、2009年8月現在、加盟国は162カ国に達している。電気分野を除くあらゆる分野において、国際的に通用する規格や標準類を制定し、財・サービスの貿易を活発化させることを目的としており、本部はジュネーブに置かれている。

これまで1980年代には、品質を保証するためのISO9001を導入、さらに環境保護を目的としたISO14001といった国際規格が制定され、わが国企業もこれらの認証を得るため多大な労力を注ぎ込んできた。なお、2007年12月の時点で、

第 6 章　欧州企業のCSRと環境保護

ISOは1万7041件もの規格を制定してきている。

　なお、このISOには設立当初から、欧州諸国及び欧州産業が主導的役割を果たしてきた。比較的最近の例では、1991年 5 月にISOとCEN（欧州標準化委員会）の間で締結されたウイーン協定などがある。このウイーン協定では、新たな規格を開発する際、ISOとCENとが共同で作業することを規定している。

　このISOにおいては、2000年代に入ると、社会的側面及び環境的側面を重視した規格を制定するための準備会合が繰り返された。その結果、2005年からは、こうした目的に沿った国際標準を制定すべくワーキング・グループをスタートさせた。その過程において「社会的責任に関する作業報告書」[13]がまとめられ、2004年 4 月に発表されている。なお、ISOにおいては、企業だけではなくすべてのステークホルダーが社会的責任を負うべきであるとの見解から、CSRではなく、Cを取り除いたSRという用語が用いられている。

　その後、多くの会議を経て、2009年 5 月にはカナダのケベックにおいてISO第 7 回総会が開催され、事前に公表されていた国際規格原案作成のためのコメントについて検討が加えられた。2009年秋から2010年前半にかけ、これらのコメントを考慮したうえで、最終規格原案が作成され、2010年 9 月にもSRに関する新たな規格「ISO26000」が正式に発行される予定となっている。

（ 2 ）　2010年にも発行するISO26000

　現段階で決まっている概要は次の通りである。まず第 1 に、ISO26000のSRによれば、すべてのステークホルダーは、経済的側面、環境的側面及び社会的側面を重視すべきであることが明確に述べられている。また第 2 点は、既述したように、あらゆるステークホルダー（企業、病院、NGO、自治体、政府機関、大学など）を対象としていることである。

　第 3 は、第三者認証を目的とせず、あくまでガイダンス（指針文書）にとどめるということである。この点は第三者認証が必要とされるISO9001シリーズ

---

[13]　http://iso26000.jsa.or.jp/_files/doc/2004/sagrecommendation.pdf#search='working report on social responsibility developed by the ISO advisory group on social responsibility'

や、ISO14001シリーズとは大きく異なる点である。従って、要求事項に関する文は、ISO9001あるいはISO14001で表記されている"shall"、すなわち「しなければならない」ではなく、ISO26000においては"should"、すなわち「することが望ましい」、あるいは「するのがよい」と表現されている。

　なお、ISO9001あるいはISO14001などにおいては、ステークホルダーは、環境保護・品質改善などを目指した生産プロセスを第三者認証機関に認定してもらい、その結果、認定証を取得することができる。環境に優しい製品、あるいは高品質を有する製品を供給している証しであり、同じ認証を取得した企業との取引を拡大することが期待されている。

　2008年12月に公表されたISO26000原案（委員会原案、Committee Draft。"CD"と称されている）は、次の7つの章から構成されている。
　　第1章：適用範囲
　　第2章：用語・定義
　　第3章：SRの理解
　　第4章：SRの基本原則
　　第5章：SRの認識及びステークホルダー・エンゲージメント
　　第6章：SRの主題に関するガイダンス
　　第7章：SRの実施に関するガイダンス

　例えば、第6章においてSRの主要な課題として挙げられている点のうちの一つは、環境的側面である。すなわち、汚染防止、持続可能な消費、気候変動への対応、生態系の維持などが指摘されている。また、こうした課題に応えるため、組織のガバナンス、すなわち、法令遵守、透明性、説明責任、倫理的行動、ステークホルダーの関心事に対する認識などが重要とされている。

　また、このISO26000は第三者認証がないため、規格の信頼性を担保するため重視されているのが第5章で述べられているステークホルダー・エンゲージメントという概念である。すなわち、当該の組織は、活動のあらゆるプロセスにおいて、ステークホルダーとの間で積極的なコミュニケーションをなすべきとしているのである。その際、SR（あるいはCSR）担当者が担当すればよ

いというのではなく、トップから現場スタッフまでが不断にステークホルダーとの対話を行うことにより、組織全体が対話する必要があるとしている。

4　CSRとSRI

（1）　拡大するSRI

　これまで述べてきたように、EU及び欧州企業においては、環境さらには社会的側面を重視したCSRが普及しつつあるが、一層の広がりを可能とするためには、CSRについて積極的に取り組む企業に対する資金の流れを促進することも重要と思われる。この点で注目されるのは、SRIである。SRIとは社会的責任投資（Social Responsibility Investment、あるいはSocially Responsible investment）のことであり、企業の財務的指標とともに社会的指標、例えば、環境、社会、倫理などを基準とした投資行動を意味する。すなわち、CSRを重視した企業を顧客のみならず金融市場が評価し、こうした企業の株式を優先的に購入しようというものであり、CSRとSRIは相互補完的な役割を果たす。その結果、当該企業の経営は安定すると考えられるのである。

　このような内容を有するSRIは、近年、急速に拡大しつつある。因みに、欧州におけるSRI関連金融機関から構成される「欧州責任投資フォーラム」（Eurosif）の「2008年欧州SRIスタディ」[14]によれば、2007年末時点で欧州SRIの総運用残高は2兆6,654億ユーロに達しており、2005年末対比で85.5％増となったとのことである。このため、欧州資本市場でCSRは企業評価において一段と重要性を高めつつあると考えられる。

（2）　わが国への示唆

　最後に、わが国におけるCSRと欧州におけるCSRを対比しておきたい。近年、わが国企業においてもCSRの重要性が強く認識されるようになり、様々なツールによりCSR活動が紹介されている。事実、大企業のホームページには、必ず

---

[14]　http://www.eurosif.org/publications/sri_studies

といってよいほど、CSRあるいはサステナビリティ・レポートがリンクされるようになっている。ただ、それらは、活動の内容がディスクリプティヴに紹介されているだけであり、SRIの対象となるようなデータに関しては十分に表記されていないことが多い。この点で、財務諸表とは大きな差があり、必ずしもアカウンタビリティが高いとはいえない。

　また、重要な点は、このところ「中だるみ」あるいは「伸び悩み」を感じさせることも多い。ただ、諸外国、とりわけ欧州企業においては、ISO26000などを通じて、自主的に環境及び社会に対する配慮を重要視する姿勢が強まりつつある。また、SRIを通じて、そのような企業に対する投資が拡大しつつある。SRIについては、未だ解消すべき課題も多い。財務諸表のように、統一された様式が存在しないこと、虚偽あるいは誇張された記載に対する罰則規定が存在しないことなどである。ただ、このような制約があるにしても、企業は経済的側面に加えて、自主的に環境・社会的側面をも考慮し、バランスのとれた経営を行うことが期待される。

（参考文献）

山口光恒（2000）『地球環境問題と企業』岩波書店。
三橋規宏（2001）『地球環境と企業経営』東洋経済新報社。
岡本享二（2004）『CSR入門』日本経済新聞社。
足立英一郎・金井司（2004）『CSR経営とSRI』金融財政事情研究会。
藤井敏彦（2005）『ヨーロッパのCSRと日本のCSR』日科技連出版社。
足立辰雄（2006）『環境経営を学ぶ』日科技連出版社。
谷本寛治（2006）『CSR企業と社会を考える』NTT出版。
梅田徹（2006）『企業倫理をどう問うか』日本放送出版協会。
豊澄智己（2007）『戦略的環境経営』中央経済社。
首藤恵（2004）「英国における社会的責任投資の展開──日本への示唆」『証券アナリストジャーナル』Vol.42。
首藤恵・竹原均（2007）『企業の社会的責任とコーポレート・ガバナンス』早稲田大学ファイナンス総合研究所。
労働政策研究・研修機構（2007）「諸外国において任意規範等が果たしている社会的機能と企業等の投資行動に与える影響の実態に関する調査研究」、『労働政策研究報告書No.88』。

河口真理子（2008）『サステナブル・インベストメント最新動向』大和総研経営戦略研究所 Consulting Report.

第7章
「ベルリンの壁」崩壊の頃の中東欧諸国の環境問題

佐藤孝則

1　環境問題の概観

　現在、EUを構成する国は27カ国。そのうち、いわゆる「ベルリンの壁」崩壊（1989年11月9日）に伴って社会主義体制を放棄し、資本主義体制に組み込まれた国および新たに生まれた国は、エストニア、ラトヴィヤ、リトアニア、ポーランド、チェコ、スロヴァキア、ハンガリー、スロヴェニア、ルーマニア、ブルガリアの10カ国（旧東ドイツを除く）で、これらは2004年以降に加盟した中東欧諸国である。これらの国々は、EU加盟を契機に、環境対策を重視する経済体制を整えた。というよりも、厳しい環境対策や関連法の整備がEU加盟の条件だったからである。もちろん、環境関連の対策や法整備をクリアすることは、容易だった訳ではない。EUが求めるさまざまな環境基準は、実に厳しいものだった。

　現在、EUに属する旧社会主義国は、「ベルリンの壁」崩壊後、雪崩を打ったように社会主義体制から離脱し、EU加盟を急いだ。ソ連を頂点とする社会主義体制からの脱却を心待ちにしていた旧東欧の国民が、公害や自然破壊といった環境問題の現状に不安と不満を抱いていたことも、体制崩壊の背景にあった。それは、1980年代初頭、ハンガリーで起きたダム建設にともなう大規模な反対運動に象徴される。詳細は後述するが、この環境保護運動がハンガリーの強権的な政治体制に楔を打ち込む結果となり、東ドイツの住民をハンガリーからオーストリアへ逃亡させることができた。このことが、結果的に「ベルリンの

第7章 「ベルリンの壁」崩壊の頃の中東欧諸国の環境問題

壁」を突き崩し、ドイツの東西統一（1990年10月3日）を促したのである。

　当時のハンガリー共産党の指導者は、「環境破壊は資本主義的な産業、市場で利益を得るための自然の開発によって引き起こされ」、「環境問題は社会主義国では起こらないだろう」と考えていたという（川名, 2008）。しかし実際はそうではなく、著しい環境破壊に苛まれた国民の怒りが、社会主義体制を崩壊へと導いた事実が垣間見えてきた。

　本章では、EUを構成する中東欧諸国の環境対策が「ベルリンの壁」崩壊前はどのような状況だったか、またその後はどのように変化したかについて紹介する。とくに中東欧諸国の大気汚染、水質汚染、土壌汚染、自然破壊の四つの視点から紹介する。これは、中東欧諸国をEUにおける一つの地域と考え、この地域で起きた環境問題の歴史について考察するためである。したがって、EU全般の環境対策を詳述し、また最先端の環境修復技術を紹介することは、本章の目的とするところではない。

　なお、本稿における「中欧」は、沼野（1996）が定めたポーランド、チェコ、スロヴァキア、ハンガリーの4カ国を範疇とした。さらに歴史的背景から、バルト三国（エストニア、ラトヴィヤ、リトアニア）も本稿の「中東欧」の範疇に加えた。

2　「大気汚染」問題

（1）　バルト三国の大気汚染

　1990年3月30日、エストニアはソ連からの独立を宣言したが、認められず、翌年9月6日になってやっと、ラトヴィヤ、リトアニアとともに独立を勝ち取ることができた。この国の東北部ではオイルシェール（油分を含む頁岩）が採掘されることから、これを燃料に稼働していた発電所や化学工場からの排煙が、大気汚染の大きな原因としてクローズアップされた。

　ラトヴィヤの首都リガは、バルト三国の中では最も化学工業が盛んだったため、工場由来の大気汚染は極めて深刻だった。また、車による排ガス汚染も、

同様に、深刻な状況だった。しかし、リトアニアとともに、硫黄酸化物（SOx）の排出量を1989〜2000年にかけておよそ85％削減したということで、EUからの期待は大きかった（川名, 2008）。ちなみに当時、中東欧の中で硫黄酸化物削減率の最も高かったのは、上位からチェコ、リトアニア、ラトヴィヤの順だった。

　一方、リトアニアが独立してリトアニア共和国となって最初に実施した行政機構の再編は、「環境保護省」の新設だった。リトアニアの環境問題がいかに深刻だったかは、この「環境保護省」の新設からもわかる。そのような社会主義体制の下、劣悪な状況に陥った環境汚染問題を根本的に見直すため、1991年には「環境汚染防止税」と「天然資源税」の二つの環境税を導入し、1992年1月には包括的な「環境保護法」を制定した後、この法律をもとに「大気清浄法」、「廃棄物処理法」、「森林保護法」、「バルト海汚染防止法」、「水資源法」など、待っていたとばかりに環境関連法を次々と制定させた（川名, 2008）。ちなみに、この年の6月、ブラジルのリオデジャネイロで「地球サミット」が開催されたように、世界各国の首脳が環境問題に非常に関心を高めた時期だった。

　さまざまな環境関連法の制定は、バルト三国が環境問題にいかに高い関心をもっていたかを示しただけでなく、ソ連からの影響力を極力排除し、EU加盟を早く進めたいという強い願望が、EUが定めた環境対策の高いハードル越えを促したのではないか。どちらかと言えば、バルト三国は国内経済の発展をEU加盟後に託し、加盟に至るまでのロードマップの作成と実践を優先していたように思われる。

　EUがリトアニアの加盟にともなって懸念していたのは、同国内のイグナリナ原子力発電所の存続問題だった。1984年から稼働を始めた第1号基、第2号基の発電を停止させ、建物の閉鎖・解体を加盟の条件としていた。それに対して、リトアニアは見返りとして火力発電所建設に伴う資金援助を要求したが、EUの対応は厳しく、小額援助の回答にとどまった。イグナリナ原発は出力300万キロワットで、リトアニアの消費電力の80％をカバーしていたほか、ラトヴィアなどへも電力を輸出していたほど利用価値は高かった（川名, 2008）。それで

も、リトアニア政府がイグナリナ原発を放棄しようとした背景には、当時の政府が進めようとしていたチェルノブィリ原発と同じタイプの第3号基建設に国民が強く反対し、後述する「人間の鎖」を通して建設中止に追い込んだ環境保護への強い期待感があったからである。明らかに、原発に対する強いアレルギー反応がその根底にあったようだ。

　2004年5月1日、リトアニアを含むバルト三国は念願のEU加盟を果たした。そしてその年の12月31日、イグナリナ原発の第1号基はまず閉鎖されることとなった。

（2）　ポーランドの大気汚染

　第二次世界大戦後に制定されたポーランドの新しい憲法は、「ポーランド人民共和国は自然環境の保護と合理的な開発を確実にする」（第13条）とし、市民は「自然を保護する義務によってもたらされる利益を得る権利を持つ」（第71条）と定めている（川名，2008）。戦後間もない時期に、憲法で自然保護政策を国の義務として定めたことは、画期的なことといえる。しかしその後、工業化に伴う大気汚染など、環境破壊の高波が美しい景観を誇るポーランドに押し寄せたことは残念なことである。

　社会主義体制の一翼を担ったポーランドでは、1960年代になると、燃やすと大量の硫黄酸化物を排出する自国産の低質な褐炭やリグナイトを用いた石炭火力発電所が稼働し、エネルギー生産と、そのエネルギーを活かした重化学工業の発展を支えてきた。そのほか、一般住宅や地域の暖房用エネルギーとしても低質炭は使用された。褐炭やリグナイトが実にエネルギー供給量の76％を賄っていたのである（岩田，2008）。

　発電所や工場などから排出される硫黄酸化物や窒素酸化物（NOx）、粉塵などが大量に放出されると、大気を汚染し、国民に呼吸器系疾患をもたらすことは既に知られていた。南部のシレジアは工業化にともなって大気汚染が危機的状況に陥っていた（川名，2008）。とくに、ポーランド、旧東ドイツ、チェコの国境付近を囲む「黒い三角地帯」（次頁参照）は、旧東欧諸国が相乗効果を高め

第Ⅱ部　EUにおける環境保護

図7-1

1980年代、ヨーロッパ最悪の環境汚染地域だった「黒い三角地帯」。この図は川名（2008）に基づいて作成。

るために拠点化した「重化学工業集中地帯」で、当時の環境汚染は日本に勝るとも劣らないほど深刻な状況だった。それでも、ポーランドにとっての汚染被害は自国の汚染物質によるものだけではなく、越境汚染によるものも多く、その因果関係は複雑で特定が困難である。ただ、結果として甚大な被害を受けるのは、詳細を知らされていない当該地域の住民であることは言をまたない。

　一方、車による排ガス問題も深刻だった。ポーランドでは1980年代になると車の所有台数が急速に増え、1980年以前の200％増となった（岩田, 2008）。その当時の車は、西欧で使われていた触媒コンバーター装備（排ガス中の有害物質を無害化する装置）車のおよそ100倍の有害物質を大気中に放出する車だったことも、大気汚染を深刻化させていた1つの原因だった。

　また大気汚染物質は酸性雨被害をもたらすことも知られている。硫黄酸化物や窒素酸化物が大気中へ大量に排出される地域では酸性雨が降りやすい。そのため「黒い三角地帯」に含まれるズデーティ山地の森林では樹木の枯死が著し

く、土壌の酸性化によって樹木が育たない深刻な土壌汚染が進行した。ポーランド政府は1980年代初頭から「黒い三角地帯」での植林を推し進め、2007年の段階でも、国土の森林面積を28％から30％にまで増やす計画を実施し、土壌改良も併行して進めている（川名，2008）。

（3） チェコ、スロヴァキアの大気汚染

1990年1月1日、新生チェコスロヴァキアの大統領に就任したバーツラフ・ハベルは、「われわれの祖先がわれわれに残してくれた土地や川や森をわれわれは損ない、今日われわれは全ヨーロッパで最悪の生活環境を享受しています。わが国の成人はヨーロッパの大部分の国より早く死んでいくのです」と、悲痛な思いで年頭の挨拶をした（松岡，1990）。"公害実験国"の日本に勝るとも劣らないヨーロッパ最悪の環境汚染と、著しい健康被害を発生させた社会主義政権下の負の遺産に対して、ハベル新大統領は率直に感想を述べたのである。この年頭挨拶は決して誇張ではない。西欧諸国からは予測できなかったほど汚染された自然環境の中で、新生チェコスロヴァキアはスタートしたのである。もちろんこの国だけではない。旧東ドイツやポーランド、ハンガリーなどの旧東欧諸国はほとんど同じ状況だったのである。

チェコとスロヴァキアは、ポーランドなど計9カ国と一緒に、2004年5月、EUに加盟した。加盟にさいして最もハードルが高かったのは負の遺産への環境対策といわれている。

1950年代初頭から1980年代末の「ベルリンの壁」崩壊までの期間、旧東欧の社会主義国は公害と自然破壊に悩まされ続けてきた。1990年代初頭からチェコとスロヴァキアがそれぞれ独立する1993年1月までの数年間、チェコスロヴァキアは51もの環境法の制定と改訂をおこなった（川名，2008）。しかし、ほとんどがEU基準に適合しなかったため、両国は独立後さらに厳しい環境基準の制定と改訂を迫られた。幸か不幸か、「ベルリンの壁」崩壊後は旧東欧諸国の"公害垂れ流し"工場は稼働しなくなり、経済も衰退したことによってさらに不況となり、環境問題は小康状態に入った。ただ経済を発展させるため、また是が

非でもEU加盟を果たしたいという思いから、EU基準適合に向けた法改正が一層進められた。もちろん法改正だけではなく、汚染そのものも実際に改善しなければならなかった。その努力が結果的に、チェコやスロヴァキアの環境対策の改善につながったと考える。ちなみに、EUが定めたおよそ300の環境法と関連規則に国内法や関連規則を適合させないと、EU加盟は困難だったのである。

　独立前のチェコスロヴァキアは、ポーランドと同様、褐炭を用いた石炭火力発電所の建設と重化学工業化を強く推し進めていた。その場所は「黒い三角地帯」で、この地域のチェコスロヴァキア側では1950年代以降1980年代末までの期間に、およそ40の火力発電所、化学工場、金属精錬工場を稼働させ、大量の硫黄酸化物をそのまま排出させていた。そのため、ボヘミア北部の森林は酸性雨被害が甚大で、樹木はほとんどが枯死した。同国は1967年に既に「大気汚染防止法」を制定していたが、1988年には280万トンの二酸化硫黄を大気中に排出するまでに至っていた（織, 1992）。硫黄酸化物を大量に排出する褐炭やリグナイトを燃焼させて生まれたエネルギー量は全体の55％（1989年データ）を占め、そのうちの78％は電力供給源だった（岩田, 2008）。石炭火力発電所に脱硫装置が設置されたのは1990年代になってからのことで、日本よりも20年ほど遅い普及だった。ボヘミアの美しい森林は酸性雨によって見るも無惨な状態となり、いたるところにできたぼた山が悲惨な姿をさらけ出していた（加藤, 1991）。

（4）旧東ドイツの大気汚染

　「ベルリンの壁」が崩壊した1989年当時の旧東ドイツは、原子力発電所と火力発電所でほとんどのエネルギーを賄っていた。しかし、ルブミン原子力発電所が1979年に完成したにもかかわらず、電力供給の85％は依然として褐炭とリグナイトの低質炭を利用した石炭火力発電所に依存していた（岩田, 2008）。また南部の工業都市、ビッターフェルトには石炭火力発電所など重化学、精密機器などの工場群が多数あり、ここでも褐炭を中心にしたエネルギー生産がおこなわれていたことから、周辺住民に喘息患者が多発した（川名, 2005）。

　石炭火力発電所には3つの問題点があった。1つは集塵装置が設置されてい

なかったために灰分と浮遊粒子状物質を98％以上除去できなかったこと、二つ目は硫黄酸化物を除去する脱硫装置が全く設置されていなかったこと、三つ目は煙突を高くしたことによって工場周辺のみならず郊外にも大気汚染を拡大させたことである（岩田, 2008）。

さらに大気汚染の元凶として挙げられているのは、東ドイツ製の車、トラバントである。2ストロークエンジン搭載のこの車は、「ベルリンの壁」崩壊のころ走っていた西欧の排ガス規制車に比べると、およそ100倍の一酸化炭素排出量だったという（山本, 1990）。それでも、この車は東ドイツで350万台、ハンガリーで60万台が走っていたほど大人気の大衆車だった。

筆者はソ連崩壊直前の1991年4月下旬から5月中旬にかけて、ソ連科学アカデミー極東支部研究者との共同研究でウラジオストクを訪れていた。その時に、市内や郊外を走るトラバントを数多く見た。道路脇でボンネットを上げてエンスト停車していたトラバントも多く見た。当時はまだ日本車は少なかったが、中古でも日本車の燃費と性能が良いことは極東地域で既に知られていた。そして、1997年も同時期に共同研究でウラジオストクを訪れたが、ほぼ同じ場所で同じように観察したところ、70％以上が中古の日本車で、トラバントを見ることはほとんどなかった。

ポーランドのシレジアやチェコスロヴァキアの北ボヘミア同様、二つの国と接する旧東ドイツのザクセン地方でも、一般家庭や公共機関などでは低質炭が暖房用などに使われていた。ちなみに、1980年代末に排出された二酸化硫黄（SO_2）は、ポーランド、旧東ドイツ、チェコの三国を囲む「黒い三角地帯」で、旧東欧全体の20％ほど（年間約300万トン）が排出されていた。

ハーゼル（1996）によると、大気汚染による酸性雨被害は、ドイツでは既に19世紀の工業化のなかで起きていた。中心地域（ルール地方やオーバーシュレージェン地方）では甚だしい大気汚染が起きたため、森林への被害が甚大になった。被害は、最初は木の葉に異変が現れ、樹木はしだいに成長が遅れ、最後は枯死するパターンだった。19世紀後半になると、ザクセンなどの工業地帯から排出される煙害によって、周辺域の森林に酸性雨被害が拡大したという。また、

ネルソン（Nelson, 2005）は旧東西ドイツが統一した翌年の段階でも、旧東ドイツの森林被害の3分の2はチェコスロヴァキアからの越境汚染が原因だったと報告した。このように、酸性雨被害をもたらす汚染物質は、国境に関係なく国家・地域間を移動していたのである。
　もちろん、酸性雨被害は決して旧東欧地域だけで起きていたわけではない。旧西ドイツ時代のシュヴァルツ・ヴァルト（黒い森）でも、1970年代から被害が目立ちはじめ、1982年ころには「このままでは10年後に黒い森は消滅する」と訴える市民が出てきたほどだった（今泉, 2003）。それはちょうど、旧西ドイツに「緑の党」が誕生したころのことで、この党もシュヴァルツ・ヴァルトの保護運動を一つの大きな柱として位置づけていた。

（5）　ハンガリーの大気汚染

　ハンガリーは、ポーランド、旧東ドイツ、チェコスロヴァキアの三カ国に比べて石炭への依存度は低かった。1980年代初頭には石油・天然ガス、原子力発電へとエネルギー源をシフトさせていた。そして、1987年までには、エネルギー生産を原子力38％、石炭31％、石油・天然ガス約30％、水力1％以下へと石炭（褐炭やリグナイト）の依存を相対的に低下させ、1989年にはおよそ24％にまで減少させた（岩田, 2008）。それでも、シフトする時期が遅かったため、1980年代末でも人口の44％余りが大気汚染に苦しめられていた。
　ブダペストの北東175kmに位置するミシュコルツには、火力発電所、製鉄所、化学工場、金属精錬工場など大規模施設が10カ所あった（川名, 2008）。これらの施設では主にエネルギー源として褐炭が使われ、公害対策もほとんどおこなわれなかった。そのため、硫黄酸化物による大気汚染は深刻な状況にあった。ここでは、とくに冬になると大気層の逆転現象が起き、硫黄酸化物が地表面に滞留するため、重篤な呼吸器疾患の症状が地域住民に現れたりした。
　1982年、大気汚染に悩まされていた住民が、同国内で初めて、公害反対グループを結成した。その後「ベルリンの壁」が崩壊すると、旧東欧諸国の公害発生型大規模施設は規模を縮小し、公害そのものを減少させたが、ミシュコル

ツでは一部の施設が残り、大気汚染物質を放出していた。そして1993年2月、再び大気の逆転現象が起きたため、学校が臨時休校に追いやられたという。

また、ポーランド同様、車による排ガス問題も深刻だった。ハンガリーでも1980年代になると車の所有台数が急速に増え、1980年以前の75％増となった。西欧で使われていた触媒コンバーターを当時の車は装備していなかったため、大気汚染は深刻化していた。

(6) その他旧東欧諸国の大気汚染

ブルガリアやルーマニアは、ハンガリーの場合と同様、石炭への依存度はおよそ24％と低かった（岩田，2008）。むしろ、ルーマニアの大気汚染と酸性雨による森林被害の方が深刻で、その原因は火力発電所やセメント工場、化学工場などからの二酸化硫黄の大量排出だった。

3 「水質・土壌汚染」問題

(1) バルト三国の水質汚染

エストニアは、社会主義体制のころは汚染水をバルト海へ直接垂れ流していた。しかし1992年にはフィンランドからの投資を受け、高濃度水質汚染の都市下水と工場排水の浄化処理施設を建設し、下水や排水を良質な水に改善する事業を実施した。

1960年代以降のバルト海は、バルト三国をはじめソ連、ポーランド、デンマーク、スウェーデンなど周辺国から工場排水や農業排水が大量に流入し、海底に堆積した有機物の分解によって硫化水素（H_2S）が発生するなど、最悪の状態となっていた（川名，2008）。そのため、1974年、沿岸7カ国は「バルト海洋環境保護条約」を締結した。そして、後述するように、1988年に起きた北海のアザラシ大量死に対して、1989年9月にはバルト三国の住民がバルト海沿岸に集まり、バルト海汚染についての抗議行動を起こした。その後、1992年3月に沿岸国による「環バルト海諸国評議会」が発足し、バルト海の再生プロジェ

クトが関係する国々で始まった。

(2) ポーランドの水質汚染

ポーランドの水質汚染は深刻である。ポーランド政府は水質基準を四つのレベルに分けた。「水道に使用可能」をⅠ、「農業に使用可能」をⅡ、「工業用水に使用可能」をⅢ、そして「工業用水としても使用不可能」をⅣとした。水質検査を始めた1964年時点でのレベルⅠは全体の32％だったが、社会主義体制崩壊後の1996年でも水質悪化はとまらず、4.8％にまで低下した（川名，2008）。

さらに同国を流れる全河川のおよそ3分の2が、レベルⅢあるいはⅣという状況だった。これは飲料水の確保もままならない最悪の状況だったことを示している。それは低い下水道普及率と未規制の工場排水が大きな原因だった。もちろん、未規制の工場排水は水質汚染をさらに促していた。重化学工場の排水のみならず農業排水、石油の漏出などによっても河川の水質悪化は進んだ。

ポーランドは全世界で生産される亜鉛のおよそ40％を生産するほど、鉱業に力を入れている（川名，2008）。北部の湖沼地帯へ流入するビスワ川流域にシレジア鉱工業地帯がある。ここからは未処理の排水がビスワ川へ流れ込む。また、主要河川の一つオドラ川は、チェコスロヴァキアから流れ込んでくる時点で既に汚染が進み、ポーランドへ入ってもさらに亜鉛、カドミウム、鉛、水銀といった重金属汚染が加わる。両河川とも、最悪の汚染状態でバルト海へ流れ込むことになる。バルト三国の項で述べたように、バルト海が「死の海」と化したのも頷ける。1980年～1990年初頭にかけて、グダニスク地域のバルト海に面したビーチと海浜リゾート地が閉鎖を余儀なくされたことも、汚染状況を証明する事実として挙げられる（岩田，2008）。

ポーランドを流れる河川の大規模汚染は、1950～1960年代の新規工場建設に伴って始まった。廃液垂れ流しは年を経るごとに増加し、上述したように、飲料水はもちろんのこと、工業用水としても利用できないほど河川の水質汚染は悪化・深刻化していた。汚染水は工場から直接河川へ流入する場合もあるが、工場周辺の汚染物質が雨水とともに地表を流れて河川へ流入する場合と、浸透

して直接地下水へ染み込む場合とがある。それらが原因となって、飲料水や工業用水の不適格を招いたのである。ちなみに、この国を流れる河川の99％は何らかの汚染によって水質が悪化し、そして井戸水のうち農村地域の66％、都市地域の55％は飲料水としても不適格となっていたという（岩田, 2008）。

（3） その他旧東欧諸国の水質汚染

　チェコスロヴァキアでは1980年代初頭のころ、汚染はまだ河川全体の30％余りだったが、1980年代末になると河川全体の70％にまで増え、そのうちの27％はすでに魚も生息できない状況だったという。そこで政府は、工場に排水処理施設を建設するよりも、汚染物質を垂れ流す工場、たとえばパルプ工場を閉鎖させた方がコストは安いと判断し、閉鎖を命じた工場も多かったという。

　ハンガリーでは、1980年代に入っても、人口10万人以上の都市でさえ下水処理施設はほとんど整備されておらず、生活排水や汚水は河川へそのまま垂れ流されるのが一般的だった。また、同国にある3,200のコミュニティーのうち1,000カ所以上で使われていた飲料水には、基準値以上のチッ素が含まれていたという（岩田, 2008）。またバラトン湖近くの村では、旧ソ連軍の基地周辺の燃料貯蔵庫から燃料が8、9年間漏れ続け、撤退時には残った燃料を未処理にしたため、地下浸透して地下水が全く使えなかったという（川名, 2008）。

　ルーマニアにおいても同様で、調査された41地域中39地域で基準値以上のチッ素が含まれていたという。そのような状況であっても、国民には情報は知らされず、そのまま飲料水として使われていた。また、同国の河川全体のうち61％がさまざまな汚染物質に曝されていたという（岩田, 2008）。

　2000年1月、ルーマニア北部の金精錬所で猛毒のシアン化合物が大雨によって流れだし、オーストリア東部を流れるティサ川に流入した。流入したシアン化合物は12日間かけてハンガリーを通り抜け、旧ユーゴスラヴィアに入ってドナウ川へ流入し、最後には黒海に流れ込んだ。その間、淡水魚は大量死し、ハンガリー市民の飲料水をも奪う結果となった。観光客は激減し、淡水漁業にも甚大な影響を与えた。

ブルガリアも、国内河川の75％が汚染に曝されていたという（岩田, 2008）。

（4）旧東欧諸国の土壌汚染

「黒い三角地帯」の一角に位置する旧東ドイツのザクセンでは、褐炭の天然堀採掘現場や鉱工業地域での土壌劣化は著しく、地盤沈下の原因ともなっていた。また、南ザクセンとチューリンゲンのウラン鉱山からの放射性物質の汚染も深刻だった。さらに、旧東欧諸国に駐留していたソ連軍の軍事基地も土壌汚染が著しく、撤退後にその事実が明らかにされた。

ポーランドの農耕地汚染も深刻な状況にあった。とくに鉛汚染は著しく、全国的に広がっていた。この国最大の工業都市、カトヴィッチェ周辺の農作物には鉛のほか水銀やカドミウムなどの重金属が含まれており、人体に著しい影響が及ぶ状態だった。

ポーランドとユーゴスラヴィア以外の旧東欧諸国は、第二次世界大戦後、農業の集団化と大規模農業方式を採用した（岩田, 2008）。そして大型農機具が畑に導入されたことによって畑の土壌は踏み固められ、団粒構造は貧弱になった。また、土壌の酸性化、アルカリ化などさまざまな要因によって農地そのものが耕作地として不適格になっていた。農耕地の劣化は当時の旧東欧諸国では深刻な問題となっていたのである。

ハンガリーでは1990年代初頭の調査によると農地のおよそ40％が劣化し、チェコスロヴァキアでは農地の54％（1980年代中頃）、ブルガリアでは農地のおよそ54％（1990年代初頭）が土壌浸食したため、農耕地として十分な収穫は期待できなかったという（岩田, 2008）。

アルバニアでは共産党政権が樹立される前から樹木伐採による土壌浸食は著しく、計画経済が進められてからも家畜の過放牧や不適切な耕作などによって土壌浸食は深刻化を極めた。そのような経験から、同国では1951年から1988年までの期間、20万haの植林地が拡大されることになった（岩田, 2008）。

ルーマニアも深刻で、化学肥料や農薬などによる硝酸塩、重金属、ガソリン、硫黄酸化物、殺虫剤などの土壌汚染が報告されている。1989年以前、同国の農

地の3分の1に相当する750万haが何らかの汚染に曝されていたという。

4　「自然保護」問題

(1) バルト海で起きたアザラシの大量死

　バルト三国の西部やポーランドの北部には、水深およそ45mの浅いバルト海が広がる。この海には入り江や湾が数多く、およそ250本の川がこの海に注ぎ込むほど豊かな森に取り囲まれている。また、およそ7,000万人がこの海の周囲で生活している。そこでは、豊富な森林を利用したパルプ工業や重金属を利用した金属化学工業が長く操業を続けてきた。そのため、バルト海は周囲の国々からの排水によって水質が著しく悪化した。そして1960年代には海底に大量の有機物が堆積し、そこから硫化水素が発生するなど、海洋生物にとって生息困難な水質環境に変貌していた。そこで、1974年3月、ソ連（バルト三国を含む）とポーランド、東ドイツ、西ドイツ、フィンランド、スウェーデン、デンマークの沿岸7カ国が「バルト海洋環境保護条約」を締結したが、汚染はその後も拡大し、バルト海はいつの間にか「世界で最もよごれた海」と称されるまでになった。

　バルト海の海水は北海に比べると低温でほとんど循環しない。そのため一旦海に入った海水はバルト海を出るまでに20～30年を要するという。それは汚染物質がバルト海で長期滞留すること意味する。つまり、一度汚染物質がバルト海に流入すると、何年も滞留して海洋生物に甚大な被害を及ぼすことになる。なかでも最も深刻なのはPCB汚染で、以前から海洋性鳥獣類に深刻な影響を与えていた。とくに、1988年にバルト海で起きたハイイロアザラシ、ワモンアザラシ、ゼニガタアザラシの大量死は、「北海の大量死」とも密接に関連していると考えられている。

　コルボーンら（1997）によると、1988年、北海の沿岸で、1万8,000頭に及およぶゼニガタアザラシなどのアザラシ類が、口から血を流して死んでいるのが見つかった。その数はこの地域に生息する個体数全体のおよそ40％を占めたと

いう。この年の4月中旬、スウェーデンとデンマークに挟まれたカッテガット海峡（バルト海への入口）に位置するアンホルト島の海岸で、初めてアザラシの死体が打ち上げられた。発見されたのは砂浜で、成獣と流産した胎児の死骸ばかりだった。ここでの発見を皮切りに、6月にはノルウェーとデンマークの間のスカッゲラック海峡の海岸で、7月にはオスロのフィヨルド沿岸で、8月初頭にはイギリスの東海岸一帯で、そして9月までにはスコットランド北端の沖合に浮かぶオークニー諸島やスコットランド西海岸、さらにはアイルランド海の沿岸域にまでアザラシの死体が累々と打ち上げられた。これらのアザラシを検視した微生物学者で獣医でもあるオランダ人のアルバート・オスターハウスは、大量死は犬のジステンバー・ウイルスに近縁なウイルスに感染したのが原因だと結論づけた。そしてコルボーンら（1997）は、汚染されたバルト海のニシンをほぼ2年間与え続けたアザラシが免疫機能の低下とウイルス感染による抵抗力の弱化を示したことを、大量死の理由の1つに挙げている。

　アザラシの大量死と直接的な関わりはないものの、翌1989年8月23日、バルト三国に住む数千人の市民がバルト海の沿岸に集まり、バルト海の汚染状況に対する抗議と改善策を求める行動に出たことは、周知の事実である。

（2）　バルト三国の自然保護

　エストニアは、ラトヴィヤ、ロシア、バルト海の三方に囲まれた国で、国土のほとんどは比較的平坦な地形。森林面積は全体の37％ほどで、波打つように緩やかな丘陵面が広がる。最も高い丘陵部でも標高300m余りで、その平坦な地形に100カ所余りの湖沼が点在する。気候は温和な大陸性気候。また、リトアニアは、ラトヴィヤ、ベラルーシ、ポーランド、ロシア（カリーニングラード州）、バルト海の五方に囲まれた国で、国土のほとんどは平坦な地形。その平坦な地形に3,000カ所の湖沼が点在する。気候は恵まれた温帯性気候である。一方、ラトヴィヤは、エストニア、リトアニア、ロシア、ベラルーシ、バルト海の五方に囲まれた国で、エストニア同様、国土のほとんどは平坦な地形。森林面積は全体の58％ほどで、バルト海沿岸には砂浜が広がっている。気候は温

和な海洋性気候である。

　1986年10月17日、ラトヴィヤの週刊新聞『文学と芸術』に、大規模水力発電所の建設計画を批判する投稿記事が掲載された。この投稿記事の反響は大きく、3万人の反対署名を集めるまでに至った（川名, 2008）。その後、反対運動の規模が拡大したため計画の再検討がおこなわれ、翌1987年11月、ソ連閣僚会議は計画の中止を決めた。政府計画案を覆したというこの予想外の成果は、ラトヴィヤにとどまらず、民主化と独立を希望するほかの2国にも大きな勇気を与えることとなった。それは、1989年8月23日にバルト三国の人たちによっておこなわれたソ連からの独立を願う行動、エストニアの首都タリンからリトアニアの首都ビリニュスに至る620kmの区間を「人間の鎖」で結ぶという行動にその願いが現れたことからもわかる。この「人間の鎖」がソ連の崩壊を促した一つの大きな要因だったことは、今では周知のこととなっている。

（3）　ポーランドの自然保護

　ポーランドは北をバルト海、東はロシア（カリーニングラード州）、リトアニア、ベラルーシ、ウクライナと、西はオドラ川とニーサ川でドイツと、そして南はズデーティ山脈でチェコ、ベスキド山脈とカルパチア山脈でスロヴァキアの国々と接している。国土の多くは平坦で、その75％が標高200m以下。北部はおよそ9,300の湖沼が点在する湖沼地帯となっている。そのため、ドイツやチェコとの国境に近い西部や南西部地域（黒い三角地帯）の環境汚染は著しいが、北部の湖沼地帯は比較的良好な湿原生態系が保全され、多様な生きものが生息している。国土の8.5％はほとんど汚染されていないとみられている。

　川名（2008）によると、ポーランドは1989年6月、社会主義体制から資本主義体制へとパラダイム・シフトし、それにともなって公害多発型の工場およそ80ヵ所の閉鎖を通告した。そして1991年5月、政府は「国家環境政策」を策定し、「持続可能な開発」を基本方針とした。この基本方針は、第二次世界大戦後の1940年代末に制定した憲法第13条、「ポーランド人民共和国は自然環境の保護と合理的な開発を確実にする」とした自然保護政策（「持続可能な開発」と

類似するものである。いずれにしろ、ポーランドは、2000年に新たな「国家環境政策」を策定し、環境マネジメント・システムを積極的に導入した。1年間でおよそ200の企業が「ISO14001」の認証を受けたように、環境対策を基本においている政策が垣間見える。

既述したように、近年、ポーランドは環境政策に大きな力を注いでいる。2000年に策定した「国家環境政策」もその一つであり、大気汚染防止、廃水処理、廃棄物処理などの公害対策や、ヨーロッパで絶滅が危惧されていたヨーロッパバイソンの保護増殖や北部の広大な湿原保護などの自然保護対策も、国家戦略として位置づけている。また、生物多様性条約やラムサール条約加盟など、国際的な役割も果たしている。これらの政策が高く評価された結果、ポーランドは2004年5月にEUに加盟することができたのである。

(4) ハンガリーのダム建設反対運動

1940年代初頭、ハンガリーはドナウ川流域のヴィシェグラード付近に水利施設の建設を計画していた。それは、中世から時々起きるドナウ川の氾濫に悩まされてきたからである。1965年6月、ドナウ川を挟んだ対岸のスロヴァキア南部の堤防が決壊し、65,000haの土地が水没、46市町村約55,000人が避難する大洪水に見舞われた。両国にとってのドナウ川治水対策は、国家間の大きな課題であった（長與, 1997）。一方、工業化に伴う電力需要の増大によって、両国政府は、1951年以来、ドナウ川での水力発電所建設に前向きな意向を示し、協議を重ねてきた。そして、1977年9月、両国はいよいよハンガリーの首都ブタペストでダム建設にかかる条約、「ガブチーコヴォ＝ナジマロシュ水利施設システムの建設と運転に関する条約」を締結し、翌年6月30日に発効した（長與, 1997）。上流のチェコスロヴァキアでは「ガブチーコヴォ・ダム」を、下流のハンガリーでは「ナジマロシュ・ダム」を共同建設し、それぞれ72万キロワットと16万キロワットの水力発電所を建設する計画だった（真下, 1990）。

しかし、多くの国民が反対するこの計画は、ドナウ川の流れを大きく変えるだけでなく、「ガブチーコヴォ・ダム」上流に第一ダムを建設し、そこに浜名

湖ほどの面積をもつ巨大なダム湖を造成して電力需要のピーク時には大量の水を放水し、発電するものだった。大量放水によって支流の水は逆流し水面の上昇・下降が起き、広範囲にわたる河畔林や周辺の森林が撹乱されるなど、生態系への悪影響は甚だしい。さらに汚染されたダム湖の水が地下浸透して地下水を汚染し、飲料水の供給に支障を来すことも心配されていた（加藤，1991）。むしろ多くの国民が反対した理由は地下水への環境汚染、すなわち安心・安全が脅かされることへの強い懸念が反対運動の源泉にあったと考える。このような心配をよそに、予定どおり1978年から二つのダム工事が始まった。

ところがハンガリー政府は資金不足を理由に1981年にこれらのダム建設を中断した。このような状況の中、隣国オーストリア政府は、独自に「ハインブルク・ダム」建設を計画し、建設にかかる森林伐採の許可を与えると、首都ウィーンで大規模な抗議デモが巻き起こり、同国の高等裁判所は政府の伐採許可は違法との判決を下した。そこで政府は、WWF（世界野生生物基金）オーストリア委員会の提案を受け入れて計画そのものを中止し、ドナウ川流域湿原林の国立公園化へ舵をきった（保屋野，2003）。

オーストリアはこのダム建設が事実上中止に追い込まれたことから、ハンガリーとチェコスロヴァキアの両国政府に対して、電力供給に応じてくれるなら建設資金の援助をおこなう用意がある、と申し入れた。この申し入れに対して、ハンガリー政府は、政府内の意見調整を十分におこなうことなく、1985年に「ナジマロシュ・ダム」の建設再開へ再び舵を切った。政府は反対運動を予想して、それ以前の1984年5月には、すでにマスメディアに対する報道規制を敷いていた（川名，2008）。しかし、ダム建設は河川生態系や周辺農村の生態系が破壊されるとして、強い反対を表明していた同国の生物学者でジャーナリストのヴァルガ・ヤーノシュらは、1984年1月に非合法の環境NGO「ドナウ・サークル」を結成し（加藤，1991）、ダム建設の反対運動を展開した。また「サークル」はダム建設再開に伴う資金援助の停止を、オーストリアの緑の党に呼びかけたりした（Bell，2004）。

この「サークル」は、1985年、「ナジマロシュ・ダム」建設に関する環境影

響評価調査書を出版し、翌年1月には首都ブダペストで社会主義国の民間団体としては前例のない公開記者会見を実施した。そして数週間後に「サークル」のデモ行進の予定を発表すると、ハンガリー政府はヤーノシュらを警察へ出頭させ脅かしたりした（川名，2008）。だがデモの直前に事態は急展開した。ハンガリー議会が「ナジマロシュ・ダム」建設と「ドナウ・サークル」の行動などについて審議を始めたのである。これは、ダム建設に関わる是非と環境保護団体の活動について、再評価を与えたことを意味する。

「サークル」の活動が、それまで抑圧されてきた反体制派の人々や、1956年の「ハンガリー動乱」後に逃亡して国内外に潜んでいた関係者たちに勇気を与えたばかりでなく、それまで政治活動に関心を示さなかったあるいは意思表示しなかった多くの国民に、安心・安全の生活問題が実は政治問題と密接に関わっていることを気づかせたのである。その功績は、極めて大きい。

すでにおよそ14万人が署名した「ナジマロシュ・ダム」の建設反対の意思表示や、ブダペスト市内での5万人のデモ行進は、国民の環境問題への高い意識と政府の国民制御能力の弱体化を露呈する結果となった。もともと、ヤーノシュらがダム建設に強く反対したのは生態系破壊の回避を求める行動がきっかけとなっている。しかし、反対運動によって自信を高めた反体制派の活動家はハンガリー社会主義労働者党（共産党）政権内部の改革派と連動して、保守派共産党政権打倒の政治活動へと行動を鮮明化し、勢いを強めた。そして、改革派は保守派との対立軸を明確にするため、1988年夏、「ドナウ・サークル」の活動目標に賛同する意思を示した（川名，2008）。これが決定打となって事態は急展開し、ダム建設は中止の方向に大きくシフトした。環境保護運動が政治を大きく変えたドラマの1頁だった。

改革派は全国協議会の議を経て事実上保守派から政権を引き継ぎ、1989年5月13日、「ナジマロシュ・ダム」建設の中止を発表し、同年7月20日には「ガブチーコヴォ・ダム」のハンガリー側工事も中止にした。それをうけて、ハンガリー議会は10月31日、「ナジマロシュ・ダム」建設の事実上の中止を決定した（長與，1997）。このような環境保護運動がなければ、現在のような美しいドナ

ウ川は見られなかったかもしれない。

　また、改革派のハンガリー政府は、1989年8月、オーストリアとの国境に設置していた鉄条網の一部を開け、「汎ヨーロッパ・ピクニック」と称して、集まった東ドイツ市民の逃亡計画に協力した。その後、チェコ政府も東ドイツ市民に対してビザなし旅行を認めた。このような経緯をへて、1989年11月9日夕、東ドイツ政府の中央委員会は「東西ベルリンの国境を即刻開放する」と発表した（川名, 2008）。これによって、「ベルリンの壁」は事実上崩壊し、翌年10月3日、東西ドイツの統一が実現したのである。

　ハンガリーで誕生した小さな環境NGO「ドナウ・サークル」のダム建設反対運動が、旧東欧の巨大な社会主義体制に楔を打ち込み、資本主義社会に知らされてこなかった旧東欧社会の著しい環境破壊の実態を、初めて明らかにしたのである。

（5）　その他旧東欧諸国の自然保護

　ネルソン（Nelson, 2005）によると、1987年当時、旧東ドイツ国内の森林の33％は、長期間にわたる産業公害によって著しい被害を受けていた。それは、国内外から排出され越境して飛んで来る二酸化硫黄や酸性雨が原因である。たとえば、東ドイツからチェコスロヴァキアへは正味12万トンの二酸化硫黄を酸性雨として、ポーランドへは45万トンの二酸化硫黄を、西ドイツへは76万トンの酸性雨を"輸出"していたという。

　チェコスロヴァキアの森林は、1980年代末の調査では、そのうちの50〜60％は森としての機能を果たしておらず、樹木は枯死していた。それほど大気汚染などの公害によって最悪の状況となっていたのである。また乳児の死亡率は相対的に高く、子どもたちの呼吸器系疾患の増加と学校への長期欠席などの事実が、「ベルリンの壁」崩壊後に明らかにされたのである（Fagan, 2004）。

　ルーマニアは、1930年、自然保護に熱心な国会議員の呼びかけによって自然保護に関する法律を制定した。さらに1935年、森林保護や狩猟・魚釣りなどを規制する最初の国立公園を設置した（川名, 2008）。戦前の同国の自然保護行政

は旧東欧諸国の中では先進的だったが、戦後の社会主義体制下では1973年に「環境保護法」が成立したものの、他の旧東欧諸国とほとんど違うことはなかった。むしろ、環境NGOの活動がまったく認められなかったように、自然保護運動は封殺されていた。それでも、「ベルリンの壁」崩壊後はいくつかの環境NGOが誕生し、その中には鳥類保護団体や黒海に流入するドナウ川のデルタ地帯の生態系を保護しようとする市民団体も現れた。

ドナウ川はドイツ南部のシュヴァルツ・ヴァルトを源流としている。ドナウ・デルタは、広さが4,340平方㌔で東京都のほぼ2倍の面積を擁し（加藤，1991）、1991年に水鳥の生息地として国際的にも貴重だということから、ラムサール条約に基づく重要な湿地として登録された。

スロヴェニアは旧ユーゴスラヴィアの中で最も早く独立した国で、国土の大半は山岳地帯でしめられている。アルプス山脈と連なる山々が多く、河川も多い。豊かな森林にはブナが広く分布し、常緑針葉樹と落葉広葉樹の混交林も多い。ブナが広く分布するということは、年間降雨量が多い地域だということを示している。しかし川名（2008）によると、「ベルリンの壁」崩壊直前の1985年ころから、同国では森林面積の20～25％が二酸化硫黄などの大気汚染物質によって酸性雨被害をこうむるようになったという。そして国内には3,000種を超える植物が分布し、そのうちの70種は固有種という調査報告もある。なかでも、高山植物の11％は絶滅の恐れがあり、淡水性魚類の約40％も絶滅の恐れがあると考えられている。これらのことは、スロヴェニアの自然生態系がいかに豊かであるかを示すとともに、危機がせまっていることをも示している。

5　まとめ

1989年11月9日、東ドイツ政府の中央委員会は「東西ベルリンの国境を即刻開放する」と発表した。これによって、「ベルリンの壁」は事実上崩壊し、旧東欧諸国は雪崩をうったように社会主義体制からの離脱を始めた。これは20世紀初頭に生まれた巨大な社会主義体制が、20世紀末には事実上の終焉を迎えた

第7章 「ベルリンの壁」崩壊の頃の中東欧諸国の環境問題

ことを意味する。その強固で巨大な体制を崩壊させることになった一つの契機は、ハンガリーで誕生した小さな環境NGO、「ドナウ・サークル」のダム建設反対運動だった。生物学者のヴァルガ・ヤーノシュらが始めたこの反対運動は、ハンガリー政府を動かし、ついには東ドイツ政府をも揺り動かした。これは、たんに社会主義体制か資本主義体制かといった「東西問題」から、先進国か途上国かといった「南北問題」へと選択肢がシフトしたのではなく、「エコ・パラダイム」が政治・経済体制を変革させたことを意味している。「エコロジー運動」が堅固な「ベルリンの壁」に風穴をあけた事実は、まさに「目から鱗」である。

風穴があいたことによって、それまで隠され歪められてきた社会主義時代の環境破壊の現実が白日の下にさらされたのである。公害や自然破壊といった「環境問題」は「社会主義国では起こらないだろう」と当時のハンガリー共産党の指導者は言っていたが、それは、「環境破壊は資本主義的な産業、市場で利益を得るための自然の開発によって引き起こされる」と信じ込まされてきたからである。

当然、現実は異なり、「黒い三角地帯」で起きた環境破壊は、"公害実験国"の日本に勝るとも劣らない最悪の状況だったことが浮かび上がってきた。もちろん社会主義国だから公害を隠蔽したということではない。資本主義国においても政府や企業は隠蔽体質を持っているのは事実である。日本の水俣病問題はまさにその典型である。人間として、企業として、あるいは国としてどのような倫理観を持つかが、今問われているのではないだろうか。

以前から、旧東欧諸国の環境問題の経緯について詳細を知りたいと思っていた。EU諸国内での旧東欧諸国がどの程度ドイツやイギリスの環境政策とバランスを保っているのか、言い換えると旧東欧諸国はEUの環境政策にどのような影響を与えているのか、具体的にいえば、EUの地球温暖化対策に旧東欧諸国のエネルギー生産はどのような影響を与えているかについて、以前から強い関心を抱いていた。その詳細を明らかにしてくれたのが、本論で多くの内容を引用した川名英之（2008）『世界の環境問題　第3巻中・東欧』（緑風出版）であ

る。

　2009年11月、「ベルリンの壁」が崩壊して満20周年を迎えた。この節目にあたって、本論ではEUに加盟する旧東欧諸国がどのような環境問題に直面してきたかを中心に紹介してきた。旧東欧に属していた旧東ドイツは東西統一後にドイツとして再スタートし、チェコスロヴァキアはチェコとスロヴァキアの二つの国に分裂した。そして、旧ユーゴスラヴィアはスロヴェニアやクロアチアなどいくつもの国々に分裂し、地域によっては内紛状態が続いている。そのような現状を踏まえ、20年前の1989年11月当時を振り返りながら、EUにおける旧東欧とは何か、「エコロジー運動」の本質は何かを問い直す一つの契機となるようにまとめたのが本論である。

引用・参考文献

今泉みね子（2003）『ここが違う、ドイツの環境政策』白水社。
岩田　裕（2008）『チェコ共和国のエネルギー・環境政策と環境保全』文理閣。
加藤雅彦（1991）『ドナウ河紀行-東欧・中欧の歴史と文化-』岩波書店。
岡部明子（2003）『サステイナブルシティ――EUの地域・環境戦略』学芸出版社。
織　朱實（1992）「第8章東欧」東京海上火災保険株式会社編『環境リスクと環境法――欧州・国際編』東京海上火災保険株式会社。
加藤雅彦（1991）『ドナウ河紀行――東欧・中欧の歴史と文化』岩波書店。
川名英之（2005）『世界の環境問題――第1巻ドイツと北欧』緑風出版。
川名英之（2008）『世界の環境問題――第3巻中・東欧』緑風出版。
コルボーン, T. et al.（1987）『奪われし未来』長尾力訳、翔泳社。
沼野充義（1996）「中欧とは？」沼野充義監修『読んで旅する世界の歴史と文化――中欧ポーランド・チェコスロヴァキア・ハンガリー』新潮社。
ハーゼル, K.（1996）『森が語るドイツの歴史』山縣光晶訳、築地書館。
羽場久美子（2002）『ハンガリーを知るための47章』明石書店。
長與進（1997）「ガプチーコヴォ・ダム――政治問題化したドナウ河の治水事業」浜田晴彦編『ドナウ河の社会学』早稲田大学出版部。
保屋野初子（2003）『川とヨーロッパ　河川再自然化という思想』築地書館。
真下俊樹（1990）「ガプチコヴォ＝ナジマロシュ・ダム――市民運動が計画の根本的見直し迫る」「シリーズ東欧革命」編集委員会編『シリーズ東欧革命　①チェコスロバキア，東欧のエコロジー』緑風出版。
松岡信夫（1990）「東ヨーロッパの環境問題――データと背景」「シリーズ東欧革命」編集委

員会編『シリーズ東欧革命 ①チェコスロバキア,東欧のエコロジー』緑風出版。
山本知佳子 (1990)「東ドイツの環境汚染」「シリーズ東欧革命」編集委員会編『シリーズ東欧革命 ①チェコスロバキア,東欧のエコロジー』緑風出版。
Bell, R. G. (2004). "Hungary: Developing Institutions to Support Environmental Protection", in Auer, M., ed., *Restoring Cursed Earth: Appraising Environmental Policy Reforms in Eastern Europe and Russia*, Oxford: Rowman & Littlefield Publishers.
Fagan, A. (2004). *Environment and Democracy in the Czech Republic: The Environmental Movement in the Transition Process*, Northampton: Edward Elgar Publishing.
Nelson, A. (2005). *Cold War Ecology: Forests, Farms, and People in the East German Landscape, 1945-1969*, New Haven: Yale University Press.

第8章

ドイツにおける環境保護
―― 憲法におけるエコロジーおよび未来志向 ――

浅川千尋

1 ドイツおよびEUの環境保護

　EUでは、環境保護政策を積極的に推進している環境先進国が多い。周知のように1997年京都で採択された京都議定書では、地球温暖化を防止するために温室効果ガスをEU全体で8パーセント削減することが約束されている。この削減目標達成は、EUにとってはそれほどむずかしいものではない。現に中期目標として20パーセント削減を掲げている。そのなかでも、ドイツは、京都議定書の削減目標として21パーセント削減、中期目標として40パーセント削減を挙げている。本章では、EUの環境保護について、憲法上の「環境保護」条項という視点からEU構成国のなかでもとくに環境先進国として環境保護政策を牽引しているドイツを主な対象にして論じていきたい(**図8-1**)。

　EU構成国の憲法で、環境保護に関する条文を定めているのは、18カ国以上の国々である。最近の興味深い例として、2005年にフランス憲法前文に「環境権」および「環境保護義務」が明記されたことが挙げられる。このような条文の法的性格は、基本的人権としての「環境権」という性格か、または国家が環境保護を推進することに法的かつ政治的に責務を負わねばならないという「国家目標規定」という性格に分かれる。ただし、基本的人権としての「環境権」という条文を定めている場合でも、その侵害が生じた場合にその条項だけに基づいて裁判所に訴えることができるとまで解釈されにくい。その意味では、「環境権」という場合でも主観的権利性＝具体的権利性は認められにくいのが

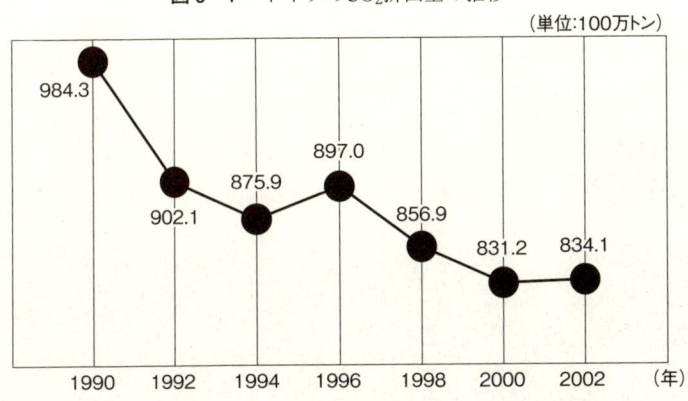

図8-1　ドイツのCO_2排出量の推移

(単位:100万トン)

- 1990: 984.3
- 1992: 902.1
- 1994: 875.9
- 1996: 897.0
- 1998: 856.9
- 2000: 831.2
- 2002: 834.1

出所）大阪・神戸ドイツ連邦共和国総領事館（2004）『改訂版環境先進国ドイツ』。

現状である。

　ドイツでは、環境保護に関する多様な法制度が制定されている。主な法律は、環境情報法、環境適合性審査法、環境責任法、循環型経済および廃棄物法、イミシオン保護法、土壌保護法、排水法、自然保護法、再生可能エネルギー法等の法制度である。これらの法制度は、きわめて複雑で多岐にわたっているので、環境法制度を統一して法典化していこうとする試みとして「環境法典」が議論されている（**図8-2**）。

　このような環境法制度は、憲法を具体化したものとして位置づけられるべきであろう。ドイツでは、憲法上明確な「環境保護」条項が1994年まで存在しなかった。そのため、ドイツにおける憲法上の環境保護は、とくに70年代に「環境権」を憲法へ導入する提案や憲法から積極的に「環境権」を導出しようとする学説が主張され論争が生じた。その論争では、「環境権」が社会権として位置づけられることからも、その実効性の欠如が指摘され学説・判例上で支持は得られなかった。すなわち、基本的人権としての「環境権」を憲法へ導入することや憲法から「環境権」を導き出すことには、多くの支持が得られなかった。

　本章は、環境先進国ドイツの憲法上の環境保護をめぐる議論について、とく

第Ⅱ部　EUにおける環境保護

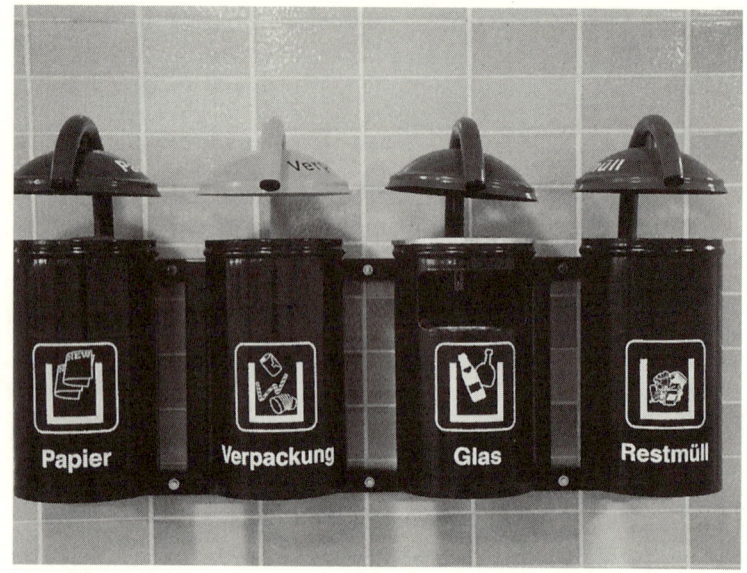

図8-2　ドイツでの典型的なゴミの分別

出所）大阪・神戸ドイツ連邦共和国総領事館（2004）『改訂版環境先進国ドイツ』。

にエコロジー・未来志向という視点から検討を加えていくものである。ドイツでは、憲法を基本法（Grundgesetz）ともいうが、本章では憲法という表現に統一した。

2　ドイツ憲法の環境保護をめぐる議論

（1）　80年代からドイツ統一直後までの議論

　旧西ドイツにおける憲法上の環境保護は、とくに80年代になってから、憲法へ国家目標規定という形式の「環境保護」条項を導入して環境保護を広範に実現していこうという提案がされるようになる。国家目標規定とは、一般的または限定的な形式で国家活動にとっての原則と指針を設け、命令と指令によって、国家活動に一定の方向づけと内容上の課題を与える定めであり、国家活動を法

的に拘束する効力をもつ憲法規範である。

　この点に関して、1981年秋に連邦内務大臣および司法大臣により 7 人の法学者、デニンガーを座長としてバドゥーラ、ミュラー、オッパーマン、ラム、レービンダー、シュミットから成る専門家委員会が設けられ、「国家目標規定と立法委託」について検討がなされた。そして1983年には、国家目標規定としての「環境保護」条項を憲法へ導入することを目指した専門委員会の報告書が出された。また、1987年および1990年に政党および連邦参議院が、「環境保護」条項を基本法へ導入することを目指す改正草案を提案した。さらに、統一直後の1991年にドイツの民主的な改革を目指す法律家、政治家、市民が中心となり統一ドイツ憲法を制定すべきだとするクラトーリウム（Kuratorium）草案が公表された。この草案では、憲法でのエコロジー志向が強調され「環境保護」条項の導入も提案されている。

① 専門家委員会の提案

　専門家委員会は、ドイツ憲法20条 1 項を次のように変更することを提案している。「連邦共和国は、民主的かつ社会的な連邦国家である。それは、文化と人間の自然的生存基盤を保護し育成する」。それに対応して28条 1 項を以下のように変更する。「ラントにおける憲法的秩序は、この基本法の趣旨に即した共和制的・民主的および社会的法治国家の諸原則並びに文化および自然的環境に対する国家の責任に適合していなければならない」。

(a) 提案理由

　現代国家においても、予見できないような環境問題が生じており、そこでは人間の自然的生存基盤の維持が国家の基本的な課題となっている。現行憲法では、この人間の自然的生存基盤が十分に保護されていない。すなわち、憲法では管轄権限の枠内でしか環境保護について語られていない。また、「社会国家原則」から環境保護に対する国家の責任を引き出すことも考えられるが、いずれにせよこれらの規定は、環境保護についての具体的な行動を国家に対して義務づけるものではない。また判例上で展開されている基本権保護義務論は、その射程が憲法 2 条および14条に直接関係する環境保護に限定される。そのため、

憲法上保護の不十分な領域があるということになる。たとえば、来るべき世代の生存および健康、公共用地および河川の保護、生態系の保護などである。以上のような理由から、憲法へ国家目標規定「環境保護」を導入することによってこの保護の不十分なところを埋めることが要請される。

(b) 論争点

この提案に関して議論となったのは、とくに20条1項の変更である。基本的な国家構造規定である20条に、「環境保護」という性質の異なる国家目標規定を持ち込むことは憲法の体系的構造を壊すという批判が出された。多数説からは、以下のような反論がされた。国家目標規定「環境保護」は、あらゆる社会生活の前提を形成する人間の自然的生存基盤を保障することを目指すものである。すなわちそれは、基本的な国家目標であり、20条1項で挙げられている国家目標規定（社会国家原則）に匹敵する規定である。したがって、20条1項を補充してそこに国家目標規定「環境保護」を導入しても体系上問題とはならない。

(c) 法的政治的効力

国家目標規定「環境保護」は、立法、行政、司法にとって規範的な指針となるという法的効力を有する。とくに、環境保護に関する不十分な立法しかなされない場合には、憲法違反となる可能性がある。それとともに、適切な環境の必要性を考慮するように立法者に対してアピール機能を有する。また、市民が国家の環境政策を支持し、私的領域で環境を保護するように行動する教育的効力が期待されている。さらに、積極的な環境保護の必要性に対する政治共同体の基本的コンセンサスの確立を促進し、そのことによって社会的矛盾が緩和され市民と国家とが一体化しうることに貢献するという政治的統合力を有する。

② 政党・連邦参議院およびクラトーリウムの草案

(a) 緑の党の草案

緑の党の草案は、ドイツ憲法20条1項に「自然的環境は、人間の生存基盤としてまた自然的環境それ自身のために国家の特別の保護の下にある。エコロジー的負担と経済的要請が矛盾衝突したさいに、もしエコロジー的利益が優先

されなければ自然的環境に重大な侵害が差し迫る場合には、その利益が優先されねばならない」という文言が付け加わる。28条1項1文が「ラントにおける憲法的秩序は、この憲法の趣旨に即した共和制的・民主的および社会的法治国家の諸原則並びに自然的環境に対する国家の責任に適合していなければならない」と変更される。

(b) 社会民主党の草案

社会民主党の草案では、憲法20条の後に、「自然的生存基盤は、国家の特別の保護の下にある」という20a条が新たに導入される。28条1項1文の後に、「ラントにおける憲法的秩序は、自然的生存基盤に対する国家の責任も正当に評価しなければならない」という文言が付け加わる。

(c) 連邦参議院の草案

キリスト教民主同盟・社会同盟の立場を表明している連邦参議院の草案は、憲法20条の後に、「(1) 人間の自然的生存基盤は、国家の保護の下にある。(2) 連邦およびラントは、他の法益および国家課題との衡量の下に法律で詳細を定める」という20a条が新たに導入される。

(d) キリスト教民主同盟・社会同盟および自由民主党の草案

憲法20条の後に、「(1) 人間の自然的生存基盤は国家の保護の下にある。(2) 詳細は、法律で定める」という20a条を新たに導入する。

(e) クラトーリウム (Kuratorium) 草案

クラトーリウム草案の環境保護に関する提案は、主に以下のものである。憲法20条1項を「(1) ドイツ連邦は、共和制的、民主的、社会的、かつエコロジーの保護に責任を負う連邦国家である」と変更する。20a条「(1) 自然は、それ自身のためだけでなく、現在および来るべき世代の自然的生存基盤としても、国家の特別の保護の下にある」が新たに導入される。それに伴い28条1項1文が「ラントにおける憲法的秩序は、この憲法の趣旨に即した共和制的・法治国家的・社会的およびエコロジーに責任を負う民主制の諸原則に適合していなければならない」と変更される。

③ 人間中心主義かエコロジー中心主義かをめぐる論争

政党草案等をめぐる主な議論では、人間中心主義かエコロジー中心主義かをめぐる論点がある。

この論点は、人間のための環境保護か、それとも自然それ自身のための環境保護も認められるのかということである。緑の党の草案では、エコロジー中心主義の環境保護という観点が打ち出されている。エコロジー中心主義を支持する見解（少数説）は、あらゆる創造物が固有の価値を有するということを強調し、固有の利益の維持を越える人間の倫理的責任を指摘する。

これに対して、人間中心主義の環境保護の立場（多数説）からは、次のような反論がされる。国家・憲法・法律は、人間のために存在する。憲法１条１項などによれば、憲法上の価値決定の基準は人間である。したがって、環境保護も人間の幸福に向けられねばならない。生態系や自然は、それが人間に奉仕する限りでのみ憲法上重要な保護の対象となる。

このような対立に対して、人間中心主義かエコロジー中心主義かという二者択一的発想方法ではなく、両者を統一して把握する見解（両者をエコロジー的に止揚する立場）も出された。この見解によれば、人間の生存基盤は、人間以外の生物の生存が十分に保護されていない場合には維持されない。したがって、自然それ自身の保護も人間の自然的生存基盤の保護であると考えられるということになる。

（２） 憲法への「環境保護」条項の導入

ここでは、ドイツ統一後の「環境保護」条項をめぐる議論を紹介し検討を加える。ドイツでは、1993年10月28日に国家目標規定としての「環境保護」条項などを基本法へ導入することを目指す両院合同憲法委員会の提案が出された。そして、この提案を基にして1994年に、憲法へ新たな20a条である国家目標規定「環境保護」条項が導入された。ここでは、両院合同憲法委員会（以下合同憲法委員会とする）での議論を中心に環境保護をめぐる議論の一端を紹介していきたい。

①「環境保護」（Umweltschutz）規定について

合同憲法委員会の提案は、憲法に新たな20a条「国家は、来るべき世代に対する責任においても、憲法的秩序の枠内で立法を通して、また法律および法の基準に従い執行権および裁判を通して、自然的生存基盤を保護する」を導入するというものである。

この提案で確認されたことは、以下のことである。国家目標規定「環境保護」の法的性格は、人権規定ではなく客観法規範である。すなわち、環境保護を推進するように国家を法的に拘束する規範である。環境保護について、とくに来るべき世代に対する国家の責任が強調される。国家目標規定「環境保護」は、他の憲法原理や憲法上の法益と同列に位置する。自然的生存基盤を保護する任務は、まず立法者に割り当てられ立法者の内容形成委託を含んでいる。行政府や司法府も自然的生存基盤を保護するときには協力しなければならない。

合同憲法委員会で議論になった主な点は、人間中心主義かエコロジー中心主義かという点と「法律の留保」条項をどうするのかということであった。

キリスト教民主同盟・社会同盟は、人間中心主義と「法律の留保」条項を支持した。その理由は次のことである。憲法のスタイルは人間中心主義を支持しているので、憲法の体系的一体性を保持するためには人間中心主義の国家目標規定が導入されねばならない。また環境を保護する任務は、まず立法者に委ねられるのであり、彼がどのような環境保護をするのかを決定する。さらに「環境保護」の利益が一方的に優位にならないために他の国家利益と調整されねばならないが、その調整は立法者の政治的な決定により可能である。従って、「法律の留保」条項が必要である。

これに対して、社会民主党や緑の党・同盟90などは、エコロジー中心主義を主張し、「法律の留保」条項に反対した。すなわち、自然それ自身が保護されるべきであるし、他の国家利益との比較衡量の際には自然に優位が与えられねばならない。また「法律の留保」条項は、国家目標から実践的に憲法の性質を奪ってしまうし「環境保護」をときどきの議会の多数派に委ねてしまう。よって、「法律の留保」条項には反対である。

このような議論の結果、定式上人間中心主義の文言が放棄され、「法律の留

保」条項については妥協的な文言が採用されることになったのである。

②「動物保護」（Tierschutz）規定について

合同憲法委員会で「動物保護」が「環境保護」に含まれるのか、「自然的生存基盤の保護」という定式のなかに含まれるのかが議論の対象になった。また「動物保護」規定を基本法へ導入すべきだという提案も出された。このような文脈で「動物保護」規定について触れておきたい。

合同憲法委員会は、国家目標規定「動物保護」の憲法への導入を提案しなかった。多数意見は、「環境保護」のなかに、つまり「自然的生存基盤」のなかに「動物保護」は含まれていないという。その理由として、「自然的生存基盤」という定式が動物の生存空間を破壊から保護することのみならず、動物自身や種に適合して人間に飼われることなどを保障することまでもカバーするのか疑わしい、ということが挙げられている。また、憲法への導入に反対する論拠としては、「動物保護」は動物保護法等で保障されるのがベストである、このような規定が基本法へ導入されるとこれまで人間に関係してきた憲法の価値秩序内部での全体バランスが変更される危険がある、ということが挙げられている。

国家目標規定「動物保護」の憲法への導入を支持する者は、次のように主張する。人間は動物の扱いに対して倫理的責任を有している。動物を生物として尊重し、動物を避けられうる苦しみから保護するという目標は、動物保護法が存在するにもかかわらず実現されていない。この目標を実現するためには、動物保護法を改正し強化することが必要であるのみならず、憲法上の規律も必要である。従って、「動物保護」が特別の国家目標規定として憲法へ導入されねばならない。

尚、「動物保護」規定は、2002年に憲法20a条へ導入されることになった。したがって、2002年以降憲法20a条は、「国家は、来るべき世代に対する責任においても、憲法的秩序の枠内で立法を通して、法律および法の基準に従い執行権および裁判を通して、自然的生存基盤および動物（und die Tiere）を保護する」と変更された。EU構成国では、ドイツで初めて憲法上「動物保護」条項が定

められたことになる。

3　エコロジー・未来志向をめぐる議論

　既述のように1994年に、国家目標規定「環境保護」が憲法へ導入された。それが、憲法20a条「国家は、来るべき世代に対する責任においても、憲法的秩序の枠内で立法を通して、法律及び法の基準に従い執行権及び裁判を通して、自然的生存基盤を保護する」である。この規定の憲法への導入をめぐって、既述のように両院合同憲法委員会で活発な議論が展開された。その議論での重要な論争点の1つは、どのような定式の環境保護を導入するのかであった。とくに「人間の自然的生存基盤の保護」という定式を導入するのかをめぐってきびしい論争がなされた。その結果一種の政治的妥協の産物として、「自然的生存基盤の保護」という定式が採用されたのであった。この論争の背景には、以前から激しく対立してきた人間中心主義かそれともエコロジー中心主義かをめぐる論争があった。

　本節では、環境保護とは誰のためのまた何のためなのであるのかという問いに、すなわち人間中心主義かエコロジー中心主義かをめぐる議論に焦点をあて憲法20a条をめぐる論争を紹介していく。

（1）　人間中心主義の立場

　この人間中心主義の立場でもバリエーションがある。厳格な人間中心主義の立場は、環境保護は人間のためのものであり自然や景観それ自身のための保護は20a条からは導き出されないとする。「自然的生存基盤」の保護範囲は、「環境」とほぼ同じであり、これには広範なものが含まれるとするが、ただし原則上人間に関連した環境が扱われるとする。

　この立場を根拠づける考え方は、次の点である。憲法体系の全体を考察すると、解釈上疑いもなく人間中心主義に関連した国家目標規定が扱われねばならずまた人間についての環境保護が扱われる、とする。すなわち、憲法1条1

項の人間の尊厳条項や憲法79条3項の不可侵性、そして憲法の一体性という解釈原則から、憲法は、全体として人間中心主義的に把握されており、憲法20a条についても黙示的に「人間の自然的生存基盤」が保護されていると考えられる、とする。まさしく、基本法の出発点は人間中心主義的基本観念であるということになる。また、「来るべき世代に対する責任においても」という憲法20a条の文言は、人間中心主義を明白に言い表しているとする。そしてついには、人間以外の生物は人間に身をゆだね、人間に奉仕する限りで保護される、と主張するのである。

さらに、人間によって定式化される法秩序においては人間だけがその理解に従い保護法益を挙げることができるのだから、論理的には人間中心主義から逃れられない、ということも指摘している。エコロジー中心主義に対して、憲法の自由民主主義的基本秩序と「エコ独裁」とは相容れないと厳しく批判するのである。

これに対して、ミヒャエル・クレプファーが代表的論者である穏健な人間中心主義の立場によると、人間中心主義かエコロジー中心主義かの争いはもはやあまり意味がないとするか、またはこの争いは、憲法20a条の保護法益のランク問題へと移行しているとされる。しかし、結局憲法20a条は人間中心主義的方向へ向けられているとされる。

この穏健な人間中心主義の立場は、「自然的生存基盤」という概念をかなり広範に解釈しようとする傾向と結びついている。したがって、人間中心主義かエコロジー中心主義かの争いは実践的にはあまり意味がないという結論になるのである。この立場の根拠は、厳格な人間中心主義とほぼ同様である。すなわち、憲法の一体性という解釈原則、憲法1条1項の人間の尊厳条項、「来るべき世代に対する責任においても」という文言を根拠にしている。

厳格な人間中心主義の立場との相違は、次の点にある。穏健な人間中心主義の立場では、「自然的生存基盤」の概念をかなり広範に把握しており、かつ人間中心主義的環境保護はエコロジー的な注意原則を守らなければならないということを明言している。この立場からは、エコロジーにも注意を払った人間の

自然的生存基盤の保護が実現されねばならないということになる。

(2) 両者をエコロジー的に止揚する立場
　この説は、人間中心主義かエコロジー中心主義かという議論の立て方は、誤りであるとするか両者の対立は結果において意味がないとする立場である。ただし、この見解の根底にはエコロジー的観点があり、人間中心主義の立場には批判的である。
　この立場では、憲法20a条は自然それ自身のための生存基盤を保護することを排除していないということを出発点としている。この意味では、後述するエコロジー中心主義の立場と同じである。その根拠として、まず、憲法改正立法者が意識的に「人間の自然的生存基盤の保護」という定式を選択しなかったことを挙げている。つぎに、人間は自然なしでは生きていけない（その逆ではない）、自然の無傷性は常に人間の生存基盤にとって不可欠である、ということを確認し、最後に、「来るべき世代に対する責任においても」という文言から自然それ自身のための保護が根拠づけられる、としている。そして、人間中心主義の立場に対しては、人間中心主義的環境保護という狭い概念は、時代遅れになった、と厳しく批判する。
　そのうえで、エコロジー中心主義か人間中心主義かの争いは意味がなくなったかあるいは両者を対置させることは誤りである、と主張する。その理由は、「自然的生存基盤」の保護範囲について両者の間には原則的に区別がないことである。たとえば、ある論者はこう指摘する。人間の自然的生存基盤と自然的環境との相違は、意味があるとは思えない。というのは、憲法20a条は人間の将来の世代にとって不可欠な自然的生存基盤を保護するのみならずまた原則的に自然の構成部分もカバーしているからである。将来の世代に対する責任の要請は、人間中心主義的に染められていると思える憲法20a条の保護目標規定を自然的生存基盤全体を保護する方向へ移動させる、という。

(3) エコロジー中心主義の立場

　エコロジー中心主義の立場も人間中心主義の立場と同様にバリエーションがある。まず、穏健なエコロジー中心主義の立場から紹介していく。この立場の特徴は、憲法20a条は全体として見れば人間中心主義的文脈においても理解されるが、しかしながら内容上狭められた環境保護を意味しないとするかまたは環境や景観それ自身の保護も含んでいるとする点にある。

　憲法１条１項の人間の尊厳条項から穏健なエコロジー中心主義的方向を確認する論者もいる。この論者によると、憲法１条１項の人間の尊厳の保障と相容れないゆえに、最終的にエコロジー中心主義的な方向に向けられた環境保護は、憲法上許されないとする。他方で、人間の尊厳の保障から、憲法が自然それ自身のためにも保護することを認めないということは引き出されないという。したがって、憲法１条１項は、憲法20a条が人間中心主義的にだけ理解されるということを命じていないということになる。この見解によれば、人間の固有の利益および必要性から独立して自然的環境を尊重し保護することは人間の尊厳に一致するということになる。そして、環境保護を自然それ自身のためにも保護することへ拡張することを認める際に、憲法20a条はその中心に人間の生存基盤を置いているとされる。

　この立場からすると、他の利益（法益）との利益衡量の際に、憲法１条１項と結びついて環境保護の絶対的優位が生じることもあり得るという論者もいる。確かに読み方によっては、この立場は穏健な人間中心主義の立場とかなり相対化されるであろう。しかしあえて穏健なエコロジー中心主義という立場をエコロジー中心主義のなかに位置づけたのは、内容上狭められた環境保護を否定する根拠づけが、エコロジー中心主義の立場と同じであるからであり、また他の利益（法益）との矛盾衝突の際に環境保護が特別に保護に値すると主張されているからである。人間中心主義の立場では、原則的には人間の利益が優先するという傾向と結びついている。この点については、相対的ながら相違は確実にあるといえる。

　次に厳格なエコロジー中心主義の立場がある。この立場の特徴を挙げると、

第 **8** 章　ドイツにおける環境保護

憲法20a条は人間以外の自然的生存基盤も保護の対象にしている点、人間の利益や必要性から独立した自然や景観それ自身のための保護も憲法20a条から導き出されるとする点である。この点は、穏健なエコロジー中心主義の立場や両者をエコロジー的に止揚する立場と一致している。また、人間の自然的生存基盤が保護の中心に位置するという点を認めている。「自然的生存基盤の保護」の範囲は、当然のことながら広範に把握している。

　この立場からは人間中心主義の立場へ批判が投げかけられている。この立場の代表的論客ディートリッヒ・ムルスヴィークの批判を挙げておきたい。「憲法20a条は、人間中心主義的にのみ解釈されるというのは不適切である」、「来るべき世代に関連するがゆえに生存基盤の保護が人間中心主義的に理解されねばならないとするテーゼは、誤りである」(Sachs, Michael. 2009) と。

　どのような根拠に基づいて、エコロジー中心主義の立場が唱えられているのであろうか。ムルスヴィークの根拠づけは、次の3点である。第1点目は、憲法改正立法者が「人間の自然的生存基盤の保護」に限定しなかったことから、自然的生存基盤それ自身も保護されるべきである、という。第2点目は、人間の固有の利益・必要性から独立して自然的環境が配慮され保護されることは人間の尊厳に一致している、という。第3点目は、自然的環境は直接人間の開発利用に奉仕しなくても、来るべき世代のために自然的環境を維持しつづけることが、まさに来るべき世代の利益になる、という。

　別の論者は、自然科学の分析も考慮に入れたうえで憲法1条1項の人間の尊厳条項からエコロジー中心主義の立場を導き出している。すなわち、人間は自然の一部として、自然や環境以外では生きられないのであり自然や環境を尊重することは人間の尊厳と一致する、という。さらに他の論者によれば、人間以外の生物の生存も高度な倫理的価値を有するのであり、憲法20a条は自然または生存（人間以外の生物の生存を含めて）の包括的な保護を対象にしているとする。

　厳格なエコロジー中心主義の立場は、両者をエコロジー的に止揚する立場と根拠づけはほぼ同じである。両者をエコロジー的に止揚する立場との違いは、

人間中心主義かエコロジー中心主義かの争いを意味がないと評価するかどうかにかかっている。また、穏健なエコロジー中心主義の立場が憲法20a条をエコロジー中心主義的文脈から読むのではなく、人間中心主義的文脈から読み込んだ上で自然それ自身の保護も含まれているとしているのに対して、厳格なエコロジー中心主義の立場では、憲法20a条からストレートに自然それ自身のための保護も引き出されるとしている点に相違がある。

4　まとめにかえて

　人間中心主義かエコロジー中心主義かをめぐる議論では、一致できる点がある。おおよそ一致できることは、憲法20a条の保護目標の中心には現在および将来・未来の人間の自然的生存基盤が置かれるということであろう。また、「自然的生存基盤」のなかには人間以外の動物、植物、土地、水、大気、気候および景観などが含まれるということもほぼ一致している。ただし、以下のような相違点も見いだせる。

　人間中心主義の立場によれば、憲法1条1項（人間の尊厳条項）、79条3項（不可侵性条項）を根拠にして憲法20a条の人間中心主義的解釈が要請されるとする。エコロジー中心主義の立場（両者をエコロジー的に止揚する立場も含めて）も憲法1条1項の人間の尊厳を根拠にしている。同じ条項を根拠にしながら結論は、全く異なるのである。

　この点はどう評価したらいいのであろうか。疑問の余地がないことは、環境保護の利益を国家の任務にすることは人間の尊厳に反しないということであろう。また、「自然的生存基盤の保護」という定式から引き出されることは、環境保護が人間の直接の利害に関係されなくても要請されるということであろう。このような解釈は、憲法改正立法者が「人間の自然的生存基盤の保護」という定式を放棄したことから裏付けられるであろう。厳格なエコロジー中心主義の立場（両者をエコロジー的に止揚する立場も含めて）は、この論拠を強調している。

　「来るべき世代に対する責任においても」という文言も人間中心主義の立場

第8章　ドイツにおける環境保護

の根拠にされているし、エコロジー中心主義の立場（両者をエコロジー的に止揚する立場も含めて）の根拠にもされている。人間中心主義の立場から、エコロジー中心主義の立場の根拠づけに疑問が提示されている。すなわち、自然それ自身のための保護が、この文言（とくに「においても」）から引き出されるのかは疑問である、なぜなら「においても」という言葉はもっぱら将来の世代にかかっているからであり世代を越えた面を強調しているにすぎないからである、という。確かに、「来るべき世代」が人間の将来の世代として文言上解釈されることはいうまでもない。しかし、世代という概念は動物、植物などへも適用できるであろうし、「来るべき世代のためにも」自然それ自身が保護されなければならないともいえるであろう。逆に、「来るべき世代」との関連から人間中心主義的解釈だけを引き出すのは一面的過ぎるのではないかと思われる。

　このような論争点があるにもかかわらず、エコロジー原則に注意を払う穏健な人間中心主義も含めるとエコロジー志向が憲法学の分野でも有力になってきているといえるであろう。また、「来るべき世代」という文言が憲法に導入されたことは、きわめて重要であろう。人間の来るべき世代に対するものであろうが、自然それ自身の未来・将来に対するものであろうが、いずれにしても環境保護について国家が「未来・将来」に対する責任を負うことを、憲法で定めているのである。この文言は、ドイツ憲法の未来志向を端的に表しているといえるであろう。さらに、この憲法20a条によりドイツでは、環境保護を積極的に推進する国家＝「環境国家」を志向する方向性が明確に確認されたといえるであろう。

　このようなエコロジー・未来志向および「環境国家」志向によってドイツは、EUレベルでのエコロジー志向・未来志向を牽引していくことを今後も期待されている。制定後、60周年を迎えたドイツ憲法（基本法）の意義は、ますます光り輝いていくのであろうか。ドイツ憲法は、ヨーロッパ化あるいはグローバル化にどのように対応していくのか、今後の動向が注目される。

第Ⅱ部　EUにおける環境保護

参考文献

阿部照哉（1977）「ドイツにおける憲法上の『環境権』論争」『法学論叢』100巻4号。
松浦寛（1980）「西ドイツ基本法における『環境基本権』の法的地位と性格」『阪大法学』114号。
吉田栄司（1993）「ドイツ憲法問題合同調査委員会最終勧告」ジュリスト1036号。
初宿正典（1995）「最近のドイツの憲法改正について（1）（2）」自治研究71巻2号3頁以下、同巻3号。
森英樹（1995）「ドイツ統一に伴う基本法改正の一断面」法律時報67巻9号。
高田敏（1996）「環境問題と法哲学」『環境問題の法哲学』有斐閣。
広渡清吾（1996）『統一ドイツの法変動』有信堂。
青柳幸一（1996）「環境権と司法的救済」『個人の尊重と人間の尊厳』尚学社。
クラトーリウム編・小林孝輔（監訳）（1996）『21世紀の憲法　ドイツ市民による改正論議』三省堂。
前原清隆（2001）「ドイツにおけるエコロジー憲法構想」法律時報73巻6号。
岡田俊幸（2001）「ドイツ憲法における『環境保護の国家目標規定（基本法20a条）』の制定過程」ドイツ憲法判例研究会編『未来志向の憲法論』信山社。
岩間昭道（2001）「ボン基本法の環境保全条項（20a条）に関する一考察」ドイツ憲法判例研究会編『未来志向の憲法論』信山社。
赤坂正浩（2001）「ドイツ基本法への環境保護規定の導入」比較憲法学研究13号別冊。
桑原勇進（2002）「国家目標規程『環境保護』－その規範内容－」東海法学28号。
平子義雄（2002）『環境先進的社会とは何か−ドイツの環境思想と環境政策を事例に』世界思想社。
岡田俊幸（2003）「環境保護の国家目標規定（基本法20a条）の解釈論の一断面」樋口陽一・上村貞美・戸波江二　編集代表『日独憲法学の創造力下巻－栗城先生古稀記念－』信山社。
浅川千尋・カルステン・ウーベ編（2003）『EUと現代ドイツ』世界思想社。
小山剛（2004）『基本権の内容形成－立法による憲法価値の実現』尚学社。
高田敏・初宿正典編訳（2007）『ドイツ憲法集第5版』信山社。
折登美紀（2007）「ドイツ環境政策の一側面」『広島女学院大学総合研究所叢書』第4号。
同盟90/ドイツ緑の党（今本秀爾監訳）（2007）『未来は緑　ドイツ緑の党新綱領』緑風出版。
松本和彦（2008）「予防原則と環境国家」石田眞・大塚直編『労働と環境』日本評論社。
和田武（2008）『飛躍するドイツの再生可能エネルギー』世界思想社。
大塚直（2008）『環境法　第2版』有斐閣。
藤井康博（2008）「環境法原則の憲法学的基礎づけ・序論（1）－（4・完）」『早稲田大学大学院法研論集』126号－129号。
浅川千尋（2008）『国家目標規定と社会権－環境保護、動物保護を中心に』日本評論社。
前原清隆（2009）「エコロジー的安全と憲法」森英樹編『現代憲法における安全』日本評論

第8章 ドイツにおける環境保護

社。
尚、本章は、主に前掲拙著（2008、日本評論社）の55頁から131頁までに依拠して書かれている。ドイツの文献は、それぞれの論稿で掲げられているものを参照していただきたい。ただし、とくに次の文献だけは挙げておきたい。
Sachs, Michael.（2009）. Grudgesetz Kommentar 5. Auflage, C. H. Beck.
Kloepfer, Michael.（2008）. Umweltschtutzrecht, C. H. Beck.

第Ⅲ部

EUにおける多文化共生

第9章
文化の多様性と統合の模索
——スウェーデンの伝統スポーツを中心に——

田里千代

1 伝統スポーツから考える多様性と統合

　世界の人々を魅了してやまない「サッカー」は、ほんの150年ほど前までは、数十人から数百人の群集が入り乱れて、時には相手を殴り倒しながら、一日かけて村や町の決められた場所にボールを運ぶことで勝負を決するものであった。
　イギリス各地で行われていたこのような民衆娯楽のスポーツ「フットボール」は、今や国際スポーツとしての「サッカー」へと変貌を遂げた。これはサッカーに限ったことではなく、4年に一度開催されるオリンピックに顕現されるように、スポーツはグローバルな広がりと人々の心を惹きつける求心力を発揮するにいたっている。
　今日、私たちが「スポーツ」としてイメージするものは、サッカーのようにそのほとんどが近代スポーツを祖にする国際スポーツといってよい。近代スポーツは18世紀以降、近代社会の中でそれまでの土着的かつ伝統的なスポーツが洗練された文化の1つであり、同時に当該社会の価値観を色濃く反映している。スポーツ史家のA.グットマン（1997）は、近代スポーツの形成過程に、世俗性、平等性、官僚化、専門化、合理化、数量化、記録への固執などの特徴を見出し、近代以前の伝統的なスポーツとは明確にその価値観を異にしていることを明らかにした。近代スポーツとは、ヨーロッパの一部に限られた、19世紀のイギリスを中心としたキリスト教徒、なかでもジェントルマン階級によって、フェアプレイやチームスピリット、リーダーシップなどの思想を上手く教

育にブレンドされたことでイギリス産のスポーツがグローバル化を果たし、国際スポーツへと昇華したものといえる。

　国際スポーツへの華々しい発展の裏では、前近代的な民衆娯楽のスポーツの持っていた土着性や祝祭性、無秩序性、暴力性といった特徴は削ぎ落とされていった。加えて現代社会は、観衆を惹きつけ、かつメディアに耐えうる魅力を持たないスポーツを表舞台から遠ざけてきた。しかし、民衆娯楽としてのスポーツは国際スポーツに淘汰され消滅の一途をたどったかというとその限りではない。現在に至るまで継承、あるいは復活されたもの、さらには創造されたものもある。これらは、今日「伝統スポーツ」として、時代・社会背景に応じてその存在意義を持ち続けている。

　伝統スポーツは、その名のごとく近代スポーツ以前の残存として文化遺産的な見方で、いわゆる「消滅の語り」の対象物として、静態的に捉えられることがある。しかしながら、今ある伝統は、漠然と昔の姿を留めたまま自然に残ってきたわけでない。伝統スポーツとされるものは、今を生きる人々が意識的に、そしてある時は戦略的にどのような意味づけをして、いかに語り、それをどのように伝統らしく見せていくかといった、「伝統」にしていく過程の上に存在する。したがって、伝統の意味づけやその表象の仕方について、特定の地域の集団や民族に属する人々が、いかなる状況において、誰を他者と想定しながら、どのように伝統スポーツと意識化、あるいは客体化するのかを動態的に解明していくことが必要である。このような動態的な伝統スポーツの読み解きは、当該集団のアイデンティティの構築過程を見極めることにもつながってくるのである。

　本章のねらいは、こうした伝統スポーツに見られるアイデンティティの諸相から、EUの理念である「多様性の中の統合」の実現に向けた可能性について考えていくことにある。そもそも今日にみられる伝統スポーツは、他の地域とは異なる独自性を形象している。なぜならば、当該地域の人々が生活の中で行ってきたスポーツは、ある時代の出来事や他地域との関係性のなかで、伝統としての価値があることを見出され、時には伝統らしさの演出が加えられなが

ら変容させられてきたものだからである。当該地域の様々な価値観を表す伝統スポーツの存在は、ヨーロッパの多様性を示す文化の1つといえよう。

　他方、EUの理念である多様性を志向する伝統スポーツに、「多様性の中の統合」の可能性を見出すことができるのだろうか。国際スポーツはしばしば「統合」という難題の壁を軽がると飛び越えてきた、というよりも人々の統合に利用されてきた歴史がある。特に、国家という単位での統合は、オリンピックやワールドカップに出現するナショナリズムを見れば、スポーツは強烈な政治力を発揮する。しかし、多様性と統合という二律背反の相対する観点からは、国家間の対立がスポーツにおいて表面化すること自体、国家という枠組みを越えた統合の難しさと限界を示しているといえよう。

　実は、伝統スポーツの場合も統合という力学は大いに発揮される。他の地域との違いを際立たせる伝統スポーツは、地域内の人々の連帯感を高揚させながら統合に導く。伝統スポーツにおける統合は、バスク地方の伝統スポーツのように、地域間の軋轢から生じる政治的なアピールの手段として利用されることもある。

　しかし、本章で取り上げるスウェーデンのゴトランド島の伝統スポーツでは、固定的かつ強固なある特定の地域にとどまるようなアイデンティティの形成の仕方ではなく、むしろ状況に応じて柔軟な形で現れ出るアイデンティティの諸相と様々なレベルでの統合の可能性を秘めたものとして捉えることができる。

　以下では、当該社会に生きる人々が価値あるものとして実践してきた伝統スポーツから、スウェーデンの多様性と統合を模索する状況について検討してゆく。

2　ゴトランド島の伝統スポーツにみる文化の多様性

　ここでは、スウェーデンのゴトランド島でみられる伝統スポーツをとりあげ、スポーツ文化の多様な形態とそれらの意味づけ、さらには多彩な楽しみ方について、それぞれのゲームの概要とともに記す。

(1) ゴトランド島の概要

　スウェーデンの首都ストックホルムから南東方向に約80キロのバルト海に浮かぶゴトランド島は、中世よりヴァイキングの活動拠点として交易が盛んに行われ、また、島最大の都市であるヴィスビーは、ハンザ同盟の時期に中世都市として、主に交易を中心とした経済的活動の拠点であった。こうした地理的要因から、時として、バルト海の覇権争いに巻き込まれることもあり、そこからスウェーデンの他の地域には見られないゴトランド特有の「反骨と自主独立の精神が培われた」といわれている（塩屋,1996,313頁）。

　現在のヴィスビーは「バラと廃墟の町」とも称され、中世の城壁に囲まれた町の中にハンザ同盟時代に栄えた面影を偲ばせる町並みや教会などがバラに彩られるように点在し、1995年にはユネスコの世界遺産にも登録されている。毎年8月の中世週間になると、島の人口6万人を大幅に上回る30万人にも上る多くの観光客が訪れる町となっている。ヴィスビー郊外では、農業を生業とする地域がほとんどであり、牧歌的な雰囲気を今に残している。

　ちなみに、「ゴトランド」という地名は、「ゴート族の地」を意味しており、一説には「ゴート」は「勇敢な」という語義からきているともいわれている。

(2) ゴトランド島の民族スポーツの概要

　ゴトランド島特有の伝統スポーツの多くは、毎年7月に開催される、「ゴトランドのオリンピック」とも称される「ストンガスペレン（Stångaspelen）」において、競技会形式で継承されている。ストンガスペレンの名称は、ストンガ（Stånga）という町で開催される競技（spelen）から名付けられた。ストンガは、ゴトランド島の中心都市ヴィスビーから南へ約50キロに位置する、人口500人程の小さな町である。

　ストンガスペレンの競技種目には含まれていないが、国際大会が開催されるほどの人気となっている、ゴトランド島発祥の「クッブ（Kubb）」というゲームは、夏の屋外での手ごろな遊びとして幅広い年齢層の人々によって親しまれている。

第9章　文化の多様性と統合の模索

　スウェーデンの本土から海を隔てていたために、近代スポーツ一辺倒にならず、伝統スポーツは島民のアイデンティティを喚起しながら、近代以前のヨーロッパにおける多様なスポーツ文化を温存するにいたっている。
　しかしながら19世紀以降のゴトランドは、スウェーデン本土からの近代スポーツの波にさらされた。だが、1850年代にはゴトランドのゲームが復興され、1878年のヴィスビー・ボールクラブ（Visby Bollklub）の創設により伝統スポーツの復興と実践が推進された（Hellspong, 1989, p.33）。1924年には、小学校の教師によって第1回のストンガスペレンが開催され、競技会場の土地の利権問題により1940年代末から1950年代の半ばにかけ一時中断されるも、再び現在にいたるまで毎年続いており、夏の風物詩となっている。
　ストンガスペレンで行われる種目は、5つのカテゴリーに区分されており、その多くが古くから農村地域で行われてきた牧歌的な雰囲気を色濃く残す素朴なゲームである。また、近代スポーツの祖形が想起される点において伝統的なスポーツ文化の保持がうかがえる一方、他地域の伝統的なスポーツとの類似性が見出せることもストンガスペレンの特徴としてあげられる。これは、ゴトランドの歴史的背景を鑑みれば、中世期における地中海貿易圏の拠点であり、人や物の往来や通商といったつながりは、遊びやスポーツも例外ではなかったことを意味する。

（3）　各競技の概要
　ストンガスペレンで行われているスポーツの概略と特徴を示そう。
①ペルク（Pärk）：ゴトランド島のみで見られる複雑な球技であるペルクは、文献資料を欠くものの、その起源を中世にまでさかのぼることができるとされている。2チームで競われるこのゲームのボールは、コルクを中心にして、その周りに毛糸を巻きつけた球を革で包んだものを使う。互いにボールを手で打ち合いながらチームの領地を拡大させていくという野球とテニス、サッカーを掛け合わせたようなスポーツで、アメリカンフットボールのように互いの境界線の攻防が繰り広げられる複雑なルールをもつスポーツである。

第Ⅲ部　EUにおける多文化共生

写真9-1　ペルク。相手チームからの投球を掌で打ち返す。(撮影：渡邉昌史)

ゲームは、相手方が「ペルク」と呼ばれる白い長方形の枠内に向けてボールを投げ入れることによって始まる。一方のチームが投げられたボールを掌（テニスの原型の名残といわれている）で相手側の陣地に打ち返す（**写真9-1**）。戻ってきたボールを、ワンバウンド以内で相手側のプレイヤーが掌で打ち返すか、もしくは足で蹴り（フットボールの名残といわれている）返す。どちらかが打ち損じた（もしくは蹴り損じた）時、打ち損じた地点に境界線が移動する。

境界線の攻防に成功したチームに10ポイントが与えられ、その後10ポイント刻みで40ポイント先取したチームが1セットを得て、2セット先取したチームが勝ちとなる。

先述したペルクの起源が中世に遡る点に関しては、中世に流行したフランス発祥の「ジュ・ド・ポーム（jue de paume）」と呼ばれるテニスの原型と関わりがあるとされている。また、かつてイギリスを中心に村々で行なわれていた民衆フットボールでの「蹴る」（当時のフットボールは現在のラグビーの形式に近く、ボールを手で持って走ったりボールを蹴ったりすることに制限を設けていなかった）という動作により、このスポーツが中世の文化要素を今に伝えていると解釈されている。

②ヴァルパ（Varpa）：ヴァルパは、ゴトランド島以外のスウェーデン本土でも人気を博しており、スウェーデン各地のスポーツクラブにおいても競技種目として登録しているところも少なくない。

ゲームは、ヴァルパと呼ばれる円盤状の石もしくは金属の平盤を、20m先に差した木片をめがけて投げることを競う投擲競技である。個人戦とチーム戦があるが、いずれも木片にあてる、もしくは木片までの距離を競う。ヴァルパの

第9章　文化の多様性と統合の模索

投げ方は、陸上競技での円盤投げの動作とは異なり、むしろボウリングを投げるような姿勢で投げる。まず、目標物である木片を正面から見据え、顔の前にヴァルパを構えてねらいを定めたあと、利き足を一歩前に出しながら下手投げで投げる（**写真9-2**）。

投擲系のゲームは、イギリスの「ローンボール」やイタリアの「ボッチャ」、フランスの「ペタンク」などヨーロッパ各地の伝統スポーツにもみられるが、「ヴァルパ」の語源が「船の引索」、「小錨索」などの意味をもつことから、ヴァイキング時代の航海術（投錨）がゲーム化したとの見方や、軍事訓練としての投石がゲーム化したという説もある。上述のように、ヴァルパに類似するヨーロッパ各地の投擲ゲームに照らし合わせるならば、ゴトランド発祥説とともに、他地域からの伝播の可能性も考えられる。さらに、ゴトランド島の伝統スポーツの研究者は、農耕文化を保持してきたゴトランド島の開墾の過程において、邪魔な石を耕地から取り除く作業をゲーム化したと考えた方が自然であるとも指摘している（Hellspong, 1989, p.32）。

③ ストング投げ（Stångstörtning）：

写真9-2　ヴァルパ。写真手前の木片に狙いを定める。

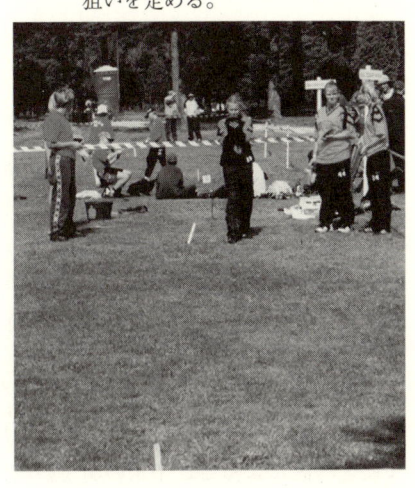

写真9-3　ストング投げ。地面に置かれた丸太をおこすことから始まり、丸太を180度回転させるようにバランスよく投げる。

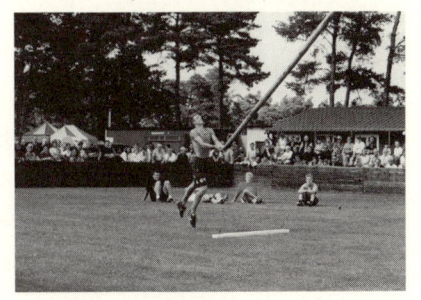

ストングは「棒」、ストートニングは「崩落、倒壊」という意味を持つ。いわゆる「丸太投げ」であるが、ストングと呼ばれる長さ5m、重量約16～26kgの丸太を地面から起こし、肩に垂直な形で抱えこみ、ストングの端を両手で支えながら前方に投げる（**写真9-3**）。ストング投げは、飛距離とともに、投げた先端が地面に着いた後、抱え込んでいた方の端が競技者の対極に向くように、180度回転させる形で投げ倒すことが求められる。

　このゲームは、スコットランドで行われている伝統スポーツの競技会であるハイランドゲームズ（Highland Games）での「ケイバー投げ」と酷似しており、1981年までは同地との交流もあったという。

　イングランドでは、スポーツ熱がエスカレートした末に、当時の国王は何度か特定のスポーツの禁止令を出している。その中には、祭りの際に行なわれていた、石投げ、鉄盤投げ、そして丸太投げも含まれていた（加藤, 2006, 23頁）。また、一説によると、中世の騎士の訓練としても、丸太投げが行なわれていた。騎士の武器としての重い槍を自由に操り、敵の甲冑を突くための力と技を養成するための訓練であったともいわれている（Hellspong, 1989, p.33）。

④ ゴトランド五種競技（Gutnisk femkamp）：五種競技では、徒競走（60～100mの直線競争）、ヴァルパ（飛距離）、走り高跳び（陸上競技での高跳び）、ストング投げ（飛距離）、レスリング（互いに両手を相手の肩越しに背中にまわして、組み合った状態から始め、相手の背中を地面に着ける）がトータルで競われる（**写真9-4**）。

　これら五種目を順番に行い、順位の低い者から外されていく。最後まで勝ち残った4名の中から優勝が決する。ちなみに、千年以上もの間執り行われていた古代ギリシアの古代オリンピックにも五種競技があり、当時は軍事訓練的な競技として、やり投げ、円盤投げ、幅跳び、短距離、レスリングが行なわれていた。ゴトランド五種競技と比較してみると、やり投げがストング投げ、幅跳びが高跳びに置き換えられているだけで、他の3種目に関してはほぼ同様の競技が行なわれている点は興味深い。なお、今日につながるオリンピックの近代五種競技は、射撃、フェンシング、水泳、馬術（障害）、ランニングと定めら

れているが、この競技が開始されたのが1912年のスウェーデンで開催された第5回ストックホルム大会からであったことは、なんとも縁のある偶然といえよう。

写真9-4　レスリング。相手の背中に手を回した状態から始める。

⑤滑稽なゲーム（Skämttävlingar）：見ている者の笑いを誘う娯楽的なゲームが集められている。バーの上の支配者（Herre pa stangg）は、丸太の上で二人の競技者が枕でたたきあい、相手を下に落とそうとするゲーム。足けり相撲（Spark' bläistre）は、輪状のロープを二人の競技者が持ち、ロープを引き合いながら相手のバランスを崩させるゲーム。足組相撲（Spark' rövkrok）は、仰向けの二人の競技者が、互いの足を組んだ状態から相手を後転させるゲーム。棒引き（Dräg' hank）は、互いに向き合って座り、両手で握った棒を引っ張り合うゲーム。こうしたゲームは、ゴトランド独自の遊びというよりも、スウェーデン本土だけでなくヨーロッパに広く行なわれていた遊びであったが、時代を経てその多くが姿を消し、ゴトランドに残存したという（Hellspong, 1989, p.33）。

そもそもスポーツの語源は、ラテン語のデポルターレに遡ることができ、身体運動に限定されない、遊びや休養も意味する広義なものであった。身体活動や競技などに特化されたスポーツのイメージは、近代スポーツが登場するまではなく、近代以前のヨーロッパ各地における祝祭日の娯楽として、農村、都市を問わずこうした娯楽的なゲームは行なわれていた。特に、ゴトランドのような農業を主体とする地域においては、生活において欠くことのできない娯楽であると同時に、こうした機会に地域の人々に互いに顔を合わすことで、地域社会の成員の絆を確認するという意味において重要な機会を提供していたことが

写真9-5　クッブ。ゆったりとした時間の流れと太陽の日差しを楽しみながらのゲーム。

推測できる。

⑥ クッブ（Kubb）：クッブとはスウェーデン語で「薪」を意味し、積み木を大きくしたような立方体の角材5つ（クッブ）と、ゲームの鍵を握る王冠の形状を持つやや大きめの「キング」を、円筒状の「投げる棒」を使って倒していく投擲のゲームである。夏のゴトランドを訪ねると、老若男女が青空のもと、芝の上にクッブを並べ、相手方のクッブを倒しながら、最終的にキングを倒すというのんびりしたゲームに興じる姿を目にする。極端に日が短い冬の間、家に閉じこもりがちであった生活を取り戻すかのごとく、夏の日の長い一日を謳歌するには、格好のゲームといえよう（**写真9-5**）。

20世紀初頭になって、リバイバルされたクッブは、ゴトランド島やスウェーデン本土だけではなく、世界的な広まりを見せつつある（Clements and Fiorentino, 2004）。このゲームは、10世紀前後のヴァイキングの伝統的なゲームとして、ゴトランドの最大都市であるヴィスビーで毎年8月に行なわれている中世週間で紹介されている。起源については、10世紀前後にこの地域で生活をしていたヴァイキングのゲームとする説があり、造船によって余った木片を使ったとも、最終的に王を倒すというゲームはあたかも彼らの勇敢さと攻撃の戦略的なゲームだったとも言われているが、定かではない。

ゴトランドのロネ（Rone）という町では、1995年より伝統的なゲームという色を抜いた、競技主体のクッブの大会が行われている。クッブ国際大会（VM i Kubb）のウェブサイトによれば、2004年国際大会では、11カ国からの168名の競技者が集ったという。地域の連帯感と自尊心を喚起させ強化させる伝統スポーツは、ウェブを通じて世界へと発信するに至っている。日本においても2005年頃より日本レクリエーション協会においてクッブが販売されるなど、

「エコロジカルなスローズポーツ」として普及し始めている。

3　アイデンティティの諸相と「多様性の中の統合」

　アイデンティティ、すなわち「私は何者であるか」という問いは、相対する他者という対象の出現により始めて表出する。スポーツに限ってみると、これまでも、オリンピックや国際大会では国レベルでのナショナリティを、また、高校野球では地域レベルで郷土というアイデンティティを創出してきた（田里,2006, 11頁）。20世紀以降、国際スポーツがグローバルな表舞台に登場しようとも、依然として伝統スポーツは、それぞれの地域固有の、あるいは民族固有のスポーツとして、エスニシティという民族意識を喚起させる文化装置の役割を果たしている。

　ここでは、伝統スポーツの実践が人々のアイデンティティを生成し、さまざまなレベルでの統合のあり方を模索する過程を取り上げる。伝統スポーツは、今を生きる人々の課題としての統合をも可能にしうる動態的な価値を伴っていることを検討していきたい。

（1）　ヨーロッパのアイデンティティ──スポーツ文化の多様性の理解と「つながり」の生成

　伝統スポーツとしてのストンガスペレンやクッブには、近代スポーツが出現する以前のスポーツの祖形が認められることはすでに述べてきた。19世紀の近代スポーツによる価値の画一化および20世紀に見られた急速なグローバル化により、ヨーロッパ各地で行われてきた娯楽としてのスポーツの多くは消滅してしまうか、あるいは人々の関心を集めなくなっていった。しかし、20世紀の極端にグローバル化した社会状況への問題提起は、様々な分野における多様性の理解の必要性へと人々の思考を転換させることになった。

　スポーツにおいても、前近代までのスポーツは、必ずしも優劣を決する文化装置として機能する必然性はなかったし、ましてや決められた規格や画一的な

用具・用品に縛られる必要もなかった。近年、国際スポーツの隆盛の影で、画一化された価値観に縛られず、それぞれの社会および自然環境に適したスポーツを楽しむといった価値の多様性と、様々な身体の技法や動作による楽しみ方を今一度見直し、文化の豊かさを再発見していこうという「まなざし」が近年注がれるようになってきた。

本章で取り上げたストンガスペレンは、島嶼という地理的な要因も含めた地域性によって、近代スポーツに淘汰されずに残存したスポーツといえよう。その過程においては、既述の通り、その地に生きてきた人々が「伝統スポーツ」として残していく価値があると見出してきた様々な段階を経ている。その1つが、前節で示したような近代以前の文化遺産的価値を持つスポーツの多様な形態であろう。

さらにヨーロッパの人々は「伝統スポーツ」として継承していくことの価値を、ペルクのように国際スポーツのサッカーやテニスの祖形を留めていることに求めている。加えて、丸太投げや円盤投げなどは、ゴトランド以外のヨーロッパの地域でもみられる伝統スポーツであり、いわゆる民衆娯楽として伝播し浸透してきたもので、他のヨーロッパの地域との「つながり」をそこに見出しているのである。つまり、彼らは、多様なスポーツ文化でありながらも、それを全くの異文化としてみるのではなく、現在の国際スポーツのルーツとして位置づけることで「つながり」を生成してきており、そこにはヨーロッパの共通のアイデンティティへと導く統合の素地を見出すことができよう。

（2） 北欧のアイデンティティ――ヴァイキングという統合の象徴

ストンガスペレンでのスポーツやクップに関しては、その由来をヴァイキングに求めている言説にたびたび出会う。ヨーロッパの中心から陸を隔てた北端に位置する北欧は、地中海交易の終えんとともに周縁として位置づけられた。しかし、その独自の存在感や価値観を際立たせる際に、「ヴァイキング」という代名詞が用いられるのである。つまり、ヨーロッパにおける北欧アイデンティティを生成させるため、ヴァイキングはその象徴として利用されていると

いってよい。

　ヴァイキングのイメージの創造は、ヨーロッパでのナショナリズム運動の影響を受けた際、北欧を際立たせ、かつ北欧地域のアイデンティティの構築に強烈な力を発揮してきた。国民国家形成に不可欠であった軍事力を強化させる一環として、スウェーデン体操のように国民体操が広まっていったが、体操を通じての人々の結束力、組織力、そして体力の向上にあっては、ヴァイキングの「尚武の精神や自由な精神」が強調されたのである。ここには、ヴァイキングに象徴されるような反骨の精神が、まさにヨーロッパ社会全体へと向けられていたと解釈できる。

　加えて、クッブにみるゴトランドの伝統のリバイバルでは、意図的にヴァイキングのイメージを多用する。商品への付加価値として、その由来は定かではないにしろ、クッブをヴァイキング発祥と結びつけ「ヴァイキング・クッブ」と銘打ち商品化することなど、新たな「伝統の創造」と呼ぶべき現象も生み出している。

(3)　スウェーデンのアイデンティティ——独自のスポーツ観の展開

　スウェーデンの独自のスポーツ文化観を示す「イドゥロット（idorott）」という言葉は、現在では単に「スポーツ」と同義語として使われているが、そもそもの語意は、「仕事や日常生活に関連した活動の能力や技術」を意味し、一般的なスポーツの定義としての「仕事や義務の拘束から離れて得る気分転換」とは隔たりがあることが指摘されている（野々宮, 1987, 1169b頁）。このイドゥロットについては、10〜13世紀のヴァイキングの活動などを知る手がかりである「エッダ」や「サガ」などの神話や物語のなかで、具体的にいくつかの技芸が記されている。詩作、乗馬、水泳、かんじき滑走、弓射、ボート漕ぎ、ハープ演奏、作詞（韻文）法の技術、盤上遊戯（チェス）、北欧古代詩（ルーン文字）、朗読、鍛治（クラフト）などで、身体運動を伴うものから技芸や娯楽、芸術など実に多岐にわたる活動を意味していた（野々宮, 1992, 62頁）。

　16世紀には、トーナメントやジュースト、剣術などの騎士教育にかかわる意

味も包含していく。しかしながら、生活に密着した実用的な活動を示すイドゥロットは、近代スポーツの出現によって、実用性から離れてスポーツの意味合いを色濃くしていくことになる（前掲, 62頁）。

特筆すべきは近代スポーツの流入以前において、すでにスウェーデン独自のスポーツ観とスポーツ文化が展開されており、決して近代スポーツを追随しただけのものではないことがそこには読み取れる。独自のスポーツ観であるイドゥロットもまた、その根本を貫く精神はヴァイキングに求められているのである。

ストンガスペレンの場合にも、ペルクのように競技性が伴うものだけでなく、それこそ「滑稽なゲーム」のような娯楽的要素の強いものが含まれていたり、生活における実用的な動作であったとされるストング投げやヴァルパなど多彩な種目を実施することは、こうした独自の概念であるイドゥロットの名残としてみることができよう。

（4） ゴトランドのアイデンティティ──中心への対抗文化として伝統スポーツ

本土からの影響によって近代スポーツが受容される過程は、ゴトランド独自のスポーツ文化の存在を確認することでもあった。つまり、伝統スポーツの客体化が19世紀以降に始まったのである。

ゴトランド島の伝統スポーツは、スウェーデン本土という中心を象徴するような近代スポーツの浸透への対抗文化としての役割を担ってきた。しかし中心と周縁という関係性が伝統スポーツの実践へと導いたと考えるならば、なぜゴトランド島のみで活性化したのか。

ストンガスペレンの競技会がストンガという小規模な地域において復興、継続されているのは、かつて「ヴォーグ（våg）」と呼ばれる賭け遊びの慣習が存在し、それが伝統スポーツを温存させるに至ったということであるらしい（Hellspong, 1989）。ヴォーグは、17世紀から続くゴトランド特有の教区内でのスポーツ競技大会であり、その開催時期は、夏の収穫後で秋の漁獲シーズンを控えた、日曜日の礼拝後であった（ibid, 1989, pp.31-32）。競技大会前の作法

として、挑戦状を対戦相手に送る。これは中世に、騎士の決闘の際、果たし状を送っていた名残ではないかと推測される。その手紙には、どの競技で対決するのか、さらにはいくらの賭け金にするかも記載されていた。この対決で負けた方が、競技後の宴会費用の3分の2を支払わなければならないという一種の賭けの要素も含まれていた。こうした賭け事が関わる競技会はゴトランド島以外では見られず、教区での娯楽として展開されていたという。

伝統スポーツは、ヴォーグという娯楽的スポーツ競技大会への参加という楽しみ以外に、その結果をめぐる賭けが行われ、さらには、賭け金は教区の宴会費用に充てられたことで、競技を観戦する楽しみも有していたのである。宴会では敵味方の別なく、教区内の住民たちの親睦が図られていた。スポーツが勝敗を決する優劣判定の装置としての役割を多分に担っている現代からみれば、実に多様な楽しみ方が伝統スポーツに織り込まれていたといえる。

ストンガスペレンは、こうしたヴォーグが教区の生活に彩りを与えてきた過去を想起させるものでもある。日本では、スポーツは参加する以外にも、見て楽しむ、ボランティアのように支えるなどといったスポーツへの多様な関わり方が盛んに提唱されているが、ゴトランドの伝統スポーツを読み解いていくと、少なくともヴォーグでは多様なスポーツの楽しみ方を人々はすでに実践してきたといえる。

4 伝統スポーツの現代的役割と「多様性の中の統合」の実現に向けて

伝統スポーツは、すでに過去のものであり、そうしたスポーツの実践は時計の針が止まったままの過去へと遡るノスタルジックな思いを導くだけのものではない。本章では、ゴトランドの伝統スポーツを読み解くことで、当該地域に暮らす人々が、社会状況に応じて様々な他者を想定しながら、自らの伝統スポーツを客体化し、アイデンティティを築き上げてきた過程を明らかにしてきた。彼らのアイデンティティは必ずしも一つに固定されず、多様性と統合を模索している状況がある。あるときはスウェーデン国内の都市に対抗する形での

地方の「ゴトランドのスポーツ」として、また、北欧の中にあっては「スウェーデンのスポーツ」として、さらにヨーロッパの中においては「北欧のスポーツ」として、伝統スポーツの意味や位置づけはその時々により解釈を変えながら現在に至っている。

　本章の課題であった「多様性の中の統合」とは、こうしたアイデンティティの様々な在りようをまずは認め合い、また伝統スポーツをある特定の集団によって、固有の閉じられた占有物のように取り扱うことをせず、一つはヨーロッパにおいて発展を遂げた近代スポーツという共通性と、そして二つ目にはヨーロッパ各地の伝統スポーツとの関係性という「つながり」によって、ヨーロッパとしてのアイデンティティを喚起し、統合へと導くという役割を伝統スポーツが担っているということを意味しているのである。

　最後に、伝統スポーツにおける「つながり」と統合は、最先端のコミュニケーションツールであるウェブサイトを通じて生成されていく側面もあることを付け加えておきたい。その過程には、本章で取り上げたクッブのように、スウェーデンやヨーロッパを飛び越え、ウェブサイトにより世界とつながり、世界大会へと発展させる例もある。伝統は、純粋に陳列棚に保存することで継承されていくのではなく、むしろこうした世界とのつながりと、ローカリズムとグローバリズムの相互関係性の中で、ダイナミックに変化しつづけていくのである。

引用・参考文献：

岡沢憲芙（2009）『スウェーデンの政治：実験国家の合意形成型政治』東京大学出版会。
加藤元和（2006）「Carl Diemの世界スポーツ文化史の研究（4）－近代初期ヨーロッパの場合イギリス－」『京都教育大学紀要』No.108.
グットマン，A.（1997）『スポーツと帝国』谷川稔・石井昌幸他訳　昭和堂。
塩屋保（1996）「ゴトランド島」百瀬宏、村井誠人監修『北欧』　新潮社。
関根政美（2000）『多文化主義社会の到来』　朝日新聞社。
田里千代（2006）「アイデンティティ」日本体育学会監修『最新スポーツ科学事典』平凡社。
野々宮徹（1979）「ゴート思想とスウェーデン国民体育」岸野雄三・、成田十次郎他編）『体育・スポーツ人物思想史』　不昧堂。

―――― (1987a)「スウェーデン体操」日本体育協会監修『最新スポーツ大事典』大修館書店。
―――― (1887b)「北欧のスポーツ」日本体育協会監修『最新スポーツ大事典』大修館書店。
―――― (1992)「北欧におけるスポーツ観の変遷」『体育科教育』大修館書店。
―――― (1993)「スウェーデンにおける外来スポーツ」中村敏雄編『スポーツ文化論シリーズ①スポーツの伝播・普及』創文企画。
松井良明 (2002)「イギリス社会と民衆娯楽－失われた民衆娯楽」望田幸男・村岡健次監修『近代ヨーロッパの探求⑧ スポーツ』ミネルヴァ書店。
早稲田大学スポーツ人類学研究室 (2001)「スウェーデン・ゴトランド島の民族スポーツ大会「Stångaspelen(ストンガスペレン)」調査報告」『スポーツ人類学研究』第3号。

Clements, R. and Fiorentino, L. (2004). *The child's right to play: a global approach.* Greenwood Publishing Group.
Hellspong, Mats. (1989). "Traditional sports on the island of Gotland" *Scandinavian Journal of Sports Sciences.* 11(1).
―――― (1998). "A Timeless Excitement: Swedish Agrarian Society and Sport in the Pre-Industrial Era", in Meinarder, H. and Mangan, J.A. eds. *The Nordic World, London*: Frank Cass.
"Pärk" (2003). *World Sports Encyclopedia* (Wojciech Liponski) MBI.
Ronstrom, Owe (2008). " 'KUBB' Local identity and global connectedness in Gotland parish." *The 4th International Small Island Cultures Conference* (The truku archipelage,June.2008)
VMiKubb. (2009). http://www.vmkubb.com/ (accessed May 26th) info@vmkubb.com

第10章
フランスの移民問題から見る多文化共生

森　洋明

1　フランスにおける移民

（1）移民大国フランス

　「ヨーロッパの十字路」と呼ばれているフランスは、歴史的にも多くの民族が行き交い、融合し、多様な文化を形成してきた。現在のフランスの各地方に見られる方言やさまざまな文化、人の容貌などの多様性はその名残とも言えよう。また、近代になっても移民を多く受け入れてきたフランスでは、4人に1人は2代まで遡れば外国出身者の血が混じっているとさえ言われている。科学者のキュリー夫人や歌手のイブ・モンタン、サッカーのジダンなど、フランスを代表するような世界的に有名な人たちの中にも外国出身者やその2世が多い。
　そもそも「フランス人」という概念が確立されるようになったのは、フランス革命からだと言われている。それ以前は、国境線が曖昧であり、明確な「外国人」という定義もなく、また出入国や滞在のチェック機能が不十分であったこともあり、「外国人」が意識されることはあまりなかった。そうした中で、王政から主権を国民に転換し、国民国家を形成する過程で、それまで希薄であった「フランス国民」という概念が明確になり、それ以外の外国人との区別をもたらすことになった。さらにそれは、その後の隣国との戦争の中で、ナショナリズムとしてより強化されていった。
　フランス社会で移民が意識されるようになるのは、19世紀に入ってからである。18世紀後半から、他のヨーロッパ諸国で人口過剰が起こっているのと対照

第 10 章　フランスの移民問題から見る多文化共生

的に、フランスでは出生率が低下し、19世紀には労働者の国内の需要に対して供給が追いついていない状態であった。産業の発達とともに、労働者不足を補うためにフランスは多くの外国人を受け入れた。このような労働移民の波は、20世紀にまたがって大きく 3 回押し寄せることとなる。移民の供給源も周辺諸国から東欧へと広がり、20世紀にはフランスの旧植民地が多いアフリカ大陸へと広がっていく。

　フランスにやって来た労働移民は時の流れの中で社会に同化していったが、20世紀後半以降の移民はこれまでにフランスが経験しなかった新たな社会問題をもたらすことになる。そこで本章では、19世紀以降の移民を取り上げつつも特にこの20世紀後半の移民問題に焦点を当て、移民の存在によって生じたさまざまな社会問題を、異文化の接触という視点で検証し、そこからフランス社会における多文化共生のあり方について考えていく。

（2）　3 回の移民の波

　1860年代、フランスに移民の最初の波が押し寄せた。鉄道工事や炭坑作業が盛んな頃で、この時一番多かったのがベルギー人、次いでイタリア人だった。この 2 国で移民全体の約 3 分の 2 を占めた。他にドイツ、スペイン、スイスと続く。当時、パリの地下鉄工事が進められており、多くのベルギー人がこの工事に就いている。フランス北部では鉱山で働く人が多かった。この頃、20年間で外国人労働者の数は50万から 2 倍になっている。また、1850年のフランス人口と比較すれば、フランス人口が20％増加したのに対し、移民の増加率は 3 倍になっている。

　第 2 の波は第一次大戦後にやってくる。フランスがこの大戦で失った136万人は、当時の労働人口の約10％にあたる。負傷者は360万人に上り、その多くが働き盛りの労働者であったので、フランス経済にとっては大きな痛手となった。さらに、この時に計算上誕生するはずの子供の数は170万人とも推定されていて、次代の労働者人口にも大きな影響を与えることになる。この当時は近隣諸国だけでなく、戦後に結ばれた東欧との労働協約により、ポーランドや

チェコスロヴァキア、ユーゴスラヴィアからの移民も多く受け入れている。この結果、1921年の外国人の数は153万2千人になり、その10年後には271万5千人になっている。1930年には、アメリカでは住民1万人に対し外国人の数が492人であったが、フランスでは515人にもなり、当時フランスは世界で最も外国人の比率の高い国となっていた。

　第3の移民の波は、第二次世界大戦後にくる。1945年に移民局を設置し、国家主導で求人・雇用が進められた。61年にはスペイン、63年にはポルトガル、モロッコ、チュニジア、65年にはユーゴスラヴィア、トルコと労働移民に関する2国間協定が結ばれている。自動車産業に加え家電の製造が盛んになり始めた頃である。1954年には176万人だった外国人の数が、1975年には350万人と2倍近くになる。戦争の犠牲者に加え、第一次大戦の出生率の影響がこの頃の労働者不足に拍車をかけた。さらにフランスは「栄光の30年間」と呼ばれるかつてない高度経済成長期に入っており、労働力の需要は高まる一方だった。60年代から80年代にかけて飛躍的に成長したフランスを代表するルノーも、多くの移民たちの労働力によって支えられていたのである（**表10-1**）。

　この3番目の波の中で特筆すべきことは、移民の出身地がそれまでのヨーロッパ諸国から非ヨーロッパへと変わってきたことである。その中でもとりわけ、アルジェリア、モロッコ、チュニジアのいわゆるマグレブ3国からの労働移民たちが目立って多い。その理由として、これらの諸国がフランスの旧植民地であり言語的に問題が少ないことと、地理的に近いことが考えられる。フランスの保護領であったアルジェリアは特別な待遇を受け、1964年までは自由に行き来できたので人数的には一番多くなっている。労働賃金の安い彼らは雇用者側にとっても都合が良く、また送り出す側も慢性的な雇用問題を抱えており、失業者を送り出せる絶好の機会でもあった。そうした状況の中で、農村部で働き口のない人たちがフランスに渡った。彼らの多くが非熟練労働者として、建築、鉱山、化学製品工場、製鉄業などに就労した。

　オイルショックの翌年の1974年には、フランスは労働移民の受け入れを停止する。しかし、労働移民が家族を呼び寄せることで、その後も移民の数は増え

第 10 章　フランスの移民問題から見る多文化共生

	1962	1968	1975	1982	1990	1999	
	%	%	%	%	%	%	実数
ヨーロッパ	78.7	76.4	67.2	57.3	50.4	44.9	1,934,144
スペイン	18.0	21.0	15.2	11.7	9.5	7.3	316,232
イタリア	31.8	23.9	17.2	14.1	11.6	8.8	378,649
ポルトガル	2.0	8.8	16.9	15.8	14.4	13.3	571,874
ポーランド	9.5	6.7	4.8	3.9	3.4	2.3	98,571
その他のヨーロッパ	17.5	16.1	13.1	11.7	11.4	13.2	568,818
アフリカ	14.9	19.9	28.0	33.2	35.9	39.3	1,691,562
アルジェリア	11.6	11.7	14.3	14.8	13.3	13.3	574,208
モロッコ	1.1	3.3	6.6	9.1	11.0	12.1	522,504
チュニジア	1.5	3.5	4.7	5.0	5.0	4.7	201,561
その他のアフリカ	0.7	1.4	2.4	4.3	6.6	9.1	393,289
アジア	2.4	2.5	3.6	8.0	11.4	12.8	549,994
トルコ	1.4	1.3	1.9	3.0	4.0	4.0	174,160
カンボジア, ラオス, ヴェトナム	0.4	0.6	0.7	3.0	3.7	3.7	159,750
その他のアジア	0.6	0.6	1.0	1.9	3.6	5.0	216,084
アメリカ大陸, オセアニア	3.2	1.1	1.3	1.6	2.3	3.0	130,394
未申請	0.8	0.1	///	///	///	///	///
合計(%)	100.0	100.0	100.0	100.0	100.0	100.0	
実数(人)	2,861,280	3,281,060	3,887,460	4,037,036	4,165,952	4,306,094	4,306,094

表10-1　出身国別移民の数

Note：/// ＝調査結果なし
出所）Insee, 国勢調査, 1962-1999。

続けることになる。そしてそれらの多くが、第二次大戦以降フランスに来たマグレブ諸国からの労働移民であった。

　ちなみにフランスでは、こうした労働移民以外に、20世紀後半には、「アルキ」(harki) と呼ばれるアルジェリア独立戦争中にフランス側で戦った現地人（約3万人）や、「庇護の国」を自負する国として、人道的配慮から政治難民も多く受け入れている。例えば、1970年代から80年代にかけてインドシナからの多くの政治難民を、また、労働移民がストップした以降も、政情が不安定な80年代のアフリカ諸国からの亡命難民を庇護している。さらに、旧東ヨーロッパ諸国での共産主義政権から脱出した人たちや、バルカン半島の紛争では5千人以上がフランスに受け入れられている。

（3） 移民の定住化

　20世紀後半のフランスの移民の歴史には、高度経済成長を支えるために積極的に外国人を受け入れた一方で、1974年を境に受け入れを停止するという2つの側面がある。しかしその後も、家族の合流によって移民は増え続ける。労働移民がフランスに定住し始めたのである。もちろん、19世紀からの移民もすでに多くが定住し、フランス社会に溶け込んでいたのだが、20世紀後半の移民の多くがマグレブ系移民であり、そこにさまざまな面で摩擦が生じるようになってきた。ここでは、マグレブ系移民のフランス社会の中での定住化の過程を見ていく。

　当初、この非ヨーロッパ系移民のフランスでの生活は一時的なものだった。大都市近郊にある工場付近に作られた掘っ立て小屋のバラック集落が彼らの住居だった。1970年にはパリ周辺に100余りバラックが存在し、約5万人が生活していた。しかし、同年にバラックで5人の死者を出した火災事故をきっかけに、少しずつ撤去されるようになる。「ホワイエ」と呼ばれた移民用の単身寮もあったが、その後多くの移民は、大都市郊外に建設された中低所得者向けの公的集合住宅（HLM）に、合流した家族とともに入居することになる。この点に関して近隣諸国と比較すると、イギリスやベルギー、ドイツなど外国人居住区が都市の内部にあるのに対し、フランスは大都市の郊外にあるのが特徴となっている。1975年のHLMの外国人の入居比率は11.9％だったが、82年には48％にもなった。その一方でフランス人の入居比率は下がり、居住区域によるフランス人と移民の「距離」が徐々にできあがっていく。近年ではこの数字がさらに高くなり、フランス社会の中で移民居住区が孤立していく結果となっている。

　景気が後退し、雇用問題が悪化すると、もともとは「出稼ぎ」のはずであった労働移民に対して世間の風当たりが強くなる。1976年には国内の失業者が100万人を超え、その対策として移民の数を減らす動きも出てきた。実現はしなかったものの、家族呼び寄せの3年間の停止や4年で50万人を帰国させるといった方針さえ打ち出された。しかし、彼らの多くはもともと自国で職がな

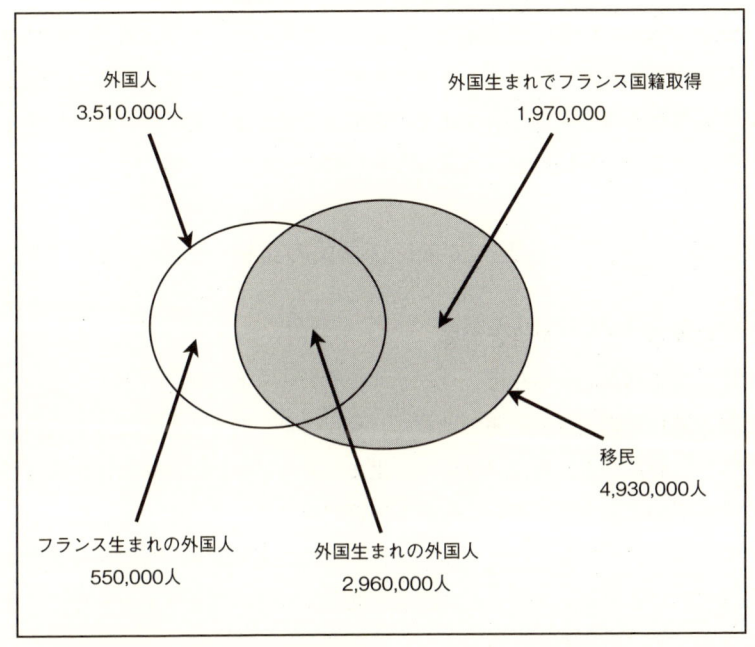

第10章　フランスの移民問題から見る多文化共生

図10-1　フランスに集まる移民

外国人
3,510,000人

外国生まれでフランス国籍取得
1,970,000

移民
4,930,000人

フランス生まれの外国人
550,000人

外国生まれの外国人
2,960,000人

出所）INSS：2004-2005年国勢調査。

かった貧しい農村出身者であり、帰国しても職の保障があるわけでもない。同年には「帰国奨励政策」が打ち出され、1万フランの奨励金で帰国してもらうように呼びかけたが、約5万人がこれに応じただけだった。前出の**表10-1**では、1982年から90年にかけてヨーロッパ系やアルジェリア人の数が減少するが、これはむしろこの間にフランス国籍を取得した移民が多かったことで説明される。それはまた、移民問題で常に議論される「フランス人」という定義の問題、つまり国籍の問題とも繋がっている。

　もっとも19世紀からの歴史を見るなら、フランス人労働者と外国人労働者との衝突は、雇用問題を巡って繰り返されてきた。パリやリヨン、マルセイユなど労働移民が多い地域では、彼らに対する暴力事件も少なくなく、1881年から1893年までに少なくとも30人のイタリア人が死亡（渡辺, 2007, 85頁）している。

また、「イナゴの大群」という労働移民に対する蔑称も、社会の労働移民に対する反感を表していると言えよう。しかし、近年のマグレブ出身者の増加は、雇用に関することだけでなく、キリスト教をベースにしたヨーロッパ文化とマグレブ系移民が持つイスラム文化との接触から生じる問題を浮き彫りにするもので、これまでの移民問題とは違ったものになってきている。

2　マグレブ移民の諸相

（1）　広がるフランス社会との差

　マグレブ系移民の定着化は、フランス社会の今日的問題でもある。なぜならそれは、移民1世だけの問題ではなく、移民2世に関することでもあるからだ。ところが、移民2世たちはフランスで生まれ育ち、中には両親の出身国に行ったこともない人も少なくない。しかも国籍取得に関して出生主義を取っているフランスでは、その多くは「フランス人」なのである。ところが、現実は前述の住居におけるフランス社会との距離と同じように、さまざまな分野でフランス人との「差」が認められる。

　先ず、雇用の問題を見てみよう。景気の後退は、多くの移民がそうであったが、資格のない非熟練労働者を直撃する。確かに、フランスの失業率は1990年頃には10％近くにもなっていて、他のヨーロッパ諸国と比べても高い方だが、移民労働者の失業率だけを見るとさらに高くなり、1990年で男性が16.7％、女性が27.3％、平均では19.9％にもなる。さらにマグレブ出身者に限ると、アルジェリア人で27％、モロッコ人で24％となっている。フランスの労働人口の不足から積極的に受け入れられてきた労働者だが、80年代以降のフランスの景気後退では、こうした何の資格もない外国人労働者が真っ先に解雇の対象となった。世代別の失業率になると事態はさらに深刻で、1990年のフランス人の15～24才人口での失業率が20.2％であるのに対し、外国人全体の平均失業率は29.1％、それがマグレブ諸国出身者だけの数値になると40％近くにもなる。

　移民の若者の失業率の高さは、教育問題と無関係ではない。マグレブ系の若

者では、15歳を過ぎても何も資格（ディプローム）を持たない、つまり学業失敗者の割合が高くなる。このような学業の問題があることに対しては、さまざまな理由が指摘されている。移民2世の親世代が、母語でも手紙が書けない割合が高くなる（池田, 2001, 51頁）ように、言葉にハンディをすでに背負っていたことや、貧しい農村出身で教育も受けていなかったので、子どもの教育に対する関心が薄いことなども影響を与えているようだ。また、フランスに移住しても、職場の簡単なコミュニケーション以外はフランス社会との接点も少なく、生活に関しては自分たちのコミュニティ内で用が足りるので、フランス語を話せない人も多い。したがって、フランス生まれの移民の家庭では、フランス語と母語の2つの言語を使用することになる。さらに、移民が多く集まる学校全体の教育レベルも無視できないだろう。実際に70～80％が移民出身者である学校も少なくない。82年にスタートした教育優先地域（ZEP）に指定されているところの多くが、こうした移民が多い地域と重なっている。

　移民が多く居住する地区の治安問題も深刻である。「荒れる郊外」としてマスコミにも頻繁に取り上げられている。建物の破損、暴行、盗み、麻薬など、移民の郊外への定住が始まった1975年以降増加傾向になる。暴力が日常化しているとされる大都市郊外は、フランス全体で93年には117カ所だったのが、98年では749カ所になっている。その中でもパリ郊外だけで3割以上を占める。また、学校内の暴力事件も多く、教師たちが学校での安全が守られていないと授業を拒否するようなことも起きている。その他、郊外を走る路線バスの襲撃や、列車での暴行事件など後を絶たない。

　移民の家庭内に目を転じれば、世代間の問題も指摘されている。例えば親の失業が家庭内での親権の崩壊を招くケースも少なくない。伝統的に家長が権威を持っているマグレブ出身の移民家庭では、父親の威厳の失墜は世代間コミュニケーションに亀裂を生じさせ、出身国の伝統的文化が次世代に受け継がれなくなってしまう。若者はこうした中、親世代のようなイスラムの実践者ではなくなってしまう。西洋的価値観を身につけた彼らの中には、自らを「ブール」（Beur：アラブ人を意味する rebeu をもじって作られた言葉）と名乗り独自のアイデ

ンティティを築こうとする。彼らは日常生活の中で受ける差別や不当な待遇など、社会に対する不満をラップミュージックなどで訴えていく（陣野，2006）。その一方で、自らの文化を再確認するために、イスラム教をより積極的に生活の中に取り入れ、結果としてイスラムへ回帰する人たちもいる。また、移民の多く集まる大都市近郊は、イスラム原理主義の温床になっているとも言われている。

（2） イスラムの可視化

　移民の定住化、特に第3の波でやってきた非ヨーロッパ系移民の定住化により、フランスでイスラムの可視化が始まる。また移民社会フランスが、それまで経験しなかったさまざまな問題に直面するようになる。その結果、フランスが伝統としてきた同化政策のあり方に矛盾が露呈するようになってくる。

　フランス社会におけるイスラムの可視化は、労働条件の改善要求等に現れてくる。70年代前半から工場内のイスラム教徒の要求の中に、断食月（ラマダン）のベルトコンベアの速度の低下や導師（イマーム）に対してその役目に専従できるような配慮、また食物の忌避を考慮した工場内のメニューの改善などが出始めている。こうした要求は労働組合活動と結びついていた。求心力を失いかけていた労働組合にとって、組合のエネルギー源ともなるので積極的に取り込んでいったからだ。一方経営者側も、要求を認めることによって労働者のモラルが高まり職場に秩序ができるなら、無断欠勤などの防止にもなり、人事管理も行いやすくなるといった理由から要求を認めていく姿勢を示した。このような背景には、フランスが「栄光の30年間」の真只中にあり、生産性の向上が重要な課題であったことが考えられる。

　日常の生活空間にもイスラムの可視化は加速する。ハラールミート（イスラム教の儀式にのっとって処理した食肉）の専門店や女性のスカーフなど、これまでフランスで見ることがなかった文化的現象が現れ始める。その中でもモスクの建設は象徴的と言える。移民のイスラム教徒たちは、初めの頃は空き家などを利用して礼拝を行っていたが、イスラム系移民の増加に伴い、80年代になると

モスクが建設されるようになる。2000年の時点で、フランス全土には1千人以上収容できるモスクが1,536カ所あった。その多くは移民が居住する大都市郊外に集中している。しかし、付近の住民からの反対で建設計画が頓挫する場合があり、モスクから流れてくるマイクの音が騒音問題に発展し、地元住民とのトラブルになることもある。フランス国内の信者数も5百万人に近づいていて、現在のフランスにおいてイスラム教は、カトリックに次ぐ第2の宗教となっている。最近では第1世代の移民の高齢化によって、墓地の需要が年々高まっており、地方自治体はその対応に追われている。

　グローバル化が進む中、他のイスラム世界の反西洋的風潮の影響を受けやすくなってきている。70年代以降に起こった、中東アラブ世界でのイスラム原理主義の台頭、レバノンのイスラム教徒とキリスト教徒の衝突、パレスチナ問題、湾岸戦争、アルジェリアでのイスラム原理主義の出現、イラクやアフガン戦争など、世界のイスラム教に関する動きにフランス国内での反応が敏感になってきた。また、大都市郊外の低家賃住宅などは、国際テロ組織の温床となりやすく、実際にアルカイダの組織のアジトが摘発されている。教育に落ちこぼれ、就職口もなく、フランス社会に溶け込むこともできず、でも自国の伝統的文化は継承していない若者が、テロ組織に勧誘され、原理主義の影響を受けることもある。95年頃には、フランスでイスラム過激派組織によるテロ事件が相次いだが、それによって「イスラム＝テロリスト」という単純な図式ができ、フランス社会におけるアラブ系移民に対する不安感が大きくなった。この状況は外国人排斥を訴える極右政党に順風となり、政策に移民排除を掲げた国民戦線（FN）が、移民の多い地域で高い支持率を得るようになった。

　さらに、学校におけるイスラム教の実践は、肌を出す水泳などの体育科目の拒否や金曜日の安息日の授業の欠席などとなって現れる。学校給食も忌避されている食材を使わないようにしたり、バイキング方式を採用したりしているところもある。そして近年フランスで、イスラムの可視化が最も大きな社会問題となったのが次にあげる「スカーフ事件」であろう。

(3) スカーフ事件

フランスで、イスラム系女性が着用するスカーフが問題となったのは、1989年のことである。パリ郊外の公立中学校に通う生徒の3人が、あごの下で結んでいるスカーフをはずすのを拒否したので、登校が認められなかったことが発端となった。この中学には850人の生徒がいるが、その内約500人がムスリムであった。この学校では前年に、校長と父兄会の話し合いで、校庭や建物の廊下でのスカーフ着用は許可されたが、授業中は取ることで合意されていた。しかし、生徒がこれを無視し授業中もスカーフを取ろうとしなかったので、罰として校長は授業を受けさせなかったのである。

親たちは信仰の自由を保障する憲法に違反していると訴えたが、学校側はフランスのライシテ（政教分離）の原則にしたがった処置だとした。フランスの公立学校ではこのライシテの精神により、宗教性を一切排除することが原則となっている。学校のこの処置に対して、全仏イスラム連合が猛反発したが、学校側はライシテの精神を貫く姿勢を崩さず、この事件に対する国務大臣の声明や国民議会での質疑など、この問題を巡っての論争はやがて国を二分する規模にまで発展していくことになる。

このスカーフ事件は各地に飛び火し、同類の事件がフランス国内で起こっている。スカーフに関する事件が裁判にまで持ち込まれたこともあったが、司法の判断にもばらつきがあった。スカーフを取らない生徒を退学処分にした学校に対して、公立学校の非宗教性を守っていくためには必要かつ合法であったと判断する場合もあれば、退学は子供の学習の権利を侵害するもので違法であるという判断もあった。また、イスラム系住民に対する調査でも、学校でのスカーフ着用に対して45％が反対し30％が賛成と意見が分かれている。

その後、スカーフ問題は少しずつ下火になっていくのだが、2003年に論争が再燃する。きっかけは、同年2月にバンダナを取ることを拒否した女生徒に対する教員の抗議活動であった。さらにその年の4月には、当時の内務大臣ニコラ・サルコジが、身分証明書用の写真ではスカーフを取ることを義務とする発言をし、マスコミに大きく取り上げられた。その年の年間を通じてフランスの

全国紙（ル・モンド、リベラシオン、ル・フィガロ）の合計で、スカーフ関連記事が1,291回掲載されている（森，2007，158頁）ことからも、この問題に対する社会の関心がいかに高かったかが想像できよう。

このスカーフ事件によって、これまでフランス社会で暗黙の内に受け入れられてきた宗教的シンボルが問題視されたのである。例えば、ユダヤ教徒がかぶるキッパは宗教的シンボルに該当しないのか、十字架のペンダントはどうなのか、といった疑問が噴出した。フランスの祝日が復活祭や聖霊降臨など宗教にちなんだものが多いという意見も飛び出し、ライシテの精神の曖昧さが浮き彫りになった。

そうした中、ジャック・シラク大統領（当時）のイニシアティヴで「共和国におけるライシテ原則の適用に関する検討委員会」（通称スタジ委員会）が結成された。2003年12月にその検討の結果として報告書が出され、その中でライシテの原則を守るために、公立学校での宗教シンボルを禁止する提言をした。その他に、ユダヤ教やイスラム教の祭日やモスクの建設、宗教による人種差別の防止に関することの提案があり、それらはライシテの原則のさらなる徹底を促すものだった。そしてこの報告を受けて翌年3月には「公立学校におけるこれ見よがしな宗教シンボル着用の禁止法」が国民議会で採択された。

では、どうしてル・モンド紙の小さな囲み記事に過ぎなかったこの女学生のスカーフ着用が、大きな社会問題として取り上げられ、国家を二分するような論争へと発展し、さらに大統領直々の調査委員会ができ、そして法案にまで至ったのか。実は、ライシテの原則の成り立ち自体が、1789年の革命以来フランスを支え続けてきた「共和国精神」と深く関係しているからである。

3　ライシテの成立過程とその背景

（1）　ライシテの成立

「ライシテ」は日本語で「政教分離」や「非宗教性」「脱宗教性」と訳されるが、ライシテとは、前出のスタジ調査委員会の報告書によると、①信教の自由

を保障、②信教、宗教の意見の権利の平等性、③各宗教に不公平がないようにする政治権力の中立性、の3つの原則から成り立っている。ライシテは、宗教に対する公共の中立性あるいは非宗教性であり、決して反宗教性を意味するものではない。委員会は学校を「共有する価値の習得と伝達のための総本部」であると位置づける。この価値こそが共和国精神に他ならず、その構築のためにライシテの精神が不可欠であった。

革命以前のフランスでは、教会が教育の担い手だった。つまりカトリック教会である。教育におけるライシテは、いくつかの法律によって進められていく。教育の教会権力からの分離は、1833年のギゾー法から始まる。これは、各市町村に小学校を1つ置くことを定めたものである。このことによって教師は、教会ではなく市町村の参事会の管轄下に置かれ、報酬は市町村と家族の寄付によって賄われるようになった。さらに1850年のファルー法では、中等教育が大学から切り離された。また、カトリックで経営されていた私立学校は、国や市町村から校地と補助金を得ることが保障されたが、その割合が規定されるようになった。

1880年代、第三共和政（1870年）の下でフェリー法が施行され、小学校教育は無償になる。そして1882年には14歳までの義務教育が定められる。ここで初めてライシテが明記され、教育の世俗化が明確となる。それまでの宗教教育の時間が、道徳や公民教育となった。これまで教会の下でなされてきた教育が、共和国市民の育成に向けて踏み出すことになるのであった。

続いて1886年のゴブレ法では、教師の非宗教化が進み、公立学校においては非宗教の教師が教育を担当することとなり、それまでの小学校教師の半数を占めていた聖職者と入れ替わるようになっていく。また、公立と私立の併存は容認されるが修道会による教育が禁止される。そして1905年、ライシテの原則を決定的にした「教会と国家の分離法」が制定される。

このようにフランス革命以来続いた共和主義者と教権主義者の戦いは、教育におけるライシテの戦いでもあった。谷川（1997, 230頁）が指摘するように、教育の場で「十字架」を「三色旗」に置き換えるのに、1世紀を費やした戦い

だったのだ。だからライシテの原則に抵触することは、多大な犠牲を払って築き上げた共和国精神の侵害として受け止められる。このような背景があるのでフランスでは、次世代にこの精神を伝えていくための源である学校の問題は、共和国全体の問題となるのである。川村（1996,19頁）の言葉を借りれば、ライシテは「宗教の徹底的な個人化」でもあるので、学校における一女生徒のスカーフ着用は、決して一個人だけの問題ではなく国家の問題となるのである。

（2） 共和国精神

第五共和国憲法の第一条「共和国」には「フランスは、不可分の非宗教的、民主的かつ社会的な共和国である。」と謳われている。続いて「フランスは、出身、人種または宗教による区別なしに、すべての市民の法律の前の平等を保障する。フランスは、すべての信条を尊重する」とある。これは「1789年の宣言によって定義されるような人の権利および国民主権の原則へのその愛着を厳粛に宣言する」と同憲法の前文にあるように「人は、自由、かつ、権利に於いて平等なものとして出生し、かつ、存在する。社会的差別は、共同の利益に基づくのでなければ設けられることができない」という1789年のフランス革命の際に出された「人権宣言」第一条に呼応している。

歴史を通じて多くの移民を受け入れてきたフランスは、移民の国と言っても過言ではないだろう。しかしそのフランス自体は、イル・ド・フランスという王国の中心であった地域が、長い年月をかけて多種多様な地域を「同化」させてできあがった国なのである。例えば革命後の1794年，第一共和政の下で行われた調査によって、当時の人口約2,800万人のうち、フランス語が正しく話せる人は300万人しかいない（谷川，1997，144頁）ことが分かった。以降、共和国民にフランス語を浸透させることが急務とされ、多大な努力が払われた。こうした言語統一政策によってプロヴァンス語やアルザス語のように衰退させられた方言もある。1635年に創設されたアカデミーフランセーズが、現在までも「フランス語の番人」としての役目を果たし続け、また英語や他の外国語からフランス語を守るためのトゥーボン法（1994）が成立するのは、こうした背景

があるのかもしれない。

　今日、大きな問題となっているマグレブ系移民の出身国に対しても、フランス植民地統治の下で同化政策を推し進めてきた。とりわけアルジェリアが独立に至るまで多くの犠牲を払わねばならなかったのは、「アルジェリアはフランスの一部」という認識があったからだろう。そもそも1795年の共和暦第三憲法では植民地を「共和国の不可分の一部」と定義しており、それは教育における言語の同化が、植民地統治でも同様だったということに現れている。ライシテの浸透とともに共和国の教育現場から居場所を失った教会が、布教と一体化した形で植民地のフランス語化の担い手となり、原住民の「フランス化」の推進力となったのである。

　共和国を築き上げてきた同化政策の具体的な形が、フランスの国籍法でも見て取ることができる。第一帝政の下で、初めて「国籍」が定められたが、その時は血統主義であった。しかし、19世紀後半人口減少が著しくなり、労働人口や兵士の数に対する危機感から出生地主義を取り入れるようになった。その後もフランスは、血統主義と出生地主義とミックスした形をとっている。国籍取得は「国籍付与」とも言われ、常に政治的問題となり右派や左派と政権が交代することによって法律に修正が加えられている。

4　グローバル時代における多文化共生

(1)　異文化接触と同化政策の限界

　しかし、郊外の「移民街」に居住し、社会に適応できる十分な教育も得られず、失業の問題を抱え、アイデンティティの喪失にあえぐマグレブ系移民、特にその2世たちは、国籍は正真正銘の「フランス人」であっても、しばしば「移民」や「外国人」として見られ、差別を受ける。一例を挙げるなら、たとえ高学歴であっても、アラブ系の名前を見ただけで面接さえもしてもらえないといったことがある。こうした彼らのフランス社会に対する不満や怒りが、ラップ・フランセを生み、2005年のような大規模な暴動（パリ郊外で警察の職務

質問を恐れ変電所に逃げた北アフリカ系の若者が感電死したことをきっかけに暴動が起こり、次第にフランスの主な都市へと拡散し3週間続いた。）の火種となる。

　移民大国フランスが直面しているのは、これまで社会を支えてきた同化システムが、マグレブ系移民に対しては機能しなくなったという現実である。これまで伝統的に「1国家＝1国民＝1言語」として同化政策を推し進めてきた共和国精神が、今マグレブ系移民を前にして、新たに「＝1文化」を加えようとするところに摩擦が生じているように思える。

　それは、これまでフランスが直面しなかったイスラム文化との対峙である。19世紀から続く移民の波で、スカーフ問題のように移民の日常生活に関わるところで大きな社会問題となること自体がそれを物語っているのではないだろうか。言い換えるなら、これは聖と俗を分けないイスラムという「神の法」と、十字架を「自由・平等・博愛」のシンボルである三色旗にする過程でライシテを進めてきた共和国精神という「人の法」（内藤・阪口, 2007）の対立でもある。つまり、十字架を排除するために作られた制度が今、スカーフを取り除くために働いているとも言える。

　その一方で、国民の80％がカトリックと言われるフランスは「カトリックの長女」という異名を持ち、祝日が復活祭や御昇天、聖霊降臨、聖母被昇天、万聖節、クリスマスとキリスト教にちなんだものが多い。つまりライシテを推し進めつつも、フランス全体が実はキリスト教文化の中に根差していたのである。確かに、アメリカのように大統領就任式に聖書が登場したり、ドイツのように教会税が存在したり、またイギリスのように国王が国教会の最高の首長であったりするようなことは、フランスのライシテの原則からは考えられないことだ。しかしそれでもフランスは、安息日である日曜日に店を営業することが大きな社会問題となる国なのである。

　だから、こうした今日の移民問題も1つの異文化接触の結果であると考えることができよう。それはキリスト教文化とイスラム教文化の接触であり、また西欧文化と非西欧文化の接触である。文化とは生後学習し、集団で共有し、そして1つの生活様式を形成していくものである。日常生活には衣食住を始め、

文化的要素が常に認められ、だからこそ同一文化にいる時は自文化に気づかないことが多い。フランスの3回の移民の波で、近隣のヨーロッパ系移民はそうした意味でフランス人と同じ文化を共有していたと言えよう。しかし、3回目のマグレブ系移民の登場は、社会的規模の異文化との遭遇だったのである。青木（2001, 17頁）が指摘するように、文化というものが重要なのは、それが社会を構成する人びとの価値観と深く関わっているからである。だから、マグレブ系移民を西欧的価値観で判断するから、女性のスカーフも「女性抑圧」のシンボルとなるのかもしれない。植民地統治時代のアルジェリアで、抑圧から解放する象徴として女性のスカーフを取る「ヴェールの戦い」があったという（森, 2007, 168頁）ことは、西欧的価値観の一方的な押しつけからくるのである。そしてこうした異なる価値観の狭間で、マグレブ系移民2世の若者はそのどちらにも属せず、自身の文化的アイデンティティを探し求めている。

（2） 多文化共生の模索

　憲法の中の「不可分」は、例外を認めないという共和国精神の根幹をなしている。フランスの共和主義とは、すべての者に同じ法律を適用する社会を理想とする普遍主義でもある。だからこれまでフランスは、1つの民族や宗教を共同体として特例を認めるコミュノタリスムには否定的であり、またそれを助長するようなポジティブ・アクション（積極的差別是正策）に対しては積極的ではなかった。異なる人種、1つの宗教的コミュニティを同化させずにそのまま共存させるアングロサクソン的社会モデルとは異なり、すべてに対して一共和国民として「平等」に扱うことを国是としているのである。

　しかしその一方で、大都市の郊外に置かれている移民に焦点を当て、彼らの状況を改善しようとする動きも見受けられる。非フランス語圏からの子どもたちの「受け入れ学級」や若者の雇用に対する研修制度、また教育優先地域の指定などが、80年代から少しずつ社会党政権下で開始された。だがこのような是正策も宮島（2007, 164頁）が指摘するように、イギリスやアメリカで見られるような特定の人種や民族を対象としたものではなく、「都市政策」の一環であ

り、それはあくまで限定された「地域」に対するものなのである。そこにやはりコミュノタリスムに否定的なフランスの「普遍主義」の姿が見え隠れする。

　こうした地域に限定した特例は、現在でも公認宗教制が残っているアルザス地方や特殊な体制が与えられているコルシカにも存在する。しかし、「コルシカ人民」という概念が憲法院で違憲であるとされた（中野，1996，56頁）ように、これらも宗教や民族というより、歴史や経済的な理由による特別の配慮であり、限定された地域としての特殊性に重きが置かれている。それはまた、ギアナ（カトリックが唯一の公認宗教）やマヨット（イスラム教徒の個人的地位の適用）といった海外領土における宗教に関する特例に対しても言えるだろう。

　「不可分」の理念からくる普遍主義は、民族や宗教の違いを理由にした特例は認めない。それは、絶対王政を倒したフランス革命以降、多種多様な人、地域、文化を1つの共和国にまとめるために形成された原理原則だった。また、王政が教権と深く結びついていたために、政治や行政、教育といった公的な場における宗教性を一切排除しなければならなかった。しかし、今日のグローバル化の中では、地域の特殊性だけでなく、同性愛者のように差別を受けてきた社会的マイノリティが「相違の権利」を主張し、社会で認められるようになってきている。多文化主義を掲げる欧州連合の中で、フランスの同化主義はますますその修正が迫られるであろう。

（3）　欧州統合の中で

　フランスで起こったイスラムのスカーフに関する論争は、ドイツやイギリス、スペイン、オランダなどムスリムが多くいる国々でも起こっている。ただ、国家と宗教の関係が国によって異なるのでその対応はさまざまである。しかも、一国の中でも対応がまだはっきりと定まっていない場合もある。またこうしたイスラムの規範と衝突する視点は、例えばドイツでは民族という観念と、オランダでは個人の自由と、そしてフランスのようにライシテとそれぞれ国によって異なっていると内藤は指摘する（2008，199頁）。

　さらにそこへ、トルコの欧州連合への加盟問題も加えて考えると、イスラム

教に対する一種の躊躇いが感じられないでもない。確かにトルコの加盟には、クルドの人権問題やキプロス問題、また「トルコはヨーロッパか」といった議論がある。しかし、加盟交渉が難航する背景には、国民の99％がイスラム教徒であり、それはヨーロッパ文化と相容れないという感情も働いているのではないだろうか。そしてそのヨーロッパ文化とは、フランスが約1世紀にかけて共和国の表舞台から消そうとしてきたキリスト教に根差し、何世紀にも亘って醸成された文化である。

　イスラムに対するこうした躊躇いを、原理主義のイメージと結びついた脅威として捉えることもできる。また「イスラム・コンプレックス」という見方もできる（渡邉, 2004, 91頁）。イベリア半島をイスラムから奪還するのに700年も要したり、神聖ローマ帝国の首都ウィーンがオスマン・トルコによって包囲されたりというヨーロッパの歴史から来るコンプレックスだ。さらには、フランスや他のヨーロッパ諸国で教会離れが進む中で、信者の40％がモスクに通う実践者であり、また2006年には世界的にイスラム教がカトリックを信者数で上回り、しかもヨーロッパより平均的に多産というイスラム系諸国に対する危機感とも考えられる。これらに加えて、フランスの移民問題を通して見てきたように、そこには広くヨーロッパが異文化と接触したことによって生じた摩擦という見方もできるように思われる。言い換えるとそれは、異なった価値観や生活様式の接触からくる摩擦でもある。

　ヨーロッパの統合が進むにつれて、「ヨーロッパ的ネイティビズム」や「ヨーロッパ・ナショナリズム」の意識が芽生え、ヨーロッパ人と非ヨーロッパ人の違いがより明確に認識されるようになってきた。それは「ヨーロッパのホームランド意識」の芽生えでもある。EU内の国境の廃止や単一通貨の導入は、ヨーロッパにおけるグローバル化をいっそう促進し、「ヨーロッパ人」意識はさらに高くなるだろう。

　グローバル化はその一方で、フランスの非ヨーロッパ系移民のように、異文化の中にいる人たちに対して「遠隔地ナショナリズム」（梶田孝道, 1996, 80頁）をもたらした。輸送や通信手段の進歩により、今日のナショナリズムは限定さ

れた地域に限られず、人の移動や情報伝達が地球規模になり、遠くに住む人々によってもナショナリズムが共有できるようになった。遠隔地に住む移民や難民の間に自らの出身国であるかのような「想像の共同体」意識を生みだした。それは一種のローカル化でもある。

　フランス社会の異文化接触は、中国やサハラ以南からの移民などによって、20世紀以降ますます加速し、多様化している。非ヨーロッパ系移民はメディアによって、フランス国内だけでなく世界的規模での共同体意識を持ち始めている。「同化」という中で進められてきたフランスの移民政策が直面する問題と、欧州統合というグローバル化の中で、加盟国やさまざまな民族的、文化的、宗教的な共同体というローカル性をいかに尊重していくかという課題は、異文化接触と多文化共生という視点においては、同一線上にあると思われる。

【参考文献】

青木保（2001）『異文化理解』岩波新書。
池田賢市（2001）『フランスの移民と学校教育』明石書店。
エラン, F.（2008）『移民の時代――フランス人口学者の視点』林昌宏訳、明石書店。
梶田孝道編（1993）『ヨーロッパとイスラム――共存と相克のゆくえ』有信堂。
梶田孝道（1996）『国際社会のパースペクティブ』東京大学出版会。
加藤博（2006）『「イスラム vs. 西欧」の近代』講談社現代新書。
河村雅隆（1996）『フランスという幻想―共和国の名の下に』ブロンズ新社。
ギャスパール, F・セルヴァン＝シュレーベル, C.（1990）『外国人労働者のフランス』林信弘監訳、法律文化社。
陣野俊史（2006）『フランス暴動――移民法とラップ・フランセ』河出書房新社。
谷川稔（1997）『十字架と三色旗――もうひとつの近代フランス』山川出版社。
谷川稔・渡辺和行編（2006）『近代フランスの歴史――国民国家形成の彼方に』ミネルヴァ書房。
内藤正典編（1996）『もうひとつのヨーロッパ――多文化共生の舞台』古今書院。
内藤正典（2006）『イスラーム戦争の時代――暴力の連鎖をどう解くか』日本放送出版協会。
内藤正典・阪口正二郎編著（2007）『神の法 vs. 人の法――スカーフ論争からみる西欧とイスラームの断層』日本評論社。
内藤正典（2008）『ヨーロッパとイスラーム――共生は可能か』岩波新書。
中野裕二（1996）『フランス国家とマイノリティ――共生の「共和制モデル」』国際書院。
西永良成（2002）『変貌するフランス――個人・社会・国家』日本放送出版協会。

第Ⅲ部　EUにおける多文化共生

畑山敏夫（1997）『フランス極右の新展開——ナショナル・ポピュリズムと新右翼』国際書院。
ボベロ，J.（2009）『フランスにおける脱宗教性の歴史』三浦信孝・伊達聖伸訳、白水社。
本間圭一（2001）『パリの移民・外国人——欧州統合時代の共生社会』高文研。
三浦信孝（2002）『現代フランスを読む——共和国・多文化主義・クレオール』大修館書店。
宮島喬（2004）『ヨーロッパ市民の誕生——開かれたシティズンシップへ』岩波新書。
宮島喬（2007）『移民社会フランスの危機』岩波書店。
森千香子（2007）「フランスの『スカーフ禁止法』論争が提起する問い——『ムスリム女性抑圧』批判をめぐって」（内藤正典・阪口正二郎編著『神の法 vs. 人の法——スカーフ論争からみる西欧とイスラームの断層』）。
山口昌子（2001）『大国フランスの不思議』角川書店。
渡辺和行（2007）『エトランジェのフランス史——国民・移民・外国人』山川出版社。
渡邉文彦（2004）『エスニシティでニュースをよむ』高菅出版。

第11章
ドイツにおける移住者と移民の状況に寄せて

ウーベ・カルステン

訳　伊藤　和男

　ウィスバーデンの連邦統計局の報告書によれば、現在、ドイツには「移民という背景をもつ人」が約1,500万人暮らしている。総人口に占める比率は18％を超える。これらの人々のうち、96％は旧ドイツ連邦共和国の諸州に住んでおり、旧東ドイツ地区は4％に過ぎない。移住者とその子孫の7.3％は外国籍であり、約800万人はドイツ国籍を取得している。移住者の64％はヨーロッパ系で、トルコ（14.25％）、ロシア（9.4％）、ポーランド（6.9％）、残りはイタリア、セルビアとモンテネグロ、ボスニアとヘルツェゴヴィナ、そしてギリシアとなっている。

　「移民という背景をもつ人」の比率はとりわけ大都市では高く、シュトットガルトとフランクフルトでは40％、ニュルンベルクでは37％にのぼる。

　いまドイツでいわゆる移住者たちがおかれている社会的状況はどのようなものなのか。子どもたちはどんな学校教育を受けているのか。成人の移住者はどんな教育歴なのか。労働状況はどうか。彼らは「完全に対等な」ドイツ社会の構成員なのか。それとも、憎しみの対象となり、排斥され、人種差別の被害を受けているのか。

　本章では、こんにちのドイツにおける移住者の状況を素描し、いま起きている諸問題に立ち入って考察してみたい。

第Ⅲ部　EUにおける多文化共生

1　移住とは何か、移住者とは何なのか

　移住（ラテン語の語源：migrare、wandern）は社会学の概念で、それまで住んでいた場所を離れた個人または集団が、より長期にわたってあるいはずっと住み着く場所を求めて、新しい居住地ないし国からまた別のところへと渡り歩くこと、すなわち居住地と生活圏の変更を意味する。その国にとどまることを目的として居住地を変更する場合、移住者は移民となる。「移民という背景をもつ人」は、こうしてじっさいの国籍取得とは関係なく、彼らの子孫ともども移民となるのである。
　先祖伝来の生活環境を離れるという思い切った決断をするにいたる事情はさまざまである。たとえば戦争、極端な経済的困窮、政治的な、特有の社会的な、ないし宗教的、人種的な差別と迫害のため、母国ないし住んでいる地域でのそれまでの生活が脅かされたとき、人は難民となって外に逃れるのである。
　生活状況の著しい変化を伴う、移住へと人を追いやるものは、生命を脅かす危機、本来の社会的、宗教的そして文化的な組織の喪失、ならびに新しく移り住んだ国での社会的な摩擦である。

2　新しい生活圏における移住者の人権状況

（1）　不法滞在者

　1951年7月28日のジュネーブ難民条約によると、避難移住とは「宗教、国籍もしくは特定の社会的集団の構成員であること、または政治的意見を理由に迫害を受けるおそれがあるという十分に理由のある恐怖を有するために、国籍国の外にいる者であって、その国籍国の保護を受けることができない者またはそのような恐怖を有するためにその国籍国の保護を受けることを望まない者」による居住地の移動を指す。主要な移民受け入れ国の法的規定は、これを、たんなる在留資格の認定によっては期待できない、よりよい暮らし向きに対する移

住者の希望、つまり経済的理由による移民を動機とする移住と区別している。

「無許可移住」によって不法滞在と認定されれば、滞在法に基づいて処罰される。ドイツでは滞在法95条に該当する場合、通報されれば、犯罪行為とみなされることがある。被雇用者が不法に雇用されていれば、不法就労（刑法266条a）、脱税（民法134条、刑法70条1項）の構成要件ともなる可能性がある。

移住者は、移住した国の国籍をもつものに比べて、権利を明らかに制約されている。住所に関する権利は移住法によって制限される。労働許可はほとんど与えられない。合法的な在留資格をもたない者が何をしようとも、不法移民という処罰事実を構成し、逮捕、有罪宣告、国外退去へとつながるのだ。そのうえ、社会的な諸問題と社会緊張、移民国の外国人敵視、差別と、移民の多様な言語、宗教、肌の色と文化を理由とした迫害が起こる。彼らに助言を与え、援助しようとする医師、教師、法律家は、役所の正規の旅券（証明書）をもたない入国者の名前と住所を通報しなければ、ドイツでは同じくこの第95条の犯人幇助として罰せられるおそれがある。在留資格のない移住者に対する支援を妨げるものはこれだけではない。支援者は、逃亡幇助者、手引き者、人身売買者と同一視される（滞在法96条）。公立病院に課せられた通報義務は、病院の守秘義務の抜け道となっている（滞在法87条）。その目的は、ひとつには不法滞在者の国外退去、いまひとつは経費抑制の原則である。不法滞在者の治療費は、社会局ではなく、世話をした病院の負担となる。

（2）「不法移民マニフェスト」

「不法移民マニフェスト―さまざまな立場からの、解決を探るディスカッション」は、純粋に人道的な動機に基づく支援は、不法移民の幇助には当たらない、ということを表明しようとしたものだ。2005年8月1日までに、400人を超える政治家、市長、裁判官、労働組合と職能団体の代表者、報道機関の代表、著名人と学者がこれに署名した。マニフェストは、違ったかたちで事実上の社会的権利を保障することができるように求めている。社会生活を営む最低基準の保障と、移住と在留に関する法令に基づく国の権限との間には法的な矛

盾はないからである。マニフェストは、医師、教員、社会事業従事者などの職能団体と、移住と在留に関する法令を所轄する国家機関（国家警察、警察、公安・労働局）の職能と義務をそれぞれ区別している。

3 移住者と移民の同等視の現実性

(1) 移住者への統合支援の問題

　年少の移住者たちの新しい生活環境への統合プロセスを個別に援助する社会奉仕活動者は、「青少年移住奉仕」(JMD)に所属している。個々人への付き添いのかたわら、集団活動、公開の場における青少年活動、青少年教育奉仕、異文化統合訓練、IT技術コース、言語教育コース、スポーツ活動など青少年のための活動形態が用意されている。これらの活動は、連邦政府の家族・高齢者・女性・青少年省（BMFSFJ）によって推進され、労働者福祉団体、福音派の青少年社会活動連邦グループ、さらにはカトリック青少年社会活動連邦グループ、自由な実施主体グループ、国際的な連合、ドイツ赤十字（DRK）、対等福祉事業（DPWV）といった実施主体の支援を受けている。青少年移住者の統合にともなう諸問題をめぐって、彼らを支援する青少年移住者奉仕団体は合わせて400ほどある。連邦政府も、これまでのすべてのありきたりな統合努力は失敗に終わったと見ている。2008年統合サミットに際して、ジャーナリストのエルマー・ユングは南ドイツ新聞のインターネットサイトsueddeutsche.deで語っている。

　「統合支援と考えられていたものは、いよいよ移民防止法としての本性を現した。ドイツは自らを言語の壁で取り囲んだ。だが問題は残されている。移民の中途退学者は依然としてあまりに多い。卒業を認定される外国人の数は、なかなか増えない。国籍取得試験に対する移住者同盟の批判はおさまらない。2006年のバラ色の夢は消え失せた。それでも約140名の統合サミット参加者は、最良の未来を求めることをたがいに確認した。」

　統合サミットにおける対立点のひとつは、配偶者の入国が難しくなっている

第11章　ドイツにおける移住者と移民の状況に寄せて

ことである。1年前から、配偶者を追ってビザが必要な国から入国しようとする者は、事前にその国でドイツ語能力があることを証明しなければならなくなった。なによりトルコ移住同盟は、これによってトルコ人が差別されると見ている。

　トルコ人だけではない。アリーナ, Dはドイツ人だが、彼女の母親はホンジュラス出身だ。彼女はこの夏から夫と子どもと一緒にドイツで暮らそうと思っている。開発途上国援助員をしているアリーナは、この南米の国で3年前に彼と出会い、深く愛するようになった。2人は結婚し、息子が生まれた。いま、彼女はドイツに帰らなければならない。

　彼女の夫は彼女に同行することが許されない。彼はドイツ語を話せない。法令に適合するためには、彼はゲーテ・インスティテュートでドイツ語試験に合格しなければならない。いちばん近いのは、彼の故郷から2,000km以上はなれたメキシコシティにある。アリーナ, Dはこの旅費を何とか工面することができるかもしれない。だが、ほかのケースではわずかなお金にもこと欠く夫婦がいる。この法律は、新たにドイツに来る人が、よりよいスタート・チャンスを得られるようにすることを目的として立案された。だが、これまでに徐々に移民防止法としての正体を現してきた。入国時にドイツ語試験の義務化を導入して以来、ドイツに移り住む外国人の配偶者の数は大きく減少している。この年の最初の9カ月の間に、前年同期の43％となり、およそ9,500名に減った。移民の代表者は、言語試験を「要求するのが無理なハードル」とみなしている。

　当事者たちは、現場での当局の振る舞いをしばしば嫌がらせと感じているようだ。2008年に、ドイツトルコ人協会とトルコ・イスラム連合が、統合サミットの宗教施設をボイコットしたのも同じ理由からである。

　彼らは二重基準による不公正な取締りという感情から逃れることができない。財力も学歴もあるアメリカ出身のカップルのあつかいと、トルコ人の工場労働者がアナトリアから妻をドイツに連れてこようとする場合とでは差別がある。

　移民団体は近ごろドイツ労働組合同盟の援護射撃を得た。労働組合同盟は、妻の入国規制の強化は「受け入れがたい」と断じたのである。

メルケル首相はこの要求に前向きな反応は見せず、この問題は将来もなお政治的な対立をはらんだテーマとして議論が続くだろうと述べるにとどまった。引き続き静観するつもりのようだ。このところずっと見られてきたように、連邦政府は移民規制の強化によって、ドイツ国籍の取得を抑えこむことにしたという感がある。

社会民主党の内務専門家ディーター・ヴィーフェルシュピュッツは、この成り行きに驚かない。彼は7月に「それは初めから意図されていたことだ」と述べている。そうはいっても、こうした規制の見直しに期待を持たせるように、「われわれは障壁を作ることを望まない。そんなものは長続きしない」という。もっともこの件について目に見える変化は、まだ何もない（sueddeutsche.de, 2008年11月6日）。

けれども、たとえば統合サミット、社会奉仕員、マニフェストなど、移住者と移民の統合と同等化のための多様な政治的努力は、こうした権利要求にまったく無関心だった人々にまで社会の現実を示した。

マリア・ベーマー大臣（キリスト教民主同盟）の「ドイツにおける外国人の女性と男性の地位に関する報告」（『南ドイツ新聞』, 2007年12月19日）によれば、連邦共和国の移住者は著しいハンデを負わされている。たとえば、失業のリスクはドイツ人の2倍も高い。移住者の40％は学校の卒業証書を持たず、わずか23％が職業学校を卒業するに過ぎない。

(2) 中央生徒学籍簿をめぐって

それだけではない。2006年ハンブルクにおいて、本来、怠学児童の援護を目的として作られたはずの中央生徒学籍簿が、その副次的な効果を生み出していた。その弊害は、事前に強く批判されていたのだが。ともあれこれは格好の事例である。

ハンブルクで在留資格のない一人の女子生徒が「探り出された」。いま彼女は外国への追放の危機に脅かされている（『教育と学問』, 2009年1月, 26頁以下）。いったい何が起きたのか。女子生徒は11年前ハンブルクにやってきて、そのと

第11章　ドイツにおける移住者と移民の状況に寄せて

きからずっと母親とともに「法的地位のない」つまり合法的な在留資格のない人間として暮らしてきた。教育を受ける権利を行使するために就学したこの子は、いま彼女の家族もろとも国外退去させられようとしている。どうしてこんなことができるのか。ドイツ連邦諸州の学校は、必要な在留許可を持っていない外国人の滞在を確認したら、外人局に通報することを義務づけられている。ハンブルクでは教育を受ける権利の保障とならんで、在留資格のない生徒に対する法的規程は、ほかよりも厳しい。2006年に新しく導入された個人情報守秘規則と新しい学校法によって、校長は生徒とその両親に関する広範囲に及ぶ情報を収集し、それを学校─住民登録課に点検させることを義務づけられた。この法律は、見かけは青少年の非行事例の援護を義務づけたものだが、学籍簿に記載されているデータをチェックすることで在留資格のない生徒を見つけ出し、その家族ともども国外退去させることが可能となる。当事者の家族にとって子どもを学校に通わせることはリスクを負うことを意味する。学校教育を受ける子どもの権利は、こうして事実上、骨抜きにされる。教会と弁護士たちによる支援活動にもかかわらず、ハンブルク市議会の請願委員会はこの女子生徒のケースを「救済不能」と裁定した。これは、人道的な立場に立った解決を求める願いが拒まれたことを意味する。「学校に通っていない、在留ビザのない子どもは、教育面でハンデを負わされるだけではなく、援助を求めることができるいくつかの児童保護シェルターも奪われている」と、アンネ・ハームスは教会のウェブ相談所「消点」（www.fluchtpunkt-hh.de）においてはっきり指摘している。同様に、教育・研究労働組合（GEW）のディアク・メッシャーは、「この決定は受け入れることができない。中央学籍簿とそのデータ・チェックによって、滞在ビザのない子どもは教育を受ける権利を拒まれているということになる」とみている。

　このデータ・チェックの実施は、在留資格をもたない家族を、子どもをもう学校に通わせないのか、それともかつての故国の親類か友人に預けてそこの学校に通わせるか、というジレンマに追いやるのだ。

　教育評議員のクリスタ・ゲッチは、「教育に関する人間の権利は、子どもの

法的地位いかんによって疑問視されることは許されない」と主張する。こうした事例を繰り返さないためには、「情報が食い違うケースの通報義務から、学校管理者を除外する。……通報義務は学校への信頼を損ない、違法な存在とされた子どもを学校に寄せ付けないようにするおそれがある。」とゲッチはいう。

　ノルトライン・ヴェストファーレン州だけが唯一、州文化省が、登録証明書、旅券記録あるいは在留許可証の提示を生徒に要求することを、州内のすべての学校管理者に禁じる告示を出した。こうした情報調査は不当な圧力であるという。また、生徒の在留地位を「何かの折に」知ったとしても、これを当局に通報する義務を課していない。なぜなら、「学校は統合と学習の場」だからであると、州統合委員のトマス・クフェンはいう。

4　ドイツ、人権と差別

　ドイツは「人権が尊重されるすばらしい国」だなんてとんでもない。外国人の名前の人間が貸室を見つけることは難しい。「人種差別は社会のあらゆるレベルにセットされている。」超国家主義的な諸団体は、2007年11月に起きた外国人を敵視する極右過激派による暴力行為を擁護し、これに対する「不寛容と差別」と闘うように呼びかけている。
・リビア人に対する人種差別に基づく襲撃。
・ヘッセン州知事コッホは外国人を敵視する言説をまき散らしている。
・移住者の子どもにはこの社会で成功するチャンスはほとんどない。
・差別的方針によってこうむる損害。
　（ウェブサイト「イスラム教の玄関」に寄せられたいくつかの報告。(2007年4月6日))

　外国人、とくに人種的少数派、移住者、移民はドイツではとても好かれているというわけではない。それは近年に限ったことではない。イスラム教信者はとくにそうだ。「もしあなたがドイツ風ではなく、イスラム風の名前なら、ほとんどいたるところで差別にさらされる」と、ベルリンのドイツ人権研究所の

専門家フォルマー・オットー博士は指摘している。博士は、とくに住居や仕事探しのさいに住民の多くは差別を受けるだろうともいう。他国からの移住者および／または人種的少数派に属する人々に対するこうした差別は、警官や役所の職員によっても行われているだろう。人種差別は右翼の闘争手段にはとどまらない。それはドイツ市民の頭と心の中にある。彼らを変えることが重要なのだ。

5 おわりに

　確かに、どの国もどの文化もどの社会も、その原因が広汎にわたり解決策が簡単には見つからない問題を抱えている。それでも、社会的不公正の客観的な事実内容を見すえること、それらに名前をつけて認知すること、そしてそれらを除去することは重要である。わがドイツ社会の多くの領域で起きていることはよく知られている。政界、協会、報道機関の代表、文化方面の諸代表が集い、われわれと違う社会的、文化的な故国がある人とよりよく穏やかに共生するためにさまざまなプランを作っている。社会的な公正と公平を実現するための連帯が勝ち取られなければならないことに、疑問の余地はない。間違いなく、事態は変わらなければならない。

　そして他のすべてのことがらと同じように、変革はわれわれの頭と心の内側から始まるのだ。

第12章
EUにおける芸術の新たな傾向

マリオン・ゼッテコルン

訳　森本　智士

　モダニズムがポストモダニズムによって超克され、取って代わられ、新たな、他の領域に拡大して行く芸術概念が、旧来の硬直した様式発展の帰結を放逐して以来、60年代以後とりわけ21世紀になって"anything goes"（何でもありえる）が主流となった。

　モードにおいても同じように何でもありうるようになった。いろいろな"様式"が共存しているが、真の刺激が不足しているという理由で最近数十年の方向のなかには、これまでの方向性を表向きの装いだけ改めて採用していることもしばしばある。ベルリンでは、もうとっくに古臭くなった"若き野生派"の絵画のとなりに、日本のアニメ世界の素材実験やマンガ的発想の作品が並べられ、厳しい構成の傍らに「キュート」（かわいい）な構成が見られることもまれではない。

　本論では許された紙数が限られていることもあり、いくつかのプロジェクトの紹介に限らざるをえない。しかしそれはおそらくEUだけに現れる興味ある現象ではなく、グローバルな動向を語っている斬新な新現象であることを断っておきたい。

1　芸術と環境問題——芸術とエコロジー

（1）　**芸術と科学**

　人類はすでに時を刻みだした時限爆弾の上にいると言える。世界の科学者の

多くは、一気にわれわれの惑星である地球の規模で未曾有の破壊を引き起こしかねない大きな環境災害が近い将来起こりうると予測している。すでに現在でさえ、私たちは異常気象、温暖化、予測できない規模の洪水や暴風雨を経験している。これらの状況に芸術家はどのように対処できるのだろうか。

　エコ建築、日常生活に見られる商品（デザイン）、エコアートやモードに見られる新しいトレンドはグローバルに拡大する形でとらえられるテーマなのだ。芸術はいまや諸分野を統合することによって、自己の環境に対する新しい自覚と責任感に到達することができるだろうか。しかり、こうも言えるであろう。芸術と科学—この共同作業は　文化企業のモードともなり、部分的には魅力的な成果を挙げているのである。

（2）　芸術の機能の発見

　19世紀初頭から今日に至るまでに発展してきた自立した芸術の本質的特徴は、—それまでの既存の芸術形式に対立して、つまりキリスト教的なあるいは貴族、宮廷によって支えられた芸術とは違って—芸術自身の持つ機能を発見した点にある。エコロジーは本来、芸術とはかけ離れた内容を持っている。そこで、芸術とは異質なテーマを芸術的なものに変形させることが不可欠になる。さらに自然と芸術の関係はロマン主義時代とは異なり、新たに定義され直さなければならなくなる。

　自然と芸術の関係の多様な弁証法的関係を超えて、芸術と自然についての考えを変えるのはいかにして可能だろうか。芸術とエコロジーに共通するものとは何なのだろう。私たちを取り巻く今日の環境の状況を、芸術によって可視的にすることは可能だろうか。

　アンディ・ウォーホール、ジョン・ケージ、ヨゼフ・ボイス、ナム・ジュン・パイクなどのアヴァンギャルドの芸術家は、60年代終わりに既存の秩序を破壊することによって現代の芸術を変えた。それによって分離されてきた科学と芸術、個人と社会を統合しようと試みたのだった。ボイスの場合、「拡張された芸術表現の概念」というコンセプトを提唱した。

第Ⅲ部　EUにおける多文化共生

写真12-1

イーウム・サムスン美術館、ソウル。ルイーズ・ブルジョア：ママン、アイ ベンチズ（Louise Bourgeois : Maman, Eyu Benches）

写真12-2

Pradaビルディング、東京青山。ヘルツォーク、ド・ムーロン（Herzog & de Meuron）

　そうこうするうちにエコアート、エコ建築、エコ商品は、日常生活に定着した構成要素となった。ドイツの環境庁においてさえ、「芸術と環境、芸術とエコロジー」といったテーマは新奇なものではなくなった。20年ほど前から、自分たちの仕事を環境問題に関係づけている芸術家たちと環境庁との対話も実現されている。こうした意見交換によって、持久性、資源の節約、次世代への配慮といった新たな確認形式や科学的形態が再び開拓されている。

　このような枠の中で、国を越えたプロジェクトや共同作業も自明のこととなった。環境やエコロジーというテーマはもはや一国で考えるものではなく、グローバルな視点が欠くことのできないものになったということを示しているのである。

　その事例としてバウハウスで有名なワイマールバウハウス大学のプロジェクトを紹介しておきたい。これは東京芸術大学と共同のコンセプトで実施された「緑のスペー

ス―光と影」である。メディアの選択はこの試みでは学生たちの自由に任せられ、展示物や芸術作品も室内外の空間において創作展示された。「緑のスペース」という用語は日常の生活空間も連想させ、われわれの存在に対する根本的な問いかけとも結び付き、また参画者の様々な生活空間における様々な実情とも結びついている。エコロジーがいくつもの世界を結びつけるものになっている。

（3） 建築とエコロジー

　建築においてもまたこうしたグローバルな傾向が見て取れる。ソウルにある新しいイーウム・サムスン博物館はマリオ・ボッタ、ジャン・ヌーベル、レム・コールハースというヨーロッパの建築家によって設計され、その3つの建築物の複合体は芸術と自然の統合を成功させた作品なのである（**写真12-1**）。さらにまた日本人建築家である藤本荘介らもソウルにおいて彼の自然に対する夢を実現させている。もう一人の日本人建築家安藤忠雄もまた、ドイツ、ノイスにあるホンブロイッヒ博物館島の敷地で、博物館の周りに水を張り巡らせ、島をさらにもう一度想起させる建築を作り出している。

　スイス人の建築家、ヘルツォークとド・ムーロンによるプラダ東京店（**写真12-2**）は、蜂の目を思い出させる概観を与え、またその周囲の壁には苔を植えつけ、常にそこに水を流すことによって、苔に水を常時含ませている。そうすることによって「ヒートアイランド」現象に対する冷却効果を生み出している。また建物の周りの空間はヨーロッパの広場を想起させ、コミュニケーションの場を提供し、それとともに都市的なコンテクストの中で、個人の持つ個性的なものが表現しやすい環境を作り出している。

　そういうわずかな例でも建築と環境の結合の着想や実現がもはや国家に結びつくものではなくなり、国境という相互を隔てる壁が破られていることが示されている。

2　芸術と社会科学

　さらに興味深いプロジェクトがベルリンの女性の芸術家、科学者のグループによって実践された。彼女たちは国籍、帰属、移民、アイデンティティと言ったテーマについて討論し、"re-positionierung-critical whiteness/perspectives of color"（人種問題の再認識に関する問題提起）というタイトルのワークショップを2009年初頭、ベルリンにて開催した。

　近年ドイツはさまざまな国からの移民を受け入れる国となった。さまざまな国や文化的背景を持つこうした人々は、これらの女性作家たちによって"meta-national"（メタ国家的）と呼ばれている。なぜならこのようにドイツに移ってきた人々のグループにとって、アイデンティティを見出すことは、国籍という概念をはるかに超えてしまっているからである。この試みで女性芸術家たちは、芸術創造の世界において別種のあり方が存在することを解説し、絵画、写真、音声、パフォーマンス、彫刻などによって明らかにしようとしている。人種差別主義や白人優位といったタブーとされるテーマを取り上げるのは、文化や言語等における多様な世界に生きる白人以外の人々やメタ国家的人間の観点を、その異質性によってより明らかにしようとするためである。

写真12-3

出所）Interni, No. 582, June 2008, p.115.　喜多俊之：サンプラント（Toshiyuki Kita：Sunplant）

第12章　EUにおける芸術の新たな傾向

ここにある考えの出発点は、「批評眼をもつ芸術家たちの活動方法にはしっかりした理論的原理が備わっているべきであり、ポストコロニアルの論議の結果とドイツ文化のメインストリームの間にある落差に橋渡しをするべきであろう」(1)ということである。それゆえ重要なのは潜在する外国人敵視と歴史の再検討を、他の媒体つまり芸術と科学という二つの分野を通じて明らかにし、新しい手段で人間に到達することである。それは意識の変革、あるいは新しい意識を可能にするためなのである。

3　芸術とテクノロジー——芸術と歴史

　歴史と現在を再検討するという考えは、ここではまた違った手法、別の手段を用いて継続される。領域をまたがる試みであるジャネット・カーディフとジョージ・ブーレスによる「カラスの群れ」（ハンブルガーバーンホーフ現代美術館、ベルリン、2009年）は、それ以前にオーストラリアで展示されたものであるが、これは新しい技術を利用し、音の体験と社会学的な環境を重視した活動を結合させた、現代芸術の新たな事例と見なすことができるであろう。「聴覚によるカラスの埋葬」の「サウンドインスタレーション」は、訪れた人々を海と砂浜の夢の国へと誘ってくれる。そしてカラスやカモメの群れに囲まれているような、音の彫刻、放送劇、音のコラージュに浸っているような気分にさせ、さらには20世紀の進歩のヴィジョンへのレク

写真12-4

出所) Interni, No. 582, June 2008, p111. アンナ・スカラヴェラ：スーパー　フルオ (Anna Scaravella：Super/fluo)

(1) Blackness/whiteness.——www.metanationale.org

第Ⅲ部　EUにおける多文化共生

写真12-5

出所）Interni, No. 582, June 2008, p133. シモーネ・ミケーリ：エコ　ゲート (Simone Micheli：Eco Gate)

フが語るのは、殺人の産業化、あるいは強制収容所であり、そこでは子供たちがもし逃亡しようとするならば、手足を切断すると脅かされているのである。浜辺の見せかけの牧歌的風景からサイコホラーがうかがっている。このようにして過去の恐怖と現在世界の恐怖と危険が、からみあう音響に組み合わされ、この音の彫刻を巡っていると、肉体的な嫌悪と無力を体感するだろう。

　芸術家はさまざまな音響を彫刻の素材のように使用している。個々の音響は波が打ち寄せるように巨大なコーラスとなり、見えるものはスピーカーだけという視覚的にはわずかな空間にいるのだが、その圧倒的な内容と受けた強いショックが訪問者をその空間の中で自己沈潜へと誘うのである。

　それに対し、東京で彼らは同じ時期に、1573年にトーマス・タリスが書いた"Spem in Alium Nunguam Habui！"に手を加えた「40声のモテット」という作品を紹介した。この作品の場合は、訪問者たちをよく似た方法によって、音の彫刻の中に包み込むのである。なるほど外部の都会の喧騒の只中のこの憩いの場で、静寂と瞑想が暗示されているのだ。訪問者が彫刻の一部であるという思いは同じと言えよう。

　ともすれば「カラスの群れ」は日本人の訪問者にも、ドイツと非常にたくさんの接点を示す自分の過去を、音響彫刻という現象を通じて内省させるために

は重要なものかもしれない。

　芸術はメディア漬けになっている現代という時代において、純粋に視覚と聴覚を踏み越えてゆさぶり動かし、ショックを与える能力を持つだろうか。つまりどんなアクション映画でもやってのける以上に、しばしば、実際の戦争の記録映画なのかフィクションなのか区別がつかないほどの能力を持つだろうか。メディアによって毒された「超知覚」を引き裂くことができるだろうか。並外れたプロジェクトは解決になるのであろうか。「カラスの群れ」がついには過度の険悪な過去と現代を融合してドラマチックな舞台背景を作り上げている間に、「緑の」建築は無傷な世界という幻想を与えてくれるか、少なくとも可能性があり得ることを示してくれるのであろうか。芸術と学問、芸術とエコロジー、芸術とテクノロジーについては、以下に挙げたウェブサイトから、関心のある読者はさらに深く読み進み、オリジナルなプロジェクトを眺めて、自ら判断し思考を進めていく刺激を受けることもできるであろう（**写真12-3、12-4、12-5**）。

参考資料

Janet Cardiff und Georges Bures Miller. (2009). Maison Hermès Le Forum, Tokyo－www.cardiffmiller.com
Janet Cardiff und Georges Bures Miller. (2009). Museum Hamburger Bahnhof, Berlin－www.cardiffmiller.com
Blackness/whiteness―www.metanationale.org
Green.space 2/light/shadow.2003, Universitätsverlag Weimar-www.artnet.de
Leeum-Samusung Museum of Art－www.leeum.org
www.inselhombroich.de
Settekorn, Marion. Pandoras Box―Cyberspace und reale Welten. (2003)『EUと現代ドイツ』世界思想社。

あとがき

ベルリンのブランデンブルク門前のEU旗
出所）『Deutschland』（2009）．Nr.2

　1989年11月9日にベルリンの壁が崩壊し、それを契機にして東西冷戦が終結した。それから、20年が経過しヨーロッパは大きく変化している。いまや27カ国に拡大深化しているEUの存在は、アメリカ・中国と並ぶ一つの極をなすものでありEUなしでヨーロッパおよび世界を語ることはもはやできないといえよう。また、2009年はEUを牽引しているドイツでは、ドイツ基本法（憲法）制定60周年を迎えた記念すべき年である。

　2007年5月に天理大学EU研究会（TESA）設立を目指して、設立趣旨を阪本秀昭氏とともに二人で練り上げた。主に阪本氏が起草した設立趣旨は、最後に掲げさせていただくことにする。同年11月に総会および第1回研究会を開催することができた。また、同年12月6日には在大阪・神戸ドイツ連邦共和国総領

事ゲロルト・アメルンク博士を天理大学に迎えて設立記念講演会を開催できたことは、大変名誉なことであった。この講演会では、環境保護に関するEUおよびドイツの先進的な取り組み、EUスタンダードを実感することができた。天理大学EU研究会は、まだ歴史が浅く研究が緒に就いたばかりであるが、研究会は2009年7月現在までに7回開催されている。また、総会2回および記念講演会2回が開催されている。今後は、会員を増やし研究会を地道に開催しながら天理大学からEUおよび地域研究に関する成果を発信していくことを願っている。

　私事であるが、2009年5月15日に大学時代の恩師であった畑中和夫先生が逝去された。先生は、法治主義あるいは法の支配をご専門にされ東欧諸国の憲法にも造詣が深く日本国憲法との比較をされながら研究活動をされてこられた。また、大学院の恩師であられる高田敏先生は、喜寿を過ぎられてもますますご活躍されている。先生は、「社会的法治国家」の大家であらせられ、ドイツ公法学における「社会的法治国家原則」および憲法具体化法としての行政法（とくに法治主義）をご研究されておられる。

　偶然にも、両先生とも法治国家・法治主義をご専門にされている。お2人の先生から、ヨーロッパ、とくにドイツへ目を開かせていただけたことは大変光栄である。また、法治国家、法治主義という近代市民国家にとって基本的な重要原則を学ばせていただけたことは、EU憲法条約および立憲主義、基本権、環境保護というテーマを荒削りながら深めるうえで大変有益であった。ただし、できの悪い不肖の弟子であることは否めない。きわめて微力であるが両先生の意志を受け継ぎながら、EUおよびドイツに関する研究に邁進していくことをここに誓いたい。

　尚、ミネルヴァ書房の東寿浩さんには、編集等で大変お世話になった。ここに感謝の意を表したい。最後に、天理大学EU研究会設立趣旨を掲げさせていただくことにする。

　「冷戦終結後、世界の政治・経済の動向は、グローバリズムの波の中で、アメリカ一極集中への傾向をますます強めつつある。その中でEUは、アメリカ

あとがき

ベルリンの壁の一部である「イーストサイド・ギャラリー」に描かれた絵

出所）『Deutschland』(2009). Nr.2

と並ぶもうひとつの極を形成し、時には対立軸を提供することによって、世界の政治・経済における発言力と存在感を確保しつつある。われわれはこの動向に注目しないわけには行かない。

　EUの形成は、近代世界のナショナリズムの高揚と、国民国家形成の動きからもたらされた国家間の対立の図式を乗り越えて、国家を超える地域間の新しい統合のあり方を提起する試みとしてもきわめて重要である。平和と安定、経済的繁栄を築く新たな基軸として形成されたEUの試みは、東アジア地域との共生をめざすわれわれに対して、貴重な示唆を与えている。

　EUの統合は、資本と労働力の国境を越える流動化をもたらすことによって、政治や経済だけでなく、社会生活にも大きな影響を与えつつある。それにより多様な文化が重層的に交差する多文化的状況が生み出され、ここに多文化共生という課題が生み出されている。この意味でもEUの経験はわれわれにとって貴重な意味を持っている。

　EUの統合理念は、ヨーロッパ・アイデンディティとは何かという問いかけを含む、きわめてデリケートで内面的な側面もあわせ持っている。地域としてのヨーロッパとはどこをさすのか、何をもってヨーロッパの統合理念とするのか、その中で宗教や言語などの文化的要素はどのような役割を果たすのかが、

絶えず問いなおされている。そしてこの問いかけはわれわれ自身の問いかけでもある。

　このような中で、天理大学においてもEUを主な研究対象とする研究会を設け、EUやその背景となるヨーロッパの歴史、文化、言語、政治、経済、社会等を研究し、その成果を大学教育および社会へ還元していくことが求められている。この研究会は、誰にでも開かれたものであり、学問的連携を図る場でもある。また専門領域、学部・学科・専攻等を超えた、さまざまな学問領域のコラボレーションを目指すものである。」

2009年7月末　　　　　　　　　　　　　　　　　　浅川　千尋

索　引

A〜Z

anything goes　222
CSRアカデミー　121
EU外交・安全保障上級代表　56,62
EU外相ポスト　54
EU基本条約　53
EU憲法　57,58
EU憲法条約　47,52-54,56
EU市民権　54
EU常任議長（大統領）　54,56,61
EUスタンダード　48,54,66
EUの拡大　69,88
EUの東方拡大　92,107
EUの補助金　109
ISO　124
ISO14001　124,126,146
ISO26000　125,126,128
meta-national　226
PCB汚染　143
SR　125
SRI　127
TO図　17-20,22
WWF　147

あ 行

アーウィン，D.　30
アーサー王伝説　11
アイデンティティ　176,177,179,185,186,190, 226
アヴァール人　14,16
アヴィケンナ　21
アヴェロエス　21
アエネアス　5
アカデミーフランセーズ　205
アダム・スミス　26
アデナウアー　42
アピール機能　158
アフガン戦争　201

アムステルダム条約　49
アラン・マクファーレン　77
アリストテレス　4,21
アルカイダ　201
アルキメデス　21
アングロ・サクソン人　11
アンディ・ウォーホール　223
安藤忠雄　225
アンネ・ハームス　219
イーウム・サムスン博物館　225
硫黄酸化物（SOx）　132
イシドール・パケンシス　16
移住者　213-216
イスラム　17,20-21,24,87,200,209
イスラム・コンプレックス　210
イスラム教　201,203,210
イスラム教信者（教徒、ムスリム）　22-23,202, 209,220
イスラム原理主義　200,201
イスラム文化　21,198,207
イドゥロット　187,188
イナゴの大群　198
イブ・モンタン　192
イブン・シーナー　21
イブン・ルシュド　21
異文化接触　193,206,207,210,211
移民　107,108,193,194,196,197,198,200,206, 208,213,214,216,226
移民居住区　196
移民防止法　216,217
イラク戦争　41
イル・ド・フランス　205
イルミン聖柱　15
インド・ヨーロッパ語族　10,13
ヴァイキング　178,184,186-188
ウイリー・ブラント首相　42
ヴィリブロード　13
ヴェールの戦い　208
ヴェネツィア　7,10,22

ウェルキンゲトリクス　11
ウェルナープラン　34,35
ヴォーグ　188,189
ヴォルテール　22
栄光の30年間　194,200
エウクレイデス　21
エウロペ　3
エキュ（ECU）　34
エコアート　223
エコ建築　223
エコ商品　224
エコロジー　66,156,157,159,165,169,223, 224,229
エコロジー運動　151,152
エコロジー中心主義　160,161,163,168
エコロジー的な注意原則　164
エコロジー的利益　158
エコロジーの保護　159
エマニュエル・トッド　78,79,82-84,86
エラスムス　24
エルサレム　17-19
エルマー・ユング　216
遠隔地ナショナリズム　210
エンヤ　7
オイルシェール　131
欧州安全保障条約会議（CSCE）　43
欧州安全保障防衛政策（ESDP）　37
欧州委員会　61
欧州議会　60,63,64,91
欧州議会直接選挙法　64
欧州基本権憲章　52
欧州共同体（EC）　31,34,37,39,40,43
欧州経済共同体（EEC）　14,33,34,39
欧州経済協力機構（OEEC）　30-32,38,40
欧州原子力共同体（EURATOM）　33,34
欧州裁判所　63
欧州社会民主連合グループ　65
欧州自由貿易連合協定（EFTA）　33,34,38,39
欧州人民党グループ　65
欧州石炭・鉄鋼共同体（ECSC）　14,32-34, 38,39
欧州責任投資フォーラム　127

欧州通貨制度（EMS）　34
欧州通貨同盟（EMU）　34
欧州防衛共同体（EDC）　36
欧州理事会　61
欧州連合条約（TEU）　37
オシアン　11
『オシアン詩歌集』　11,12
オスマン・トルコ（オスマン帝国）　22-24,210
オットー大帝　16
音響彫刻　228
穏健なエコロジー中心主義の立場　166,167
穏健な人間中心主義の立場　164

か　行

カール大帝（シャルルマーニュ）　5,14-17
外国人労働者　193,197,198
外婚制共同体家族　81,82
カエサル　11
格差是正（Convergence）目標地域　105
閣僚理事会　61
カトリシズム　79
カトリック　70,71,84,85,201,207,210
カトリック教会　204
カトリック国　70,87
家父長制　87
環境　222-224
環境汚染　95,117
「環境権」　154,155
環境国家　169
環境先進国　154,155
環境と開発に関するリオ宣言　118
環境保護　54,156
「環境保護」（Umweltschutz）規定　160
「環境保護」条項　154,155,156,160
環境保護運動　130
環バルト海諸国評議会　139
環バルト海政治経済圏　84
議会制民主主義　63
企業市民　123
企業のサステナビリティ　123
企業の社会的責任（CSR, Corporate Social Responsibility）　115

索引

気候変動枠組条約　118
帰国奨励政策　197
ギゾー法　204
北大西洋条約機構（NATO）　35-39, 43
北の十字軍　17
機能主義的立場　58
基本権　48, 54
「基本権」言説　56, 59
基本権憲章　55
キュリー夫人　192
教育優先地域（ZEP）　199
教会税　207
教会と国家の分離法　204
教皇ウルバヌス2世　17
教皇レオ3世　16
行政・執行機関　61
競争力・雇用強化目標地域　105
共通外交・安全保障政策（CFSP）　37, 38
共同決定手続　50, 63
共同体家族　87
京都議定書　44, 154
共和国精神　203, 205, 207, 208
共和暦第三憲法　206
極右政党　65
ギリシア正教　71
キリスト教（世界）　6, 14, 16, 17, 22, 198, 207, 223
キリスト教徒　201
具体的権利性　154
クップ　178, 184
クラトーリウム（Kuratorium）草案　159
クリスタ・ゲッチ　219
クリスマス　207
グリム童話　12
クルータ, V.　13
黒い三角地帯　133-135, 137, 142, 151
黒い森　138
クローヴィス　13
グローバル　222-224
グローバル化（グローバリゼーション）　47, 65, 96, 210, 211
経済協力開発機構（OECD）　31

警察・刑事司法協力（PJCC）　41
芸術概念　222
ゲーテ　12
結束政策　103-105, 110
血統主義　206
月曜デモ　93
ケルト　11, 12
ケルト文化　7, 10, 13
ゲルマン　7, 13, 24
ゲルマン的共同体　74
権威主義家族　79, 83, 85
権威主義的直系家族　87
厳格なエコロジー中心主義の立場　166
厳格な人間中心主義の立場　163
憲法　56-58
「憲法」言説　56, 59
憲法条約プロセス　59
原理主義　210
工場排水　140
公的集合住宅（HLM）　196
合同憲法委員会　161, 162
コール首相　100
国際スポーツ　175, 176, 185, 186
国際通貨基金（IMF）　34
国民国家　26, 27, 44, 192
国民戦線（FN）　201
国有企業　96, 99
『古詩断章』　11, 12
御昇天　207
国家目標規定　154, 156
国家目標規定「環境保護」　158, 161, 163
国家目標規定「動物保護」　162
国教会　207
コッホ　220
ゴトランド島　177
ゴブレ法　204
コペンハーゲン基準　49
コミュノタリスム　208, 209
コモンウェルス　33, 40
ゴルバチョフ大統領　92
コロンブス　21
コンスタンティヌス大帝　6, 21

237

さ 行

最高意思決定機関 61
最高裁判所 63
再生リスボン戦略 105
在留許可証 220
在留資格 214, 215, 218
在留地位 220
サウンドインスタレーション 227
ザクセン人 14, 15
サステナビリティ 118
サステナビリティ・レポート 123, 128
ザドルガ 76, 87, 88
左翼勢力 65
サラエヴォ 82
三色旗 207
シアン化合物 141
自然的生存基盤の保護 168
ジダン 192
失業率 97
ジハード 17
司法機関 63
司法的権利 55
司法内務協力（JHA） 37, 38
市民権 55
社会権 55
社会民主主義型オルタナティヴ 58
社会民主党の草案 159
ジャック・シラク 203
ジャネット・カーディフ 227
シャルトルのベルナルドゥス 21, 23
シャルルマーニュ賞 14
ジャン・ヌーベル 225
ジャン・モネ 28, 31
自由 53-55
自由・平等・博愛 207
宗教改革 24
十字軍 15, 17-20
12世紀ルネサンス 20, 23
シューマン 32, 33
シューマンプラン 29, 32
出生地主義 198, 206

ジュネーブ難民条約 214
シュラフタ（小貴族） 73, 85
少子高齢化 98
少数者の権利 54
情報化社会 116
ジョージ・マーシャル 29
植民地 206
ジョン・ケージ 223
人権宣言 205
人口の空洞化 97
神聖ローマ帝国 210
信託公社 96
スカーフ（事件、問題） 200, 201-203, 205, 207, 208, 209
スコラ学 21
スタジ委員会 203
ステークホルダー 119-122
ストンガスペレン 178, 179, 185
スポーツ文化 186, 188
西欧同盟（WEU） 37, 38
正教 70, 71, 84, 85, 87
政教分離 203
政治的統合力 158
政治統合 47, 48
政治の法化 60
青少年移住奉仕（JMD） 216
成長の限界 117
生物多様性条約 118
聖母被昇天 207
聖霊降臨 203, 207
世界図（マッパ・ムンディ mappa mundi） 19
石炭火力発電所 136
絶対核家族 80, 81
セルビア正教 88
全仏イスラム連合 202
専門家委員会 157
戦略兵器制限交渉（SALT） 43
創世記 18

た 行

滞在法 215

索 引

第三共和政 204
第三者認証 126
多言語 66
多元主義 48, 54, 66, 209
多国籍企業行動指針 117
多文化 66
多文化共生 48, 193, 206, 208, 211
多文化主義 209
多様性 66, 175-177, 185, 189, 190
多様性の中の統一 47, 54
断食月（ラマダン） 200
男女平等 54
地球温暖化 117
地球サミット 132
窒素酸化物（NOx） 133
中央生徒学籍簿 218, 219
中道右派 66
中道左派 65, 66
通貨統合 100, 101
ディアク・メッシャー 219
ディーター・ヴィーフェルシュピュッツ 218
テクノロジー 229
デタント 40, 41, 43
伝統スポーツ 175-177, 179, 182, 185, 186, 189
ド・ムーロン 225
ドイツ人による東方植民 72
ドイツ的農村共同体 74
ドイツ統一基金 102, 103
ドイツ法 74
トゥーボン法 205
トゥール・ポアティエ間の戦い 16
同化 193, 205, 208, 211
同化システム 207
同化主義 209
同化政策 200
統合（プロセス） 175-177, 189, 190, 216
東西ドイツ基本条約 42
東西冷戦 31, 36, 41
東部再建 99, 101
動物保護 162
「動物保護」（Tiershutz）規定 162
東部ドイツ 91, 93, 94, 95, 96, 108, 109

東方外交 42, 43
トーマス・タリス 228
特定多数決 50
ドゴール 39, 40
トップダウン憲法 59
ドナウ・サークル 147-149, 151
トマス・アクィナス 21
トラバント 137
トランス国家的な立憲主義 48, 57-59
トリエステ 77
ドルイド 10
トルーマンドクトリン 35
ドレスデン 98

な 行

ナジマロシュ・ダム 147, 148
ナショナリズム 26, 192, 210, 211
ナポレオン 5, 26, 27
ナム・ジュン・パイク 223
ニース条約 50
ニクソン大統領 40, 43
ニコラ・サルコジ 202
二重多数方式 61
西ローマ帝国 7, 13, 22
人間中心主義 160, 161, 163, 168
人間の鎖 144
人間の自然的生存基盤 164, 167
人間の尊厳 54, 55
ネオ・リベラリズム 81
ノルマン・シチリア王国 21, 22

は 行

ハーリチ・ルテニア地方 73, 74
ハイテク化 65
ハイランドゲームズ 182
バウハウス 224
ハラールミート 200
ハルシュタイン原則 42
ハルシュタット文化 9, 10
ハルツⅣ法 97
バルト海 143
バルト海洋環境保護条約 139, 143

バルト三国　131, 132, 143
パレスチナ問題　201
万聖節　207
ハンブルガーバーンホーフ現代美術館　227
ハンブルク市議会　219
汎ヨーロッパ・ピクニック計画　92
ピーター・ラスレット　77, 78
東ドイツ　93, 100, 101, 136, 149
東ドイツ時代　95
ピピン　14
ヒポクラテス　4, 21
平等　53-55
平等主義的核家族　80, 84, 85
ピョートル大帝　75
ヒルデブラント　10
ファルー法　204
フィンガル　11
フィンガルの洞窟　12
フーフェ　73
フーフェ制　72-75, 78, 84, 85
ブール　199
フェーズ・アウト地域　105
フェーズ・イン地域　105
フェニキア人　3
フェリー法　204
フォルマー・オットー博士　221
不可侵な人権　53
藤本荘介　225
復活祭　203, 207
ブッシュ大統領　40
プトレマイオス　17, 21
普遍主義　208, 209
不法移民（マニフェスト）　215
不法滞在　215
フランス革命　26, 192, 205, 209
ブリトン人　11
ブリュッセル官僚　58, 60
ブレトン・ウッズ体制　34, 40
プロテスタント　70, 71
文化的言語の多様性　54
文化的民主主義的理論　60
ヘイナル　77, 78

平和、未来志向　48, 54
平和的革命　91
ペテロ　6
ベルサイユ条約　27
ペルシア戦争　4
ヘルシンキ最終合意書　43
ヘルダー　12
ヘルツォーク　225
ベルリンの壁　7, 48, 91, 130, 131, 135-138, 149, 150, 152
ヘレフォード図　19, 20
ヘロドトス　4, 10, 17, 22
ホイヤースヴェルダ　98
法の支配　53, 54
法の政治化　60
「法律の留保」条項　161
ポジティブ・アクション（積極的差別是正策）　208
ポストコロニアル　227
北海の大量死　143
ボニファティウス　13, 14
ホロコースト　27, 42
ホンブロイッヒ博物館　225

ま行

マーガレット・サッチャー首相　81
マーシャルプラン　29, 30, 38, 39
マーストリヒト条約　34, 37, 48, 49
マクファーソン　11
マグレブ　199
マグレブ3国　194, 195
マグレブ系移民　198, 206-208
マジャール人　16
魔女狩り　24
マリア・ベーマー　218
マリオ・ボッタ　225
マルチステークホールダー・フォーラム　120, 122, 123
ミール共同体　74-76, 84
緑の党　65
緑の党の草案　158
未来志向　66, 156, 169

民主主義　48, 53, 54
民主主義の赤字　59, 65
民主的正当性　50
無差別　54
ムハンマド　20
メタ国家的　226
メルケル首相　218
メンデルスゾーン　12
モスク　201, 203, 210
モダニズム　222
モネ, J.　29, 32, 33
モンテスキュー　22

や 行

ユーゴ内戦　109
ユーロ　34, 35
ユーロバロメータ　108
ユダヤ教　6
ユダヤ教徒　203
ユニエイト　71, 75, 85, 86
ヨーロッパ型の政治社会モデル　58
ヨーロッパの十字路　192
ヨゼフ・ボイス　223

ら・わ行

ラ・テーヌ遺跡　10
ラ・テーヌ文化　9
ラーケン宣言　52
ライシテ（政教分離）　202-207, 209
ラップ・フランセ　206
ラップミュージック　200
ラムザウアー　10
ランゴバルド　14
リガ　82
リスボン条約　53, 55, 56, 61, 92
リスボン戦略　119
立憲主義　47, 48, 56, 57, 58, 59

立法機関　61, 63
立法権限　63
立法発議請求権　63
リヒャルト・クーデンホーフ＝カレルギー　28, 30
リベラシオン　203
両院合同憲法委員会　160
両者をエコロジー的に止揚する立場　160, 165, 167
ル・フィガロ　203
ル・モンド紙　203
ルター派　84
ルノー　194
冷戦　41
冷戦構造　44
冷戦の崩壊　69
レニングラード（サンクト・ペテルブルク）　77
レヒフェルト　16
レム・コールハース　225
連帯　54, 55
連帯協定Ⅰ　102, 103
連帯協定Ⅱ　102, 103
連邦参議院の草案　159
連邦統計局　213
労働移民　194-197
労働組合同盟　217
ローカル化　211
ローマ条約　33
ローマ法　5
ロシア正教　88
ロナルド・レーガン大統領　40, 81
ロビン・フッド　13
ロマン主義　223
ロムルス　5
ワルシャワ条約　42
湾岸戦争　201

執筆者紹介

阪本秀昭（さかもと・ひであき）　**はじめに、第2章、第4章執筆**
早稲田大学大学院文学研究科西洋史専攻修士課程修了。博士（文学）
現在　天理大学国際学部教授
主著　『帝政末期シベリアの農村共同体——農村自治・労働・祝祭』（ミネルヴァ書房、1998年）
　　　『旧「満州」ロシア人村の人々——ロマノフカ村の古儀式派教徒』（伊賀上菜穂と共著、東洋書店、2007年）
　　　『ロシアの祭り　民衆文化と政治権力』（東洋書店、2009年）

山本伸二（やまもと・しんじ）　**第1章執筆**
京都大学大学院文学研究科博士課程中退
現在　天理大学国際学部准教授
主著　『知の扉——新しいドイツへ』（共著、晃洋書房、1994年）
　　　『EUと現代ドイツ——歴史・文化・社会』（共著、世界思想社、2003年）。

植村史子（うえむら・ふみこ）　**第2章執筆**
英国リーズ大学大学院国際学専攻修士課程修了
現在　NPO社員

浅川千尋（あさかわ・ちひろ）　**第3章、第8章、あとがき執筆**
大阪大学大学院法学研究科博士後期課程中退
現在　天理大学人間学部教授
主著　『法学・憲法——リーガル・リテラシーを学ぶ』（法律文化社、2005年）
　　　『国家目標規定と社会権——環境保護・動物保護を中心に』（日本評論社、2008年）

中祢勝美（なかね・かつみ）　**第5章執筆**
北海道大学大学院文学研究科博士後期課程中退
現在　天理大学国際学部専任講師
主著　『EUと現代ドイツ——歴史・文化・社会』（共著、世界思想社、2003年）
　　　ヤン・C・ヨェルデン編『ヨーロッパの差別論』（共訳、明石書店、1999年）

久保広正（くぼ・ひろまさ）　**第6章執筆**
神戸大学経済学部卒業
現在　神戸大学大学院経済学研究科教授。EUインスティテュート関西代表
主著　『欧州統合論』（勁草書房、2003年）
　　　『貿易入門　第3版』（日本経済新聞社、2005年）

執筆者紹介

佐藤孝則（さとう・たかのり）　第7章執筆
新潟大学大学院自然科学研究科博士課程修了。博士（学術）
現在　天理大学おやさと研究所教授
主著　『日本動物大百科 両生類・爬虫類・軟骨魚類』（共著、平凡社、1996年）
　　　『山の辺の歴史と文化を探る』（共著、山の辺文化会議、2000年）
　　　『キタサンショウウオの生息環境と保全/ガイドブック』（環境省北海道地方環境事務所、2009年）

田里千代（たさと・ちよ）　第9章執筆
早稲田大学大学院人間科学研究科博士課程修了。博士（人間科学）
現在　天理大学体育学部准教授
主著　『教養としてのスポーツ人類学』（共著、大修館書店、2004年）
　　　「民族スポーツの実践による他者文化の受容」『天理大学学報』（第218輯、第59巻第3号、2008年）

森洋明（もり・ようめい）　第10章執筆
フランストゥールーズ大学修士課程修了
現在　天理大学おやさと研究所准教授
主著　「フランスに於ける移民の現状と問題」『おやさと研究所年報』（第10号、2004年3月）
　　　「アンドレ・マツワの生涯と黒人メシア宗教の誕生」『おやさと研究所年報』（第14号、2008年3月）

ウーベ・カルステン（Uwe Karsten）　第11章執筆
ボン大学大学院博士課程修了。博士（哲学）
現在　天理大学国際学部教授
主著　『EUと現代ドイツ──歴史・文化・社会』（共著、世界思想社、2003年）

伊藤和男（いとう・かずお）　第11章訳
京都大学大学院教育学研究科博士課程中退
現在　天理大学人間学部教授
主著　『社会教育の近代』（共著、松籟社、1996年）
　　　「国際化をめざす社会教育」『人権教育』（第4号、1998年、明治図書）

マリオン・ゼッテコルン（Marion Settekorn）　第12章執筆
ベルリン芸術大学大学院修士課程修了
現在　天理大学国際学部教授
主著　『EUと現代ドイツ──歴史・文化・社会』（共著、2003年、世界思想社）
　　　"YVES KLEIN, DIE FARBE BLAU UND ZEN-BUDDHISMUS."『天理大学学報』（第205輯、2004年）
　　　"MÄAZENATENTUM UND KÜNSTLER-KARL ERNST OSTHAUS UND

SEINE REFORMGEDANKEN,"『天理大学学報』（第210輯、2005年）

森本智士（もりもと・さとし）　**第12章訳**
関西大学大学院文学研究科独逸文学専攻博士後期課程単位取得満期退学
現在　天理大学言語教育研究センター准教授
主著　"Aspekte zur Anrede im deutschen Kulturraum: Über das Duzen und das Siezen."『教養論叢』（慶応義塾大学法学研究会、第128号、2008年）
『オクティドイツへ行く』（共著、朝日出版社、2009年）

《編者紹介》
天理大学EU研究会（てんりだいがくいーゆーけんきゅうかい：TESA）
2007年5月に設立。アメリカと並ぶ世界のもう一つの極としてのEU統合の持つ意味について学際的に研究をすすめるとともに、その成果を大学教育および社会に還元していくことを目指している。

　　　　　　　　　グローバル化時代のEU研究
　　　　　　　　　――環境保護・多文化共生の動向――

　　　　　2010年4月20日　初版第1刷発行　　　　　　　検印廃止
　　　　　　　　　　　　　　　　　　　　　　　定価はカバーに
　　　　　　　　　　　　　　　　　　　　　　　表示しています

　　　　　　　　編　　者　　天理大学EU研究会
　　　　　　　　発行者　　杉　田　啓　三
　　　　　　　　印刷者　　藤　森　英　夫
　　　　　　発行所　株式会社　ミネルヴァ書房
　　　　　　　　　607-8494　京都市山科区日ノ岡堤谷町1
　　　　　　　　　　　　　　電話代表 (075)581-5191番
　　　　　　　　　　　　　　振替口座 01020-0-8076

　　　　　　　©天理大学EU研究会，2010　　　亜細亜印刷・兼文堂

　　　　　　　　　　　ISBN978-4-623-05644-6
　　　　　　　　　　　　Printed in Japan

リスボン条約による欧州統合の新展開	鷲江義勝編著	本体A5判四〇一二頁
ヨーロッパ二〇一〇	G・ベルトラン他編著 小久保康之監訳	本体四六判二四八頁二二〇〇円
21世紀ヨーロッパ学	支倉寿子高編著	本体A5判二四〇〇円
衝突と和解のヨーロッパ	押村高編著	本体A5判三三八頁三〇〇〇円
帝国・国家・ナショナリズム	山内進編著	本体A5判三三八頁四五〇〇円
民主化とナショナリズムの現地点	木村雅昭著	本体四六判三五〇〇円
再統一ドイツのナショナリズム	玉田芳史編 木村幹編	本体A5判三八八頁三六〇〇円
国際政治・日本外交叢書	川合全弘著	本体四六判二〇八頁三五〇〇円
アメリカによる民主主義の推進	猪口孝/マイケス・コックス G・ジョン・アイケンベリー編	本体A5判五三六頁七五〇〇円
冷戦変容とイギリス外交	齋藤嘉臣著	本体A5判三〇四頁五〇〇〇円
アイゼンハワー政権と西ドイツ	倉科一希著	本体A5判二八〇頁五〇〇〇円
戦後イギリス外交と対ヨーロッパ政策	益田実著	本体A5判三一六頁五〇〇〇円

ミネルヴァ書房

http://www.minervashobo.co.jp/